FRIEDRICH MÜLLER

# Die Positivität der Grundrechte

Schriften zum Öffentlichen Recht

Band 100

# Die Positivität der Grundrechte

## Fragen einer praktischen Grundrechtsdogmatik

Von

**Friedrich Müller**

Zweite, erweiterte Auflage

Duncker & Humblot · Berlin

CIP-Titelaufnahme der Deutschen Bibliothek

**Müller, Friedrich:**
Die Positivität der Grundrechte / von Friedrich Müller. –
2., erw. Aufl. – Berlin: Duncker u. Humblot, 1990
(Schriften zum Öffentlichen Recht; Bd. 100)
ISBN 3-428-06753-3
NE: GT


Druck: Berliner Buchdruckerei Union GmbH, Berlin 61
Printed in Germany

ISSN 0582-0200
ISBN 3-428-06753-3

# Vorwort

Die Frage nach der Positivität der Grundrechte im Sinn ihrer unmittelbar verbindlichen Geltung ist durch Art. 1 Abs. 3 GG beantwortet. Die Positivität der Grundrechte im Sinn der Verläßlichkeit und praktischen Ergiebigkeit ihrer Normierung ist noch immer im Zwielicht.

Die „generalklauselartige Weite" ihrer Normtexte pflegt als Ansatzpunkt für Erwägungen zu dienen, nach denen die positivrechtliche Ausgestaltung der Freiheitsrechte des Grundgesetzes nicht so ganz beim Wort genommen werden könne. Das wird unausgesprochen an der Art deutlich, in der Rechtspraxis und Rechtslehre vielfach mit Fragen des Inhalts der Grundrechte, ihrer Rangverhältnisse, ihrer gesetzlichen Einschränkbarkeit, ihrer sonstigen Begrenzungen und ihrer praktischen Vermittlung mit entgegenstehenden Vorschriften der Rechtsordnung umgehen. Die „Übertragung" von Einschränkungsmöglichkeiten eines Grundrechts auf andere, die Annahme eines Vorbehalts der „allgemeinen" Gesetze aller Verbürgungen, ihre generelle Begrenzung durch Straf- und Zivilrecht, die Behauptung von „Gemeinschaftsvorbehalten", die Entwicklung von sämtliche Grundrechte überlagernden „Nichtstörungsschranken" und ähnliche Hypothesen seien als Beispiele für Auffassungen genannt, die der normativen Grundlage im Verfassungsgesetz entbehren. Solche Lehren können als Symptome für die Entwicklungsbedürftigkeit einer Dogmatik der Einzelgrundrechte wie der Grundlagen der Verfassungsinterpretation verstanden werden.

Die vorliegende Arbeit geht davon aus, daß die sachlich-normative Verschiedenheit der einzelnen Freiheitsgarantien die Entwicklung material-allgemeiner Grundrechtsbegrenzungstheorien nicht zuläßt. Auf der Grundlage eines Verständnisses der Rechtsnorm als eines sachgeprägten Ordnungsmodells entwickelt sie vor allem an Fragen der grundrechtlichen Normgehalte und der Grundrechtsbegrenzung einige Grundzüge einer rationaleren, sich an die positive Normierung bindenden Grundrechtsdogmatik, die für jede Freiheitsgarantie gesondert auszuarbeiten sein wird.

## Vorwort zur zweiten Auflage

Die Neuauflage wird in einem Augenblick nötig, da gesundheitliche Schwierigkeiten mich daran hindern, die Auseinandersetzung der beiden letzten Jahrzehnte um die Thesen dieses Buchs und um die allgemeine Richtung von Dogmatik und Theorie der Grundrechte aufzuarbeiten. Dokumentation und Debatte des literarischen Materials müssen, von Ausnahmen abgesehen, unterbleiben.

Nur in gewissem Umfang wird das dadurch ausgeglichen, daß ich inzwischen die Aussagen dieser nach wie vor diskutierten Programmschrift in Form von Monographien zu systematisch dargestellten einzelnen Garantien[1], zu freiheits- und gleichheitsrechtlichen Spezialfragen[2] sowie von methodologischen[3] und rechts(norm)theoretischen[4] Untersuchungen der Grundrechte praktisch zu machen versucht habe.

Die dogmatische Position dieses Buchs hat eine Methodik und Normtheorie zum Hintergrund, die vor allem in Auseinandersetzung mit der Judikatur entwickelt wurden. Ihre Aussagen zur Notwendigkeit möglichst *rationaler Konkretisierung* der Grundrechte, zu einer demokratisch wie rechtsstaatlich verläßlichen *Bereichsdogmatik* der einzelnen Garantien und zur Rolle der *Normbereichsanalyse* für beide Aufgaben wirkten ihrerseits auf höchstrichterliche Spruchpraxis zurück. Die Grundrechtstradition des Bundesverfassungsgerichts durchzieht seit der Mephisto-Entscheidung, in Vorbereitung auf welche diese Studie sowie „Freiheit der Kunst als Problem der Grundrechtsdogmatik“ geschrieben worden waren, das Bemühen um diese Ziele als cantus firmus einer sich bewußter gewordenen Praxis: für die Masse der Fälle in der impliziten Form, die bei der rechtsprechenden Gewalt legitim sein kann, gelegentlich aber auch in markanten Leitentscheidungen als sich deutlicher explizierende Linie.

---

[1] Freiheit der Kunst als Problem der Grundrechtsdogmatik, 1969; Das Recht der Freien Schule nach dem Grundgesetz, 2. Auflage 1982; vgl. auch: Zukunftsperspektiven der Freien Schule (Hrsg.), 1988.

[2] Strafverfolgung und Rundfunkfreiheit (mit *B. Pieroth, F. Rottmann*), 1973; Religionsunterricht als ordentliches Lehrfach (mit *B. Pieroth*), 1974; Politische Freiheitsrechte der Rundfunkmitarbeiter (mit *B. Pieroth*), 1976; Leistungsrechte im Normbereich einer Freiheitsgarantie (mit *B. Pieroth, L. H. Fohmann*), 1982; vgl. auch Rechtsstaatliche Form – Demokratische Politik, 1977, S. 48ff., 63ff., 75ff., 95ff., 110ff.

[3] Juristische Methodik, 3. Aufl. 1989, S. 42ff., 62ff., 220f., 223f., 282ff.

[4] Normbereiche von Einzelgrundrechten in der Rechtsprechung des Bundesverfassungsgerichts, 1968; Juristische Methodik und Politisches System, 1976, S. 58ff., 63ff.; Strukturierende Rechtslehre, 1984, z.B. S. 201ff., 403ff.

In einer Lage, in der diskursive und postmoderne Strategien (wie damals institutionelle oder vor-grundgesetzlich autoritäre Lehren) die Grundrechte wieder abwägender Kadivernunft des Einzelfalls überlassen wollen, wird daher diese Neuausgabe um Abschnitte erweitert, welche die rechtsstaatlich anspruchsvolle Praxis des Bundesverfassungsgerichts darstellen und entlang der genannten methodologisch-dogmatischen Arbeitskonzepte analysieren.

# Inhaltsverzeichnis

*1. Teil*

**Allgemeine Lehren zur Grundrechtsbegrenzung**

*2. Teil*

**Ausgangspunkte einer Grundrechtsdogmatik**

*3. Teil*

**Die Positivität der Grundrechte in der Judikatur des Bundesverfassungsgerichts**

*Erster Teil*

# Allgemeine Lehren zur Grundrechtsbegrenzung

## I. Grundrechtsbegrenzung durch Übertragung der Schranken des Art. 2 Abs. 1 GG, durch allgemeine Gemeinschaftsvorbehalte und Nichtstörungsschranken

Die Grundrechte sind sachgeprägte Schutzgarantien bestimmter individueller und sozialer Aktions-, Organisations- und Sachkomplexe. Diese „Sachbereiche" werden durch verfassungsrechtliche Anerkennung und Freiheitsverbürgung im Rahmen der normativen Anordnung, des grundrechtlichen „Normprogramms", zu „Normbereichen" konturiert. Die Normbereiche nehmen an praktischer Normativität teil, d. h. sie sind mitbestimmende Elemente rechtlicher Entscheidung[1].

### *1. Übertragung der Schranken des Art. 2 Abs. 1 GG*

Wegen ihrer Sachhaltigkeit und wegen ihres Aufruhens auf angebbaren Strukturen der sozialen Wirklichkeit sind die Grundrechtsgarantien jeweils in sich verständlich. Ihre Dogmatik kann als Bereichsdogmatik der einzelnen Verbürgungen erarbeitet werden. Das hindert nicht, sie sinnvoll systematisch zu interpretieren, wo sich der systematische topos im Einzelfall als notwendig und ergiebig erweist. Es hindert auch nicht eine verfassungstheoretische Reflexion, die ihren Ort, ihre Aufgabe und Wirkung in der Verfassungsordnung näher zu bestimmen und dabei strukturelle und funktionelle Zusammenhänge verfassungsrechtlicher Normen zu klären sucht. Es hindert jedoch ein Hinwegsehen über

---

[1] Vgl. zu dieser Sicht des Rechtsnormtypus, den die Grundrechte repräsentieren, F. *Müller*, Normstruktur und Normativität, 1966, bes. 125 f., 144 f., 178 ff., 201 ff., 218 ff. u. ö. — Im folgenden können nur einige Gesichtspunkte aus diesem Fragenkreis behandelt werden. Für fehlende Aspekte der Problematik, für praktische Beispiele und für die Untersuchung der Rechtsprechung darf allgemein auf die genannte Arbeit verwiesen werden; ferner auf F. *Müller*, Normbereiche von Einzelgrundrechten in der Rechtsprechung des Bundesverfassungsgerichts, 1968; ders., Freiheit der Kunst als Problem der Grundrechtsdogmatik, 1969. — Als „gegenständlich abgegrenzte Verstärkungen des rechtlichen Schutzes für bestimmte Rechte und Freiheiten" werden die Grundrechte bei Scheuner verstanden. DÖV 1967, 585, 586; s. a. ebd., 590; ders., VVDStRL 22 (1965), 1 ff., bes. 44 f., 47, 50 f. — Vgl. aus der Rechtsprechung beispielsweise BVerfGE 7.377.404; 12.1 ff.; 12.45.53.

die Positivität der je einzeln und selbständig gewährleisteten Freiheitsrechte im Namen welcher juristischen Doktrin auch immer. Das verkennen in den hier zunächst zu erörternden Fragen der Grundrechtsbegrenzung die Versuche, die Grundrechte der sogenannten Schrankentrias des Art. 2 Abs. 1 GG zu unterstellen; sei es in der allgemeinen Fassung, gleichförmig gegenüber allen, den vorbehaltslos garantierten, den mit Regelungs- oder Ausgestaltungsvorbehalten, mit einfachen oder qualifizierten Eingriffsvorbehalten versehenen Verbürgungen zusätzlich die Schrankentrias zu errichten[2], sei es hilfsweise angesichts der ohne Vorbehalt normierten Gewährleistungen freier Sachbereiche[3]. Diese Lehre ist in ihren beiden Spielarten durch Wiederholung nicht überzeugender geworden. Sie setzt den Art. 2 Abs. 1 GG nicht nur als umfassende Ergänzung der Einzelgrundrechte voraus, als Auffangrecht, das grundsätzlich kein menschliches Handeln ohne grundrechtliches Schutzversprechen lassen will[4]. Sie sieht ihn als substantiell überhöhtes „Muttergrundrecht“, demgegenüber die Garantien der Art. 2 Abs. 2 ff. normativ unselbständig sein sollen. Das tritt bei der Folgerung zutage, die differenzierte grundgesetzliche Abstufung der Vorbehalte sei gegenüber der Schrankentrias des Art. 2 Abs. 1 GG nicht lex specialis. Nicht nur die historische und sachliche Eigenart der grundrechtlich geschützten Normbereiche, sondern vor allem auch die je selbständige normative Gewährleistung nimmt dieser Doktrin die Möglichkeit, sich auf positives Verfassungsrecht zu berufen[5]. Die ständige Rechtsprechung des Bundes-

---

[2] Zu dieser Pauschalität neigt ein Teil der Rechtsprechung: LG Hamburg NJW 1963.675 (Jean Genet — Notre Dame des Fleurs); OLG Stuttgart NJW 1963.776; OLG Bremen NJW 1963.1932; OLG Karlsruhe JZ 1964.761.763; BayObLG NJW 1964.1149; BGHZ 12.197.203; BGH GA 61.240 (Döhl-Missa profana) = UFITA 38 (1962), 181.

[3] *v. Mangoldt-Klein,* Vorbem. B XV 3 a vor Art. 1; Anm. IV zu Art. 2; Anm. X 6 f. zu Art. 5 GG; *Giese-Schunck,* Anm. II 4 zu Art. 2; *Maunz,* Deutsches Staatsrecht, 16. Aufl., 1968, § 14 I 2; *Wehrhahn,* Systematische Vorfragen einer Auslegung des Art. 2 Abs. 1 GG, AöR 82 (1957), 250 ff. 268 ff. — Vorsichtiger jetzt BGH I ZR 44/66, Urt. v. 20. 3. 1968 (Mephisto-Klaus Mann), wo die Frage einer möglichen Behandlung des Art. 2 Abs. 1 GG als „Muttergrundrecht“ und der Übertragbarkeit der Schrankentrias ausdrücklich offengelassen wird (JZ 1968. 697).

[4] Vgl. etwa *Nipperdey,* GR IV/2 758 ff.; ders., Soziale Marktwirtschaft und Grundgesetz, 3. Aufl. 1965, 28 ff. m. Nw.en; *Maunz-Dürig,* Anm. 6 und ff. zu Art. 2 Abs. 1 GG; BVerfGE 6.32.36 ff. und seither st. Rspr. — Gewichtige Einwände gegen diese Sicht bei *Hesse,* Grundzüge, 160 ff.; vgl. ferner die Kritik bei H. *Huber,* Die verfassungsrechtliche Bedeutung der Vertragsfreiheit, 1966, 5 ff.; *Schmidt,* AÖR 91 (1966), 42 ff., 71 ff. Aus der neueren Rechtsprechung des Bundesverfassungsgerichts ist die vorsichtige dogmatische Konsolidierung des Art. 2 Abs. 1 GG in BVerfGE 20.150.154 ff. zu nennen. Zur Problematik ferner *Rupp,* NJW 1966, 2037; *Rüfner,* Der Staat 1968, 41 ff., 43.

[5] Vgl. schon die Bedenken bei *Zeidler,* Zur Problematik von Art. 2 Abs. 1 GG, NJW 1954, 1068; H. *Krüger,* Neues zur Freiheit der Persönlichkeitsentfaltung und deren Schranken, NJW 1955, 201 ff.; *Scheuner,* Grundrechtsinter-

verfassungsgerichts seit dem Elfes-Urteil wird dabei ebenfalls mißverstanden[6].

### 2. *Immanente Gemeinschaftsvorbehalte*

Das Bundesverfassungsgericht hat im übrigen eine Auffassung „immanenter“ Grundrechtsbegrenzungen ausgeschlossen, nach der praktisch die bloße Behauptung des Schutzes „höherrangiger Gemeinschaftsgüter“ zur Verkürzung grundrechtlicher Geltungsgehalte ausreichen sollte, weil es zum „Inbegriff aller Grundrechte“ gehöre, „daß sie nicht in Anspruch genommen werden dürfen, wenn dadurch die für den Bestand der Gemeinschaft notwendigen Rechtsgüter gefährdet werden“[7]. Diese Auffassung ist ohne verfassungsrechtliche Grundlage. Sie kann ferner keine Kriterien zur Verfügung stellen, die rechtsstaatlichen Anforderungen genügen. Sie sieht vom Ausgangspunkt der Problematik ab, daß nicht zuletzt die grundrechtlichen Garantien für den Bestand der Rechtsgemeinschaft unter dem Grundgesetz „notwendige Rechtsgüter“ darstellen. Der vom Bundesverwaltungsgericht offenbar gemeinte physische Bestand der Gemeinschaft wird von der Rechts- und Verfassungsordnung vorausgesetzt, die mit zahlreichen speziellen Normen seine Aufrechterhaltung zu sichern sucht; nicht aber ist er eine besondere „im-

---

pretation und Wirtschaftsordnung, DÖV 1956, 65 ff.; *Ridder* und *Stein*, Die Freiheit der Wissenschaft und der Schutz von Staatsgeheimnissen, DÖV 1962, 361 ff., 365 ff.; *Lerche*, Übermaß, 126, 295 ff.; ders., Werbung, 101 m. Nw.en; *Copic*, 29 ff., 31 ff. m. Nw.en; *Berg*, z. B. 95. Hinsichtlich der Gewissensfreiheit gleichfalls gegen eine Überfremdung der Einzelgrundrechte durch Art. 2 Abs. 1 GG: *Scholler*, Die Freiheit des Gewissens, 203 ff., 204; *Scheuner*, DÖV 1967, 585 ff., 590. Speziell für die Kunstfreiheit ebenso z. B. *Ott*, NJW 1963, 618; *Stein*, JZ 1959, 721; *Bauer*, JZ 1965, 491; *Arndt*, NJW 1966, 26 ff., 28; *Dünnwald*, JR 1965, 47 f.; ders., GA 1967, 33 ff., 38 f.; *Leonardy*, NJW 1967, 715. Vgl. auch die Darlegungen bei *Knies*, 85 ff., 103 ff. — Hingegen für die Unterstellung der Kunstfreiheitsgarantie unter die Schrankentrias des Art. 2 Abs. 1 GG *Leiss*, NJW 1962, 2323; LG Hamburg, NJW 1963, 675; BGH GA 1961, 240; BayObLG NJW 1964, 1150 m. Nw.en und neuerdings wieder *Erbel*, 119 ff., 121.

[6] Hierzu *Böckenförde-Greiffenhagen*, JuS 1966, 362 mit Anm. 21, der ebd. speziell für die Kunstfreiheitsgarantie jeden unmittelbaren Rückgriff auf die Schranken des Art. 2 Abs. 1 GG ablehnt.

[7] So das Bundesverwaltungsgericht in BVerwGE 1.48.52; 1.307; s. ferner BVerwGE 2.89.93 f.; 2.295.300 (wo der Ausdruck „immanente Schranken“ gewählt wird) und st. Rspr. bis BVerwGE 5.153 ff. Vgl. auch BVerwGE 2.85.87 und 4.167.171 f. zur These, Eingriffe in den Wesensgehalt der Grundrechte seien bei unabweisbarer Notwendigkeit der gesetzlichen Maßnahme zulässig; hiergegen BVerfGE 7.377.411 mit gleichzeitiger Ablehnung der den Wesensgehalt der Grundrechte ebenfalls unzulässig relativierenden Ansicht des Bundesgerichtshofs, besonders in BGHSt 4.375.377 und BGH DÖV 1955.729.730. Zur Kritik in der Literatur vgl. *Bachof*, JZ 1957.337 und: Verfassungsrecht, Verwaltungsrecht, Verfahrensrecht, 2. Aufl. 1964, 14 f., 124 f.; *Maunz-Dürig*, Rdnr 70 zu Art. 2 Abs. 1 GG; *Lerche*, Übermaß, 292 ff.; *Copic*, 21 f.; *Hesse*, Grundzüge, 123; *Böckenförde-Greiffenhagen*, JuS 1966, 363; *Berg*, 95, 96; *Knies*, 93 ff.

manente" Grenze der Grundrechte oder anderer Rechtspositionen, die unter solch pauschalen Aspekten unkontrollierbar von jeder Vorschrift unterlaufen und gegenstandslos gemacht werden könnten, die irgend damit motiviert worden ist, dem Bestand der Gemeinschaft zu dienen. Abgesehen von ihrer rechtsstaatswidrigen Unbestimmtheit, besteht die normative Schwäche aller materiellen Gemeinwohlklauseln[8] darin, sich nicht als geltendes ungeschriebenes Verfassungsrecht ausweisen zu können; eine Forderung, die angesichts der positivrechtlichen Normierung der Grundrechte und der Möglichkeiten einer Grundrechtsbegrenzung durch das Grundgesetz keine Ausnahmen zuläßt[9].

Der Ausgangspunkt der Immanenzlehren, das Grundgesetz gewähre keine unbegrenzten Freiheiten, muß zur Einsicht in die schon aus der *Rechts*qualität der Grundrechte folgende sachlich-normative Begrenzung ihrer Reichweite führen; demgemäß zum Ausbau der Grundrechtsdogmatik durch rationale Diskussion des sachlichen Geltungsgehalts der einzelnen Garantien innerhalb der (Verfassungs-)Rechtsordnung. Nicht aber rechtfertigt er den Rückzug auf unbestimmte, im Ernstfall unbrauchbare Pauschalvorbehalte. Das Grundgesetz überläßt es nicht der Legislative, den Umfang ihrer Grundrechtsbindung selbst festzulegen. Dazu käme es aber im praktischen Ergebnis, wenn der Verfassungsgerichtsbarkeit die Chance der Nachprüfung an rationalen Maßstäben entzogen würde. Die eigentümlich über verfassungsrechtliche Gegebenheiten hinauszielende Dynamik eines jeden „Schrankenschlusses" zeigt sich erneut.

### 3. *„Nichtstörungsschranken"*

Sie zeigt sich nicht minder deutlich dort, wo der „Soweit-Satz" des Art. 2 Abs. 1 GG neben der Aufgabe, Schrankenvorbehalt für das Grundrecht aus Art. 2 Abs. 1 GG selbst zu sein, die entscheidend differierende[10] Funktion zugewiesen erhält, den Anknüpfungspunkt für die

---

[8] Neuerdings wieder als — neben dem Verhältnismäßigkeitsgrundsatz — einzige materielle Komponente des grundrechtlichen „Garantiegehalts" bei P. *Schneider*, Pressefreiheit und Staatssicherheit 1968, 116.

[9] Hierzu *Hesse*, Grundzüge, 123.

[10] *Knies*, 105, Anm. 248 kommt mit Recht zu dem Ergebnis, bei Dürigs funktionell aufgespaltenem Verständnis der Schrankentrias einmal als Gesetzesvorbehalt, zum andern als Interpretationsvorbehalt und dementsprechend der „verfassungsmäßigen Ordnung" als einer auch positiv gewendeten Gemeinwohlklausel wie als eines verengten Sammelbegriffs für negative Störungsabwehr sei die Grenze verfassungsrechtlich stützbarer Auslegung des Art. 2 Abs. 1 GG überschritten, sei „die Identität der Norm aufgehoben und nicht nur jeweils ihr subjektiv-rechtlicher und objektiv-institutioneller Aspekt umschrieben"; ebd. Nw.e; ebd., 103 ff. allg. kritisch zu den Klauseln „vordringlicher Allgemeininteressen" m. Nw.en.

Ermittlung von Schranken aller Grundrechte zu bilden[11]. Auch diesem Vorgehen fehlt die verfassungsrechtliche Grundlage. Entweder werden die Schranken des Art. 2 Abs. 1 GG unmittelbar „übertragen“, was aus den skizzierten Gründen nicht angeht; oder sie sind wirklich nicht mehr als Hilfsgesichtspunkte für die Ermittlung der sachbestimmten Grenzen jedes einzelnen Grundrechts. In dieser zweiten unbedenklichen Funktion teilen sie das Schicksal aller Interpretationsaspekte, selber nicht normativ zu wirken. Die Doktrin von den aus Art. 2 Abs. 1 GG zu gewinnenden „jederzeit objektiv erkennbaren Nichtstörungsschranken“[12] sieht jedoch in bemerkenswerter Verschränkung nachvollziehbarer nicht-normativer mit nicht-nachvollziehbaren (weil verfassungsrechtlich nicht positivierten) normativen Momenten die Schrankentrias als „Verfassungsvorbehalt zur Interpretation immanenter Grundrechtsschranken“[13] an. Damit wird verschleiert, daß nicht vorhandene, angesichts der durchgearbeiteten Abstufungstechnik des Grundgesetzes auch nicht mehr unterstellbare Grundrechtsschranken in der Tat unterstellt werden. Weder Art. 2 Abs. 1 GG noch sonst eine Verfassungsnorm vermag die Einführung eines derartigen alle Grundrechte betreffenden basso continuo normativ zu decken[14]. Bereits hier findet diese Variante der Begründung „immanenter“ Grundrechtsschranken ihren entscheidenden Einwand. Auf den Umfang der solcherart unterlegten Schrankenkomplexe, etwa auf ihr Umfassen auch der polizeilichen Generalklausel[15], kommt es in-

---

[11] S. v. a. bei *Dürig*, JZ 1957, 169 ff.; ders., *Maunz-Dürig*, Rdnr. 69 ff. zu Art. 2 Abs. 1 GG.

[12] *Maunz-Dürig*, Rdnr. 70 zu Art. 2 Abs. 1 GG; vgl. z. B. auch BGHZ 38.317.320.

[13] *Maunz-Dürig*, Rdnr. 72 zu Art. 2 Abs. 1 GG; zur Kritik in diesem Punkt s. bes. *Knies*, 106 f.

[14] Vgl. die Vorbehalte bei *Dürig* selbst: AÖR 79 (1953), 76; 76 ff. der Versuch der Quadratur des verfassungsrechtlichen Zirkels mit einer jeweils im kritischen Augenblick auf die andere Ebene verweisenden Wechselwirkung von Positivität und Überpositivität. — Zur allgemeinen Kritik vgl. *Beyer*, NJW 1954, 713; *Zeidler*, NJW 1954, 1068 mit der Erwiderung *Dürigs* in NJW 1954, 1395; ferner Herbert *Krüger*, DVBl. 1955, 597; ders., NJW 1955, 204; ders., Allgemeine Staatslehre, 2. Aufl. 1966, 554; *Lerche*, Übermaß, z. B. 123, 287; *Wintrich*, Zur Problematik der Grundrechte, 1957, 24; *Copic*, 30 ff. m. Nw.en; *Ridder* und *Stein*, DÖV 1962, 361 ff., 365 ff.; *Knies*, 103 ff.; nur im Umfang der Generalschranken, nicht im methodisch-dogmatischen Ansatz: *Böckenförde-Greiffenhagen*, JuS 1966, 363. — Zu strukturell im wesentlichen denselben Einwänden unterliegenden Pauschalvorbehalten gelangen E. R. *Huber*, DÖV 1956, 135; Herbert *Krüger*, NJW 1955, 201, 204; *Böckenförde-Greiffenhagen*, JuS 1966, 363 unter Einschluß der „materiellen Kriminalstrafrechtsnormen“.

[15] Vor allem bei *Dürig*, z. B. AÖR 79 (1953), 57 ff.; ders., *Maunz-Dürig*, Rdnr. 79 ff. zu Art. 2 Abs. 1 GG. Damit wird im Ergebnis der Begriff der „verfassungsmäßigen Ordnung“ in Art. 2 Abs. 1 GG mit dem Begriff der „öffentlichen Ordnung“ in § 14 PrPVG ineinsgesetzt — insoweit kritisch *Böckenförde-Greiffenhagen*, JuS 1966, 363. — Vgl. den Hinweis bei *Copic*,

soweit nicht mehr an. Das dem Fehlen von Gesetzesvorbehalten zu entnehmende „beredte Schweigen“ zugunsten einer positivrechtlich maximalen Schutzgarantie der vorbehaltlos gewährleisteten Freiheitsrechte[16] ist für die sachlichen Verkürzungsmöglichkeiten grundrechtlich garantierter Handlungs- und Organisationsformen sozusagen das letzte Wort. Es ist eine petitio principii, von diesem Befund gleichwohl im Nachsatz „ganz scharf“ die Frage trennen zu wollen, ob sich der Schrankentrias des Art. 2 Abs. 1 GG nicht doch gleichwohl „einige wenige elementare Schranken“ aller Grundrechte im Dienst eines rechtlich geregelten sozialen Miteinander entnehmen ließen. Die materielle Seite dieser petitio erscheint in der Versicherung, es seien etwa polizeiliche Maßnahmen auf Grund jenes mit den Begriffsvoraussetzungen „öffentliche Sicherheit“ und „öffentliche Ordnung“ nicht unbedingt rational fundierten Polizeivorbehalts keine Grundrechtseingriffe, sondern lediglich Zurückverweisungen in die Schranken gemeinförderlicher Grundrechtsausübung[17]. Das läßt sich im Rahmen noch so subtil vorgetragener Pauschalvorbehalte allenfalls behaupten, nicht aber belegen. Ob in ein Grundrecht, genauer: in grundrechtlich geschützte Aktions- oder Sachbereiche „eingegriffen“ wird oder nicht, ob solche als frei garantierten Bereiche also im praktischen Ergebnis beschnitten werden oder nicht, läßt sich nur von der Reichweite der normativen Sachgarantie her beurteilen[18], zu deren Rationalisierung eine Analyse der grundrechtlichen Normbereiche[19] wesentlich beitragen kann. Zahlreiche durch Pauschalvorbehalte per definitionem gedeckte „Zurückverweisungen“ werden sich als kräftige Beschneidung grundrechtlich eingeräumter Verhaltens- und Sachfreiheit herausstellen. Sie sind somit Eingriffe, die nach

---

35 m. Nw.en, somit wäre die Pressefreiheit unter dem Grundgesetz — im Gegensatz zur Rechtslage im Kaiserreich und während der Weimarer Republik — nicht mehr polizeifest.

[16] Eingeräumt von *Dürig*, JZ 1957, 169, 171; ebd. zum folgenden. Kritisch v. a. zu den polizeirechtlichen Aspekten dieser These: *Lerche*, Übermaß, 123, Anm. 88.

[17] So *Dürig*, *Maunz-Dürig*, Rdnr. 82 zu Art. 2 Abs. 1 GG; kritisch hierzu etwa *Copic*, 34 f.; 35 f. Beispiele zur Entbehrlichkeit derartiger Immanenzthesen für Erzielung vernünftiger Ergebnisse.

[18] Vgl. *Scheuner*, VVDStRL 22.45, 47 ff., 50 f. u. ö.; ebd. auch 37 ff.; ähnlich *Copic*, 31, 33 und ff., 35 f.; ebd., 37: anhand der Unterscheidung von allgemeinen und Sondergesetzen und „aus dem historischen Wuchs und der sozialen Funktion jedes einzelnen Grundrechts“ sind konkrete Umfangsbegrenzungen und Ausübungsschranken ohne „Immanenz“-Verallgemeinerungen zu entwickeln; allg. auch *Knies*, 112. Ähnlich zu verstehen wohl *Jäckel*, Grundrechtsgeltung und Grundrechtssicherung, 1967, z. B. 29 ff., 32, 35, 39; ebd., 32: Art. 2 Abs. 1 GG allenfalls als nicht-normative Auslegungsregel für die einer Positivierung nicht bedürftigen Grenzen, m. Nw.en.

[19] Hierzu im Grundsatz F. *Müller*, Normstruktur und Normativität, z. B. 131 ff., 137 ff., 142 ff., 184 ff., 201 ff.; ders., Normbereiche von Einzelgrundrechten in der Rechtsprechung des Bundesverfassungsgerichts, 1968.

positivem Verfassungsrecht nur durch andere Verfassungsnormen oder auf Grund solcher, nur durch von einem entsprechenden Gesetzesvorbehalt gerechtfertigte förmliche Gesetze oder auf Grund solcher zulässig sind. Weder die direkte Übertragung der Schrankentrias des Art. 2 Abs. 1 GG noch ihre indirekte, der Sache nach aber gleichfalls normanmaßende „interpretative" Anwendung auf alle Grundrechte können Vorbehaltsgesetze und Gesetzesvorbehalte ersetzen[20].

## II. Grundrechtsbegrenzung durch Güterabwägung und den Generalvorbehalt der „allgemeinen Gesetze"

### 1. *„Rigidität" des Grundgesetzes*

Als „rigide" Verfassung, und das soll in diesem Zusammenhang heißen: als geschriebenes Verfassungsgesetz, dessen Struktur vom Bestreben nach Normklarheit und Eindeutigkeit des geltenden Verfassungsbestandes geprägt ist, dessen Behandlung daher unter dem Rechtsstaatsgebot auch den Anforderungen optimaler Methodenklarheit zu genügen hat[21], bietet das Grundgesetz auch keine Möglichkeit, Grundrechtseingriffe, die sich im Einzelfall oder generell weder auf ein sie tragendes Vorbehaltsgesetz noch auf einen dieses deckenden positivrechtlichen Gesetzesvorbehalt stützen können, unter Hinweis auf das „Bezugssystem des Verfassungsganzen", auf die „materiale Allgemeinheit der Verfassung", auf die „Totalität des verfassungsrechtlichen Wertsystems"[22] zu rechtfertigen. Trotz all seiner Bedeutung als Aspekt der Verfassungstheorie ist das Ganze der Verfassung als solches nicht von normativer Qualität. Eine mit der Verfassungstypik des Grundgesetzes vereinbare normative Grundlage ist für Verkürzungen grundrechtlich gewährleisteter Aktions- und Sachbereiche, nach dem geläufigen Aus-

---

[20] Im besonderen für die Kunstfreiheit haben sich der Immanenz-These Dürigscher Fassung angeschlossen: *Schäuble*, Rechtsprobleme der staatlichen Kunstförderung — unter Ausschluß bundesstaatlicher Probleme, 1965, 178 ff.; *Ropertz*, 96 ff., 98 ff., 101 ff., 104 ff., 111 ff.; *Erbel*, 118 ff., 121 f.; *Böckenförde-Greiffenhagen* JuS 1966, 363 mit Modifizierung des Schrankenumfangs. Vgl. dagegen die eindringliche Kritik der Immanenz-Doktrin bei *Knies*, 103 ff.

[21] Hierzu F. *Müller*, Normstruktur und Normativität, z. B. 158 ff., 68 f., 153 f., 181 f., 208 f., 155 ff. — Zu dem so verstandenen Begriff der Rigidität vgl. Herbert *Krüger*, DÖV 1961, 721; ders., Allgemeine Staatslehre, 286, 292 f.; in demselben Sinn über „die normative Verfassung als geschriebene Verfassung": *Hesse*, Grundzüge, 14 f.; ebd., 16 f. zur Rigidität im Sinn erhöhter Anforderungen an die Verfassungsänderung; vgl. hierzu ferner Carl *Schmitt*, Verfassungslehre, 17; Herbert *Krüger*, DÖV 1961, 721; ders., Allgemeine Staatslehre, 293. Allg.: *Ehmke*, Grenzen der Verfassungsänderung, 1953.

[22] So *Häberle*, Die Wesensgehaltsgarantie, 5 und ff.; 32 und ff., 51 u. ö. Verallgemeinerung zu einer „naturrechtlich"-pauschalen Interessenabwägungsklausel bei Eike *v. Hippel*, Grenzen und Wesensgehalt der Grundrechte, 1965, z. B. 19, 26, 29, 31 und passim.

druck: für „Grundrechtseingriffe" unerläßlich. Die positivrechtlichen Gesetzesvorbehalte können nicht nur noch als „staatsrechtliche Reminiszenz"[23] behandelt werden. Bei aller Einseitigkeit eines nur von formalen Schrankensystemen statt von der Eigenart der normativen Sachgarantien ausgehenden Denkens, bei allen positiven Deutungsmöglichkeiten der Gesetzesvorbehalte ist unter dem Grundgesetz keine normative Rechtfertigung dafür ersichtlich, diese verfassungsgesetzliche Figur nicht weiterhin auch als formalisierte Voraussetzung für die verfassungsrechtliche Legitimität gesetzgeberischer Grundrechtseinschränkungen anzusehen. Dann aber könnte das Verfassungsganze nur insoweit als normativer Ersatz für fehlende oder in concreto weniger weit reichende Gesetzesvorbehalte fungieren, als seine Direktiven im einzelnen so rationalisierbar und differenzierbar wären, daß den Geboten der Normklarheit und Methodenklarheit Genüge geschieht.

### 2. *Güterabwägung und Verfassungsganzes*

Das hat sich bisher auch mit Hilfe des allerdings wiederum nur formalen[24] Prinzips der „Güterabwägung" als einer Technik der Bestimmung von Grundrechtsgrenzen nicht als möglich erwiesen. Abgesehen von der Gefahr solchen Vorgehens, wegen des „Vorranges" oder der „Höherwertigkeit" eines verfassungsrechtlichen „Rechtsguts" oder „Interesses" im Einzelfall zu Lasten eines anderen das Interpretationsprinzip der Einheit der Verfassung aus den Augen zu verlieren[25], entbehrt das Rechtsgüter „abwägende" Verfahren leitender normativer Anhaltspunkte in der Verfassung, die über die formale Typik hinausgingen. Damit entbehrt es zugleich jeder rechtsstaatlich genügenden inhaltlichen Maßstäblichkeit[26]. Trotz aller Interdependenz zwischen verfassungsrechtlichen und unterverfassungsrechtlichen Bestandteilen der Rechtsordnung bleiben im Kollisionsfall die Verfassungsnormen Maßstab für die Rechtmäßigkeit des Unterverfassungsrechts, nicht umgekehrt. Der normative Gehalt grundrechtlicher Verbürgungen ist bestimmender Maßstab für die Verfassungsmäßigkeit der grundrechtsausgestaltenden und -einschränkenden Vorbehaltsgesetzgebung. Demzufolge wäre der Ausgangs-

---

[23] So *Häberle*, 229 f.

[24] *Häberle*, 32, 37; Eike *v. Hippel*, 31; *v. Pestalozza*, Der Staat 2 (1963), 448; F. *Müller*, Normstruktur und Normativität, z. B. 214.

[25] Hierzu *Hesse*, Grundzüge, 29; ebd. zum Fehlen einer verfassungsrechtlichen Grundlage der „Güterabwägung". Zur „Einheit der Verfassung" vgl. ebd., 18, 24, 103 ff. u. ö.; F. *Müller*, Normstruktur und Normativität, 115, 124 f., 136 f., 213, 220; ohne diese Befürchtung Peter *Schneider*, Pressefreiheit und Staatssicherheit, 112 f., Anm. 249.

[26] *Hesse*, Grundzüge, 29; *Knies*, 33 ff., 38 ff.; *Copic*, 22 ff., 26 f., 29; *v. Pestalozza*, Der Staat 2 (1963), 448; F. *Müller*, Normstruktur und Normativität, z. B. 207 ff.; *Knies*, 33 ff.

punkt der Güterabwägungsthese, die Wertabwägung sei bereits in der Verfassung selbst erfolgt, die „grundgesetzlichen Werte“ seien positives Verfassungsrecht[27], dann akzeptabel, wenn er aus dem positiven Verfassungsrecht belegbar und nicht nur im Rahmen einer sich an dessen Einzelheiten nicht durchweg bindenden Verfassungstheorie entwerfbar wäre. Mangels normativer Qualität bietet die Ganzheit einer als Wertsystem[28] gedeuteten Verfassung als solche keinen tragfähigen Ansatzpunkt, keinen Maßstab verfassungsrechtlichen Ranges für durchgängige Güterabwägung. Da diese als Prinzip von vornherein nur formal faßbar ist, muß sie auch bei der Lösung verfassungsrechtlicher Einzelfragen Direktiven zulänglichen normativen Ranges schuldig bleiben[29]. Insofern daher alle Grundrechte gleichermaßen dem Vorbehalt der „allgemeinen Gesetze“ unterliegen sollen, also derjenigen Gesetze, „die von der Verfassung gegenüber dem betreffenden Grundrecht als gleich- oder höherwertig ausgewiesen sind“[30], ist weder der allgemeinen Grundrechtstheorie noch der Lehre von den vorbehaltlos garantierten Grundrechten ein verfassungsrechtlich maßgebendes Kriterium an die Hand gegeben.

### *3. Grundrechte und Gesetzgebung*

Solche Kriterien sind nur der Verfassung selbst zu entnehmen. Mit der Anordnung unmittelbarer Bindung durch die Grundrechte in Art. 1 Abs. 3 GG, mit den „abgestuften Gesetzesvorbehalten“[31] der Freiheitsverbürgungen, die im praktischen Ergebnis auch „eine Differenzierung in der Intensität des Schutzes der einzelnen Grundrechte“[32] bewirken, mit den zentralen Normen des Art. 19 und 20 Abs. 3, mit der Einrichtung einer auch die Normenkontrolle umfassenden Verfassungsgerichtsbarkeit und mit der durchgängigen, in bezug auf Verfassungsänderungen vorzüglich in Art. 79 GG ausgedrückten Tendenz zur „Rigidität“ hat das Grundgesetz Markierungen positiviert, die in allen Fällen von

---

[27] *Häberle*, 7, 38.

[28] *Häberle*, 31: die verfassungsrechtliche Wertordnung als „Wertrangordnung und Wertverhältnisordnung“. Vorbehalte z. B. bei *Hesse*, Grundzüge, 118.

[29] Zur Diskussion des Güterabwägungsprinzips im einzelnen vgl. ferner etwa *Lerche*, Übermaß, 129, 244; ders., DÖV 1965, 212 ff.; ders., DVBl. 1961, 694; ders., Werbung und Verfassung, 101 f.; *Bettermann*, JZ 1964, 601 ff.; *v. Pestalozza*, Der Staat 2 (1963), 425 ff., 448; J. P. *Müller*, Die Grundrechte der Verfassung und der Persönlichkeitsschutz des Privatrechts, 1964, 101; *Berg*, z. B. 95; *Hesse*, Grundzüge, z. B. 118, 127, 140, 152, 159; P. *Schneider*, Güterabwägung im freiheitlichen Rechtsstaat, 355 ff.; *Arndt*, NJW 1966, 871. Nachweise und Kritik ferner bei *Knies*, 34 ff., 36 ff.; F. *Müller*, Normstruktur und Normativität, 62 und f., 140 f., 182 f., 189, 207 ff.

[30] *Häberle*, 32 u. ö. Vgl. auch Eike *v. Hippel*, v. a. 25. f.

[31] BVerfGE 6.32 ff., 37.

[32] Hierzu *Hesse*, Grundzüge, 125.

Grundrechtskollisionen, Grundrechtskonkurrenzen und Grundrechtsbegrenzungen gegenüber Vorschriften der nicht in grundrechtsspezifisch Geschütztes eingreifenden „allgemeinen" Rechtsordnung verbindliche Direktiven geben. Die Rolle und verfassungssichernde wie verfassungsstärkende Bedeutung der Gesetzgebung wird nicht verkürzt, sondern an die ihr de constitutione lata gebührende Stelle gerückt, wenn die praktisch immer vorhandene Möglichkeit gesetzgeberischer Verfassungsverstöße angesichts eines in zentralen Verfassungsnormen institutionalisierten „Mißtrauens" gegenüber der Legislative nicht verharmlost wird. Andernfalls würde der politische Entscheidungsgehalt der Grundrechtsgarantien verharmlost. Das gilt nicht zuletzt bei solchen Freiheitsverbürgungen, die — wie jene von Glaube und Gewissen, Kunst und Wissenschaft — weder in ihren Kernbereichen rechtserzeugt noch im ganzen Umfang ihrer Normbereiche politisch funktionalisierbar sind bzw. es unter dem Grundgesetz sein sollen. Gerade auch im verfassungsrechtlich gesicherten Freigeben solcher Normbereiche, deren Struktur sich jener des abwehrenden „Rechtsraums"[33] auf sachlich je verschiedene Weise nähert, konstituiert das Grundgesetz den von ihm verfaßten Staatsverband als den einer freiheitlichen Ordnung[34].

Es ist in erster Linie der Geltungsgehalt der grundrechtlichen Gewährleistungen, zu ermitteln auch mit Hilfe rationaler Normbereichsanalyse, von dem aus die Grenzen der Reichweite der einzelnen Verbürgungen sich diskutieren lassen. Er liefert Maßstäbe von Verfassungsrang gegenüber dem Gesetzgeber, der „sich in dem grundrechtsgeschützten Raum bewegt" und sich unter Umständen Begrenzungen seines vom Bundesverfassungsgericht nicht ganz glücklich so genannten Gesetzgebungsermessens „aus dem Gehalt des Grundrechts"[35] entgegenhalten lassen muß. Das Ziehen der Grenzlinie zwischen der Legislative offen stehender verdeutlichender Umschreibung des Grundrechtsgehalts und ihr verwehrter authentischer Interpretation der Verfassung ist der Anstrengung einer die normativen Sachgehalte umschließenden Verfassungsinterpretation aufgetragen. Diese hat die „sachliche Reichweite eines Grundrechts"[36] zu ermitteln, nicht aber die normativ ungreifbare Totalität einer Wertordnung als Basis wertender Güterabwägung zu unterstellen. Nur so ist eine unkontrollierte Unterwanderung verfassungsrechtlicher Normtexte durch unterverfassungsrechtliche Norminhalte und deren Einsetzen in die „Abwägung" als unversehens ranggleich gewordene Konkurrenz„werte" gegenüber verfas-

---

[33] BVerfGE 12.1 ff., 3; zum folgenden ebd., 4.

[34] F. *Müller*, Normstruktur und Normativität, z. B. 218, 221 f.

[35] BVerfGE 7.198.208 f.; 7.377.404.

[36] BVerfGE 12.45.53.

sungsrechtlichen Gehalten zu verhindern[37]. Nur so auch bieten sich Ansätze zu einer stabilisierend wirkenden Grundrechtsdogmatik, die nicht wie die Allgemeinverbindlicherklärung wertender Güterabwägung im wesentlichen zu einem Urteilsvorbehalt führen und sich materiell auf den Einzelfall zurückziehen muß[38].

Praktische Fälle, die mit Hilfe dogmatischer Grenzbestimmung aus dem garantierten Sachgehalt der beteiligten Grundrechte noch nicht lösbar sein sollten, sind mit dem auf beiderseits optimierende Zuordnung gerichteten Verfahren praktischer Konkordanz[39] angemessener zu beurteilen als mit einer mehr auf in der Verfassung angeblich erkennbar prästabilierte Werte als auf verhältnismäßige Zuordnung gerichteten Güterabwägung.

### *4. Güterabwägung, Wesensgehalt und Generalvorbehalt als Fragen der Verfassungstheorie*

Die Probleme der verfassungsrechtlich garantierten Sachbereiche sind zu verschieden, ihre formelle Ausgestaltung durch die Verfassung zu differenziert, als daß in einer materiell-allgemeinen Begrenzungs- und Wesensgehaltstheorie[40] eine rechtsstaatlich zuverlässige, normativ hinreichend gestützte Lösung gefunden werden könnte. Eine andere Spielart des zu den an Art. 2 Abs. 1 GG anknüpfenden Lehren kritisierten „Schrankenschlusses“ macht sich hier bemerkbar in einem horror vacui vor allen nicht durch ein spekulatives verfassungstheoretisches Wertsystem im vorhinein und substantiell, wenn auch nicht ausdrücklich in der Verfassung vorweggenommenen Fallgestaltungen. Im praktischen Ergebnis werden so eben doch die formalen Abstufungen des Verfassungsgesetzes eingeebnet. Das bietet der Verfassungsgerichtsbarkeit mit hermeneutisch wie methodisch nicht hinlänglich erhellten „Leitbildern“ der Grundrechte keine handhabbaren Maßstäbe und läßt letztlich nur auf die Verfassungstreue des Gesetzgebers hoffen. Eine materiale Ganz-

---

[37] Zum Rangproblem in Zusammenhang mit der Normativität der Verfassung vgl. etwa *Copic*, 26; *Forsthoff*, Zur Problematik der Verfassungsauslegung, 1961, 26 ff.; *Hesse*, Grundzüge, z. B. 10 ff., 14 ff.; *Leisner*, Von der Verfassungsmäßigkeit der Gesetze zur Gesetzmäßigkeit der Verfassung, 1964, 5, 61 ff., 64 ff.; *Rüfner*, Der Staat, 1968, 41 ff., 52; *Hesse*, Grundzüge, z. B. 126 f.

[38] Vgl. z. B. *Häberle*, 35; BVerfGE 7.198.210 f., 212; s. im übrigen die (überflüssigen) „Güterabwägungen“ in BVerfGE 7.230.234; 14.263.282; 21.239.243 f., die sich, so *Hesse*, Grundzüge, 126 f., wie alle „Güterabwägung“ der „Gefahr einer unzulässigen Veränderung der verfassungsmäßig normierten Verhältnisbestimmung von Grundrechten und anderen Rechtsgütern“ aussetzen.

[39] Hierzu *Hesse*, Grundzüge, 28 f., 126 f., 130 u. ö.

[40] Zu Art. 19 Abs. 2 GG vgl. jetzt BVerfGE 22.180.219, wonach der unantastbare Wesensgehalt „für jedes Grundrecht aus seiner besonderen Bedeutung im Gesamtsystem der Grundrechte ermittelt werden“ muß.

heit der Verfassung im Sinn einer Allumfassendheit ihrer Regelungsmaterien ist positivrechtlich nicht nachweisbar[41]. Zu zahlreichen Fragenkreisen äußert sich die Verfassung nicht sachspezifisch. Das hindert nicht die Bindung des solche Sachkomplexe regelnden Gesetzgebers an andere unspezifische aber gleichwohl als Grenzmarken zulässiger legislatorischer Aktivität wirkende Verfassungsnormen. Auf diese Weise sind dem Gesetzgeber, etwa durch den Allgemeinen Gleichheitssatz, dessen generalklauselartige Direktive in jeder Sachmaterie wirksam werden kann[42], immer normative Grenzen, Präferenzen und Kollisionslösungen vorgeschrieben. Das ist jedoch etwas anderes als die Annahme, die Lösung aller möglichen Normen- und „Interessen"(„Wert"-)Konflikte sei substantiell durch die Verfassung im Kern bereits vorgezeichnet; die „Einbettung der Verfassungsrechtsgüter in das Ganze der Verfassung" sei in Wahrheit in der Verfassung schon erfolgt, der Wertabwägung verbleibe nur ihr Nachvollzug[43]. Hinter solchen Bestimmungen verbirgt sich die berechtigte Sorge um den Primat verfassungsrechtlicher Setzung. Die Wertungen der Güterabwägung sollen „allein von der Verfassungsebene aus" gewonnen werden[44]. Rang und Gewicht im Rechtsgüterschutzsystem des Grundgesetzes seien für jedes Grundrecht gesondert zu ermitteln. Die These vom Vorbehalt der „allgemeinen Gesetze" mache die speziellen Vorbehalte auch in ihrem konstitutiven Charakter nicht überflüssig. Jedoch wird der Primat der Verfassung nur dann gesichert, wenn sich eine für die Rechtspraxis relevante Verfassungstheorie in den Bahnen des positiven Rechts hält — was nicht heißt: in den Fesseln gesetzespositivistisch verengter Auslegungsregeln. So schwindet die rechtsstaatlich stabilisierende Wirkung der Abstufung der grundrechtlichen Gesetzesvorbehalte in dem Maß, in dem diese Vorbehalte für „nicht durchweg erschöpfend", also für unter materiellen Gesichtspunkten prinzipiell ergänzbar erklärt werden[45]. Die Gewinnung normativer Maßstäbe „von der Verfassungsebene aus" darf nicht so verstanden werden, als müßten die zu prüfenden Gesetzesvorschriften nur irgendwie verfassungstheoretisch am materialen Ganzen der Verfassung legitimierbar sein. Dieselben Bedenken treffen eine zu

---

41 Vgl. auch *Lerche*, DÖV 1965, 212 ff., 214.

42 Vgl. etwa F. *Müller*, Normstruktur und Normativität, z. B. 103 ff., 115 ff., 121 f., 127 f., 138 f., 143 f., 201.

43 *Häberle*, 38 f.

44 *Häberle*, 32, 41; zum folgenden ebd., 33, 37, 38 u. ö.

45 *Häberle*, 37; vgl. ebd. 60: die einem Grundrecht gleich- oder höherwertigen Güter sind in den speziellen Gesetzesvorbehalten „nicht absorptiv genannt"; ferner 202 f. — Kritisch zur dortigen Auffassung eines allen Grundrechten immanenten Vorbehalts der „allgemeinen Gesetze" ferner z. B. *Copic*, der als rechtsbegriffliche Struktur dieses Vorbehalts die „Verknüpfung einer Eingriffsgewähr für allgemein anerkannte soziale Präferenzen und einer Eingriffssperre für gruppenkontroverse Sonderinteressen" festhalten will, 29.

Art. 19 Abs. 2 GG entwickelte Garantiegehaltstheorie, die neben einer Reihe verfassungsrechtlich ohnehin geltender (vor allem in den Artikeln 19 Abs. 2, 19 Abs. 4, 20 und 80 GG festgelegter) formeller Garantieprinzipien als außer dem Verhältnismäßigkeitsgrundsatz einziges materielles Kriterium nicht den sachgeprägten, dogmatisch für jedes Grundrecht gesondert zu erarbeitenden Geltungsgehalt der Freiheitsverbürgung aufstellt, sondern ein unkonturiertes „Gemeinwohlprinzip", gemäß dem Grundrechte „nur um eines Gutes willen eingeschränkt werden dürfen, welches im Rahmen der Wertordnung der Verfassung als erheblich zu qualifizieren ist und dessen Verwirklichung ohne die freiheitsbeschränkende Vorschrift gefährdet wäre"[46]. Die Grenzen der Verfassungsinterpretation sind erreicht, wenn das politische Dezision erfordernde Erheblichkeits- und Gefährdungsurteil des grundrechtseinschränkenden Gesetzgebers auf seiten der Verfassung als materiellen Maßstab nur den „Rahmen" einer „Wertordnung" statt der Forderung vorfindet, es müsse sich um in der Verfassung selbst normierte, damit verfassungsgesetzlich nachweisbar legitimierte Schutzgüter handeln.

### 5. *Fragen rationaler Konkretisierung von Grundrechten*

Der in der Tat unentbehrliche Verhältnismäßigkeitsgrundsatz allein vermag nicht die Last sachlicher *Konkretisierung* verfassungsrechtlicher Maßstäblichkeit zu tragen. Unbekümmert darum, ob damit entsprechend der Struktur herkömmlicher (wissenschaftlicher) Umgangssprache „räumliche" Metaphern in die Argumentation eingeführt werden oder nicht[47], ist diese Konkretisierung vom Normbereich, vom Sachgehalt der einzelnen Grundrechte her zu erarbeiten. Damit bestimmen sich auch ihre „Wesensgehalte" nicht von den (formellen oder allgemein-materiellen) Schranken oder Begrenzungen, sondern von den individuellen und sozialen Sach- und Aktionsbereichen her, um deretwillen die grundrechtlichen Garantien gewährt worden sind. Dann erschöpft sich

---

[46] So P. *Schneider*, Pressefreiheit und Staatssicherheit, 116; ferner ebd., 114 f.

[47] Was P. *Schneider* gerade auch für die Bestimmung des Wesensgehaltes zu vermeiden sucht, a.a.O., z. B. 132; s. etwa auch J. P. *Müller*, a.a.O., etwa 96 ff., 103 ff. — Die Perhorreszierung „verräumlichenden" Denkens ist — wahrscheinlich in vorschnell verallgemeinerndem Anschluß an Smend — sehr verbreitet. Sie verwechselt die Gefährlichkeit ontologisierender Unterstellung mit der Unvermeidlichkeit umgangssprachlichen Ausdrucks überall dort, wo nicht künstliche symbolische Systeme verwendet werden. Es muß allerdings auch hier, wie stets, die Relativität solcher Ausdrucksweisen bewußt bleiben und sachlich unbegründeten substantiellen Unterstellungen durch Klärung der eigenen methodischen Grundlagen vorgebeugt werden. — Im übrigen sei daran erinnert, daß auch weniger naiv erscheinende Termini wie „Immanenz", „Polarität", „Zuordnung", „Abwägung" ihr Dasein umgangssprachlich-„räumlicher" Begriffsbildung verdanken.

die Funktion positivrechtlich gezogener Grenzen nicht länger darin, „nur formale“ Schranken zu zeichnen. Solche Regelungen entlasten von der andernfalls schwer zu umgehenden Nötigung zu materiellrechtlicher Metaphysik. Sie sind überdies in der Regel von der Sache her einsichtig. So ist der Schutz auch der „meinungsäußernden“ Elemente eines typologisch nicht auf l'art pour l'art beschränkten Kunstwerks nicht erst Ergebnis einer punktuellen Güterabwägung[48], sondern der dogmatischen Einsicht, Art. 5 Abs. 3 Satz 1 werde wegen seiner Selbständigkeit gegenüber Art. 5 Abs. 1 GG weder von dessen Maßstäben noch von denen des Art. 5 Abs. 2 GG erfaßt. Das Bundesverfassungsgericht hat angesichts des fundamentalen und vorbehaltlos garantierten Grundrechts der Gewissensfreiheit in der Frage der Ersatzdienstverweigerung nicht etwa die Ersatzdienstpflicht gegen die Gewissensfreiheit „abgewogen“, obwohl der „Wert“ des Art. 12 Abs. 2 Satz 4 GG nicht nur irgendwie materiell am Verfassungsganzen legitimierbar, sondern unmittelbar dieser Vorschrift zu entnehmen ist. Vielmehr hat es die dogmatische Grenzlinie zwischen zwei von der Sache wie von der Systematik der geschriebenen Verfassung her einander einschränkenden verfassungsrechtlichen Positionen gezogen[49]. Immer dann, wenn „Abwägungs“fragen durch eine die Rationalisierung der Normbereiche einschließende Interpretation lösbar sind, handelt es sich der Sache nach nicht um „Abwägung“ und fehlt der hinreichende Grund, Güterabwägung als allgemeines Prinzip von Verfassungsrang zu behaupten. Als ultima ratio der Auslegung, deren Voraussetzungen und irrationale Komponenten offenzulegen sind und deren Notwendigkeit durch sachbezogene Verfassungsinterpretation und -dogmatik erheblich eingeschränkt werden kann[50], ist Güterabwägung ein Aspekt methodischer, also nicht-normativer Art unter anderen. Auch in dieser beschränkten Rolle ist ihr das am Auslegungsgrundsatz der Einheit der Verfassung orientierte Vorgehen praktischer Konkordanz vorzuziehen. Gewiß sind grundrechtsausgestaltende Gesetze, die zu den rechtserzeugten Normbereichsbestandteilen des Grundrechts gehören, als „von außen“ kommende, heteronome Schranken vielfach nicht zulänglich erfaßbar. Sie sind Schutz, Sicherung und zum Teil Umschreibung der sachlichen Reichweite des Gegenstandes der Freiheitsverbürgung wie auch der sachlichen Begrenztheit dieser Reichweite[51]. Doch dürfen damit weder die durchgängige Maßstäblichkeit der Garantien gegenüber ihren unterverfassungsrechtlichen Normbeständen noch der Vorrang der Grund-

---

[48] So das LG Hamburg, NJW 1963, 675; hierzu auch *Berg*, 154 mit Anm. 312.

[49] BVerfGE 19.135.138.

[50] z. B. F. *Müller*, Normstruktur und Normativität, 62 f., 71, 215; ***Rüfner***, Der Staat, 1968, 41 ff., 57.

[51] Was *Häberle*, a.a.O., eindringlich herausgearbeitet hat, 126 ff., 180 ff. u. ö.

rechtsdogmatik gegenüber einem materiell-allgemeinen verfassungstheoretischen Abwägungs- und Grenzbestimmungsgrundsatz in praxi abgewertet werden. Positivrechtliche Linien auch „nur formaler“ Art behalten gegenüber einer allgemein positiven Verständnismöglichkeit der Gesetzesvorbehalte wie der Vorbehaltsgesetzgebung ihre Durchschlagskraft. So hat das Bundesverwaltungsgericht in einem neueren Urteil[52] insoweit zutreffend eine Interessenabwägung zwischen Jugendschutz und Kunstfreiheit für all die Fälle prinzipiell unzulässig genannt, in denen eine Schrift i. S. des § 1 Abs. 2 Nr. 2 GjS „der Kunst dient“, in denen also der überwiegend für eine Wiederholung der Garantie des Art. 5 Abs. 3 Satz 1 GG gehaltene „Kunstvorbehalt“ des einfachen Gesetzesrechts zutrifft. Das Entscheidende ist jedoch, daß auch ohne eine gesetzliche Vorschrift wie § 1 Abs. 2 Nr. 2 GjS allein wegen des Grundrechts der Kunstfreiheit des Art. 5 Abs. 3 Satz 1 GG nichts anderes dann zu gelten hat, wenn die hier später im Ansatz noch zu entwickelnde Dogmatik dieser Freiheitsgarantie auf dem Weg der Verfassungsauslegung gleichfalls einen entsprechenden „Vorbehalt“ zugunsten des Kunstwerks ergeben sollte. Dieser Weg mag erheblich mühsamer zu begehen sein[53] als jener einer insbesondere von der Rechtspraxis allzu bereitwillig pauschalierten Dezision, die sich verbal als „Güterabwägung“ ausweisen möchte. Es ist aber zu bedenken, daß eine diesen Namen irgend verdienende Abwägung etwa des „Kunstwerts“ eines inkriminierten Werks gegen den „Verfassungswert“ des „Sittengesetzes“ oder gegen den in rechtfertigende Beziehung zur Wertordnung des Grundgesetzes gebrachten von § 166 StGB geschützten „Wert“ vorgängig einer sorgfältigen, die Struktur des Normbereichs der Freiheitsgarantie und die möglichen Auswirkungen strafrechtlicher Sanktionen gegen den geschützten Normbereich einbeziehenden dogmatischen Auslegung des Art. 5 Abs. 3 Satz 1 GG bedarf. Sonst wird ein Wort mit unklarem Wertungs-, Sach- und Begriffsfeld gegen ein anderes Wort „abgewogen“, wobei als Rationalisierung der Dezision nicht wesentlich mehr als die Bekräftigung herauskommen kann, der vorgezogene Wert habe hier „Vorrang“ gehabt. Eine derart abgestützte Abwägung wird aber in aller Regel als „Abwägung“ nicht mehr erforderlich sein, weil die ihr vorausgehende Interpretationsarbeit die normative Grenzlinie „zwischen“ den Reichweiten der zusammentreffenden Vorschriften erarbeitet haben wird.

### 6. *Kollisionsregeln statt Güterabwägung*

Oft wird sich herausstellen, daß eine Überschneidung der Geltungsbereiche — die „verräumlichende“ Ausdrucksweise wird der Deutlich-

52 Urt. v. 12. 1. 1966 = BVerwGE 23.104.

53 Vgl. auch die Bemerkung bei *Knies,* 112, Anm. 286.

keit halber bewußt beibehalten — nicht vorliegt, daß also nur die eine der beiden Vorschriften, das Grundrecht oder die Gesetzesnorm, den Fall regiert. Stellt sich eine Überschneidung im Sinn eines partiellen Widerspruchs heraus, dann ist gleichfalls für „Abwägung" kein Anlaß: Die Sanktion ist zulässig, wenn die sie ermöglichende Vorschrift, etwa § 166 StGB, sich als von einem geschriebenen Gesetzesvorbehalt gedecktes Vorbehaltsgesetz herausstellt[54], was bei Art. 5 Abs. 3 Satz 1 ausscheidet; andernfalls ist sie unzulässig. Vom „Vorrang" oder von „höherem Gewicht" der einen oder anderen Norm, des einen oder anderen „Wertes" zu sprechen, ist mißverständlich. Es stehen eben nicht nur materiell-allgemeine Erwägungen zur Verfügung, sondern es greifen materiell-konkrete Normelemente auf charakteristische Weise mit verfassungsrechtlich positivierten formalen Linien ineinander. Güterabwägung darf rationale Konkretisierung nicht ersetzen; diese kann jene in zahlreichen Fällen entbehrlich machen. So verstandene Interpretation schützt auch davor, die Konkretisierung der fraglichen Grundrechtsnorm(en) durch Abwägung von Elementen des Unterverfassungsrechts zu verdrängen. Der formale Grundsatz der Güterabwägung muß im Einzelfall, soll er nicht nur Postulat bleiben, materiell substantiiert werden. Mangels einer hinreichend entwickelten Bereichsdogmatik der Grundrechte wich die bisherige Rechtsprechung insoweit folgerichtig, wenn auch normativ verfehlt, in das Unterverfassungsrecht aus. Die Entscheidungen des Bundesverfassungsgerichts in BVerfGE 7.198 und 7.230 mögen hier als Beispiele angedeutet werden. Sie zeigen, daß richterliche Not im Umgang mit Verfassungsbestimmungen mit Hilfe der Terminologie der „Güterabwägung" leicht zur Tugend des mit der Verfassung bereitwillig harmonisierten Gesetzesrechts werden kann. So entwickelt das Bundesverfassungsgericht in der Wahlplakat-Entscheidung nicht etwa die hier in Frage kommenden Momente des Geltungsgehalts und der sachlichen Begrenzung des Grundrechts einschließlich typischer Kollisionslagen mit dem hier einschlägigen Bürgerlichen Recht, sondern es wägt subjektive Motivationen, höchst nebensächliche Einzelheiten des tatsächlichen Verlaufs, charakterliches Verhalten der Beteiligten und Ähnliches unklar gegeneinander ab. Dabei hat es die Ausgangsfrage, ob es sich hier, wie sehr zu bezweifeln, überhaupt um ein Grundrechtsproblem handle, mangels dogmatischer Energie nicht einmal in den Blick genommen[55]. Eine die Normbereichsanalyse einbeziehende Verfassungsauslegung und -dogmatik wird dagegen gezwungen sein, den vom grundrechtsausgestaltenden und grundrechtseinschrän-

---

[54] Das, was hier nicht zu erörtern ist, auch nicht gegen sonstiges Verfassungsrecht verstößt.

[55] BVerfGE 7.230, v. a. 234 ff. Hierzu F. *Müller*, Normstruktur und Normativität, 209 ff.; ebd., 207 ff. und ferner 26, 62 f., 140 f., 182 f., 189 zur Problematik der Güter- und Interessenabwägung.

kenden Gesetzgeber zu respektierenden Geltungsgehalt der Grundrechte zu entwickeln und zur Diskussion zu stellen. Sie hat insoweit nachzuholen, was in einer verhältnismäßig kurzen Verfassungstradition noch nicht erreichbar war und was bisher auf verschiedene Weise durch verallgemeinernde Grundrechtslehren ersetzt werden sollte[56]. In den praktisch zumeist und etwa auch für die Kunstfreiheit heikelsten Fragen, bei der strafrechtlichen Behandlung von Verletzungstatbeständen, die zugleich grundrechtlich geschützt sind oder doch in Zusammenhang mit Grundrechtsausübung stehen, ist gleichfalls die Abkehr von den pauschalen Lösungsvorschlägen der auf Güterabwägung beruhenden Vorschläge geboten. Es ist im Ansatz zutreffend, nicht aber dogmatisch und verfassungsnormativ ausreichend, allgemein die Anerkennung „des“ Strafrechts durch die positiv gedeutete Kompetenzvorschrift des Art. 74 Nr. 1 GG zu konstatieren, das „verfassungsmäßige“ (was das materielle Übereinstimmen mit den strafrechtlich verkürzten Grundrechten unbefragt voraussetzt) Strafrecht als „allgemeine Grenze aller Grundrechte“ auszuweisen und durch „Hineinverlagerung“ zu dem Ergebnis zu gelangen, im Wesensgehalt der Grundrechte seien neben anderen Normenkomplexen und Verfassungsvorschriften auch „die Strafgesetze mitgedacht“[57]. Vielmehr führt keine Möglichkeit daran vorbei, für jedes einzelne Grundrecht angesichts jeder in Frage kommenden Strafrechtsvorschrift zu ermitteln, ob überhaupt, auf welche Weise, wie weitgehend, in welchem Verhältnis zum Wesensgehalt und unter ähnlichen Aspekten Verkürzungen grundrechtlich garantierter Aktions- und Organisationsformen durch welche strafrechtlichen Deliktsfolgen entstehen und — besonders wichtig bei vorbehaltlos garantierten Grundrechten — durch welche Norm sie verfassungsrechtlich gerechtfertigt sind. In den zuvor genannten Beispielen kann also weder für den Jugendschutz noch für „das“ Strafrecht im allgemeinen noch auch für den durch § 166 StGB geschützten „Wert“ pauschal ein „Vorrang“ oder ein „Zurücktreten“ im Verhältnis zur Kunstfreiheitsgarantie vorausgesetzt werden; für § 166 StGB deshalb nicht, weil die bei seiner deliktischen Erfüllung möglichen Deliktsfolgen ihrerseits — aus dem strafrechtlich geschützten „Wert“ durchaus nicht ableitbar — sehr verschiedene Einwirkungen auf den als frei gewährleisteten Normbereich freier Kunst haben können.

---

[56] Zur mangelnden Bestimmtheit des Grundrechtsgehalts bei *Häberle*, a.a.O., wie zur Kritik des „Institutionellen“ als bloßer Formalkategorie vgl. J. P. *Müller*, a.a.O., 101. — Der „Normbereich“ ist nicht „institutionell“ konzipiert; hierzu F. *Müller*, Normstruktur und Normativität, v. a. 175 ff.

[57] *Häberle*, a.a.O., 5, 37, 60, 61. — Es genügt nicht den maßstäblichen Anforderungen der Verfassung, hier: der Grundrechte, nach kursorischer Übersicht grundrechtseinschränkender Strafgesetze diese toto coelo auf sich beruhen zu lassen, weil man sie „nur damit zu rechtfertigen vermag, daß man sie zum Schutz gleich- und höherwertiger Rechtsgüter für erforderlich hält“. So aber *Häberle*, a.a.O., 37; ebd. in gleichem Sinn auch zur gesamten Privatrechtsordnung als „allgemeiner Grenze“ aller Grundrechte.

### III. Grundrechtsbegrenzung unter Aspekten des Grundrechtsmißbrauchs

Der systematisch letzte Versuch, gleichmäßig allen, auch den ohne Vorbehalt garantierten Grundrechten eine allgemeine Grenze zu ziehen, wird von den Spielarten der Mißbrauchslehre gemacht. Von dem speziellen Verwirkungstatbestand des Art. 18 GG kann dabei abgesehen werden. Art. 18 GG ist nicht in Richtung auf eine Verwirkungsgeneralklausel deutbar; auch das syntaktisch mißverständlich plazierte Wort „insbesondere" begründet keine Abweichung vom Enumerationsprinzip[58].

#### *1. Dogmatische Tatbestandsabgrenzung*

Soweit die Mißbrauchslehre nicht Grundrechtsbegrenzungen außerhalb der vom Grundgesetz ausdrücklich geregelten Fälle postuliert, sondern sich als Streben nach scharfer dogmatischer Grenzziehung der grundrechtlichen Geltungsgehalte im Interesse der Normklarheit versteht[59], unterliegt sie nicht den zu den Thesen allgemeiner Grundrechtsbegrenzung dargelegten Bedenken. Insoweit wird anerkannt, daß pauschale Gemeinschaftsvorbehalte auch im Gewand normativ ungestützter und rechtsstaatlich ungenauer „Mißbrauchs"vorbehalte unzulässig sind. Das „Mißbrauchs"urteil wird als Subsumtionsurteil verstanden, das den Gebrauch eines (Grund-)Rechts von seinem Nicht-

---

[58] Vgl. etwa *Maunz,* Deutsches Staatsrecht, 16. Aufl. 1968, § 16 II 2.

[59] So bei Herbert *Krüger,* Mißbrauch und Verwirkung von Grundrechten, DVBl. 1953, 97 ff.; 99: kein Grundrechtsmißbrauch außerhalb der vom Grundgesetz selbst ausdrücklich geregelten Fälle, v. a. in Art. 18 GG; 98: Mißbrauchsurteil als Subsumtionsurteil. — Allgemein zur Lehre vom Rechtsmißbrauch: *Stammler,* Die Lehre von dem richtigen Rechte, 1926, 236 ff.; *Siebert,* Verwirkung und Unzulässigkeit der Rechtsausübung, 1934, 68 ff. — Ebd. bei *Krüger,* 99, gegen den schon bei C. F. *v. Gerber,* Über öffentliche Rechte, 1852, 25 f., formulierten allgemeinen Gemeinschaftsvorbehalt. — Wenn *Krüger,* ebd., 99, ausführt, die Freiheitsrechte umschrieben „denjenigen Bereich des menschlichen Lebens, in dem der Staat nichts entscheiden darf, weil er hier nach der Natur der Sache ... nichts entscheiden kann oder ... nichts entscheiden sollte", so ist das zu allgemein formuliert. Wieweit die Inhaltsbestimmung der Freiheit „ausschließlich beim Individuum" (ebd.) von Verfassungs wegen liegen darf, bestimmt die positiv-rechtliche Ausgestaltung der Freiheitsgarantien. Je nach Art der Gesetzesvorbehalte, nach der Struktur der Normbereiche und nicht zuletzt zwischen Vorbehaltsgrundrechten und vorbehaltlos garantierten Grundrechten sind entscheidende Unterschiede festzuhalten. Auch ist für solche Freistellungen auf Grund der Verfassung nicht eine „Natur der Sache" verantwortlich, sondern das grundrechtliche Normprogramm, das allerdings nicht selten mit seiner Freistellung auf die Sachgeprägtheit des grundrechtlichen Normbereichs als auf eine besondere Spielart der „Natur der Sache" antwortet. — Festzuhalten bleibt im übrigen, daß ungeschriebenes Nicht-Verfassungsrecht Grundrechte nicht einschränken kann. An den Nachweis ungeschriebener Eingriffsermächtigungen von Verfassungsrang sind scharfe Anforderungen zu stellen; vgl. a. *Hesse,* Grundzüge, 123.

Gebrauch abgrenzt, d. h. dogmatisch gerechtfertigte von nicht gerechtfertigten Rückgriffen auf eine Rechtsposition. Insoweit ist „Mißbrauch" nur eine Umschreibung für die sachliche Begrenztheit aller Rechtspositionen, auch der Grundrechte, und für die Notwendigkeit, Inhalt, Struktur und Reichweite der Freiheitsgarantien dogmatisch auszuarbeiten. Terminologisch sollte diese Auffassung besser von den sonst am Grundrechts„mißbrauch" orientierten Lehren unterschieden werden, die wie die bereits hier diskutierten anderen Begrenzungstheorien versuchen, material-allgemeine Aspekte für die Einschränkung der Freiheitsverbürgungen zu entwickeln.

### 2. *Pauschalformeln der Rechtspraxis*

Der Mißbrauchsgedanke findet, wie immer er begründet werde, seine Grenze am positiven Recht. In der Praxis wird das nicht immer beachtet. So verwendet die Bundesprüfstelle den Vorwurf des „Mißbrauchs" gegenüber der Kunstfreiheit ihrerseits mißbräuchlich: Das nach § 1 Abs. 2 Nr. 2 GjS für Schriften, die der Kunst dienen, ausnahmslos geltende Indizierungsverbot umgeht sie in Anlehnung an die oben behandelten grundrechts-„immanenten" Gemeinschaftsvorbehalte mit rein verbalen „Mißbrauchs"formeln[60]. Das Verfahren ist weder mit Art. 5 Abs. 3 Satz 1 GG noch auch mit § 1 Abs. 2 Nr. 2 GjS vereinbar. Weder die Erfüllung von Tatbeständen des Jugendschutzrechts wie des Strafrechts noch überhaupt die Erfüllung der Tatbestände rechtsgutschützender Normen ist mit Rechtsmißbrauch schlechthin gleichzusetzen[61]. Die Frage nach dem Mißbrauch von Grundrechten ist ohne Entwicklung der sachlichen Grenzen und Geltungsvarianten der Garantie nicht zu beantworten. Überdies darf auch hier die Rangdifferenz von Verfassungsrecht und Gesetzesrecht nicht durch derart ungenaue Mißbrauchsurteile verwischt werden[62].

### 3. *Dogmatische Ansätze in der Rechtsprechung*

Ebensowenig ist nach dem bisher Gesagten bei der Kollision von Grundrechtsausübung mit strafrechtlich geschützten Interessen einfach die Frage nach dem „Vorrang" der einen oder anderen Norm zu stel-

---

[60] Nachweise, v. a. zur Praxis der Bundesprüfstelle, bei *Knies*, 102, Anm. 234; 115, Anm. 303; vgl. auch *Schilling*, Literarischer Jugendschutz, 27 f.

[61] *Lerche*, Übermaß, 132.

[62] BVerfGE 17.306.318 wirft dem einfachen Gesetzgeber in aufschlußreicher Weise „Mißbrauch strafrechtlicher Gestaltungsmöglichkeiten" vor (gemäß einer Formulierung des Bundesgerichtshofs) — Mitfahrerzentralen/Art. 2 Abs. 1 GG.

len[63]. Auch hier muß von Einsichten der Grundrechtsdogmatik her gefragt werden. Das ist in der höchstrichterlichen Rechtsprechung zum Grundrecht der Glaubens- und Gewissensfreiheit in Ansätzen geschehen. In Fragen unlauterer Methoden der an sich erlaubten Glaubensabwerbung hat das Bundesverfassungsgericht unter Rückgriff auf gewisse übereinstimmende sittliche Grundanschauungen der heutigen Kulturvölker, auf die „grundrechtliche Wertordnung" und auf die Würde der Person die Mißbrauchsgrenze dort gezogen, wo infolge der Anwendung sittlich verwerflicher Mittel die Personwürde anderer verletzt wird[64]. Der Beschluß wäre ohne solch tautologische Abstützung auf inhaltlich kaum greifbare Vorstellungen besser unter Berufung auf die gegenseitige Begrenzung von (grundrechtlichen) Verfassungsnormen, hier: von Art. 4 Abs. 1 durch Art. 1 Abs. 1 GG zu begründen gewesen[65]. Systematisch noch weiter vorgelagert war allerdings die Frage, ob es sich bei dem mißbilligten Verhalten überhaupt um eine tatbestandlich zweifelsfreie Grundrechtsausübung gehandelt habe[66]. Beide Fragestellungen lassen die Entwicklung von Mißbrauchsgrundsätzen als überflüssig erscheinen. In einem nicht unähnlich liegenden Fall — zu mißbilligende äußere Umstände eines Glaubenswechsels als Grund für Mitschuld an einer Ehescheidung — hat das Bundesverfassungsgericht[67] dogmatisch zutreffend Mißbrauchsgesichtspunkte beiseite gelassen, weil das fragliche Verhalten trotz seines engen Zusammenhangs mit einer Grundrechtsausübung vom Gehalt der Freiheitsgarantie her gesehen nicht spezifisch („nicht glaubensbedingt") war, also von vornherein nicht „in den von Art. 4 Abs. 1 und 2 GG geschützten Bereich" fiel. Auf vergleichbare Weise hat das Bundesverwaltungsgericht friedenstörende Äußerungen in Zusammenhang mit der Arbeit in einem wissenschaftlichen Archiv als nicht zur freien „Forschung" i. S. des Art. 5 Abs. 3 Satz 1 GG gehörend behandelt[68], während es in einer Entscheidung zur Unzulässigkeit der Missionierung minderjähriger Lehrlinge durch den (aus dem Lehrverhältnis folgende Druckmittel anwendenden) Lehrherrn[69] den Fall unter dem Stichwort „unlautere Mittel" nach Mißbrauchsgrundsätzen löste. Auch dieses letztgenannte Urteil illustriert die Bedenken dagegen, die Lehre vom Grundrechtsmißbrauch mit allgemeinsten Begriffen von „Unlauterkeit" im Grund allein auf die tatsächlichen Umstände des Einzelfalls auszurichten, da sich dogmatische Linien in dieser

[63] So aber *Gallwas*, Der Mißbrauch von Grundrechten, 1967, 49 und ff.

[64] BVerfGE 12.1 ff., 4 f.

[65] So auch *Hesse*, Grundzüge, 124.

[66] Vgl. auch *Berg*, 137.

[67] BVerfGE 17.302.305; ebd. zum folgenden.

[68] BVerfGE 18.34.38.

[69] Urt. v. 9. 11. 1962, ZevKR 10 (1963/64), 207 ff. (= BVerfGE 15.134), bes. 209 ff., 210, 211.

Richtung kaum ziehen lassen. Auch hier war übrigens das Problem einer gegenseitigen Begrenzung mehrerer Grundrechte verschiedener Berechtigter (Recht der Abwerbung aus Art. 4 Abs. 1 und 2 — Grundrecht der Eltern der minderjährigen Missionierten aus Art. 6 Abs. 1 GG) im Spiel[70].

### 4. *Mehrdeutigkeit der Pauschalformeln*

Diese Fälle zeigen bereits die Mehrdeutigkeit einer Bestimmung, nach der Mißbrauch von Grundrechten ein „Handeln ohne Recht" sein soll, ein „Handeln außerhalb der Grenzen der Grundrechte"[71]. Das kann heißen: der Typus der fraglichen Tätigkeit gehört „eigentlich" zu den grundrechtlich geschützten Handlungstypen; der Berechtigte kann sich jedoch im Einzelfall wegen andersartiger, aus irgendeinem Grund „vorrangiger" Gegen-Normen nicht auf die Freiheitsgarantie berufen. Oder es meint eine Handlung, die nur „bei Gelegenheit" einer Grundrechtsausübung geschieht und die als solche für den grundrechtlich gewährleisteten freien Aktions- und Sachbereich nicht spezifisch ist. In der Regel lassen sich die bisher unter Mißbrauchsaspekten behandelten praktischen Kollisionsfälle im Sinn der letztgenannten dogmatischen Abgrenzung lösen. Das erfordert die Abkehr von pauschalen, nur von Fall zu Fall konkretisierbaren und damit auf einen „Urteilsvorbehalt"[72] hinauslaufenden Mißbrauchsvorbehalten, die den freiheitlich-politischen und den rechtsstaatlichen Wert der Grundrechtsverbürgungen je nach ideologischer Anfälligkeit der Gerichte bis annähernd Null reduzierbar machen. Statt dessen ist für jedes Grundrecht die in Wahrheit „immanente", weil die Reichweite der als frei garantierten „Sache" individuell nachzeichnende Grenze des je grundrechtseigenen „Mißbrauchs", also des Überschreitens der Variationsbreite des sachspezifisch Garantierten, durch die Debatte von Rechtsprechung und Wissenschaft in allmählich traditionsbildender Weise zu entwickeln. Meinungsverschiedenheiten über die Lokalisierung dieser Grenze sachlicher Gewährleistung sind in diesem Fall weit besser rational diskutierbar als solche über die Formulierung generell-materieller Mißbrauchsvorbehalte, die in gleicher Weise für alle Grundrechte gelten sollen.

---

[70] Was das Gericht nicht verkennt, vgl. ebd. 211. — Der Bundesgerichtshof vermeidet im Urteil vom 20. 3. 1968 — I ZR 44/66 — (Mephisto-Klaus Mann) die sich von der Lage des Falls her anbietende Mißbrauchsterminologie und prüft unter Gesichtspunkten der Intensität entstellender Vermischung von Dichtung und Wahrheit im Rahmen eines Schlüsselromans nur, ob „die Grenzen der Freiheit der Kunst überschritten" seien, allerdings ohne damit dogmatische Grenzen der grundrechtlichen Geltungsbereichs zu erarbeiten.

[71] *Gallwas*, 31; dort im Sinn begrenzt typisierbarer Generalklauseln gemeint, nicht in dem einer Dogmatik der einzelnen Grundrechte.

[72] Dieser Ausdruck bei *Lerche*, DVBl. 1958, 526, Anm. 28 und: Übermaß, 150.

### 5. *Positive Normgehalte statt „ungeschriebener Annexe"*

Zu ähnlichen Ergebnissen wie der hier gemachte Vorschlag führt wohl die Lehre, nach der die Ermächtigungen zu einer Mißbrauchsabwehr, die zugleich Grundrechtseingriffe rechtfertigt, durch „ungeschriebene Annexe der jeweiligen Grundrechtsnormen"[73] geliefert werden sollen. Damit wird zwar jede allgemeine Ermächtigung zur Störungszurückweisung im Sinn eines pauschalen Verfassungsvorbehalts, einer materiellen Generalnorm abgelehnt und die Möglichkeit eröffnet, die Mißbrauchsannexe entsprechend den verschiedenen Grundrechtsnormen verschieden zu fassen. Doch bleiben im Ansatz gewisse Unklarheiten darüber bestehen, ob für alle Grundrechte und in welchem Umfang für die einzelnen Garantien solche ungeschriebenen Annexe anzunehmen seien. So soll, obgleich ein solcher „Annex" an sich auch hier in Betracht kommt, gleichwohl durch Umkehrschluß aus Art. 5 Abs. 3 Satz 2 GG eine beschränkte Polizeifestigkeit der Freiheit von Kunst und Wissenschaft, Forschung und Lehre gefolgert werden[74]. Vor allem sind, wie zu Recht angenommen wird, positive Regelungen der Verfassung wie die der Art. 5 Abs. 3 und 9 Abs. 2 GG oder die Abstufung und Qualifizierung von Gesetzesvorbehalten durch den Annexgedanken nicht nivellierbar.

Nach dem hier zugrundegelegten Normverständnis[75] handelt es sich bei der Grenzbestimmung sachlicher Grundrechtsgarantien dagegen nicht um ungeschriebene Annexe, sondern um geschriebene Normgehalte, d. h. um die sachlich-normative Reichweite des vom Wortlaut der Vorschrift formulierten, angedeuteten („Kunst", „Wissenschaft" etc.) oder eindeutig vorausgesetzten Normbereichs[76]. Deutlicher als von der Annahme ungeschriebener Annexe wird es von dieser Sicht aus, daß *jedem* Grundrecht schon wegen seiner Rechtsqualität Sachgrenzen seiner Verbürgung gezogen sind; daß es sich bei den einzelnen „Mißbrauchsvorbehalten" nicht um Partikel eines auf die Grundrechte verteilten Generalvorbehalts, sondern um jeweils von der Struktur des Normbereichs und der Eigenart des Geltungsgehalts geprägte Normelemente handelt, für die in dieser Konzeption „Grenz"bestimmung und

---

[73] *Lerche*, Übermaß, 122 und ff.; vgl. ebd. 117 ff.; 118 Anm. 73 a zur beschränkten Rolle des Gesetzgebers bei der Festlegung „richtigen" Grundrechtsgebrauchs; zum folgenden ebd. 123 f., 124 f.

[74] *Lerche*, 123; s. a. ebd. 123 f., 124 f.; ferner 157, 288.

[75] Entwickelt in: F. *Müller*, Normstruktur und Normativität.

[76] Zu diesem Begriff, seiner normativen Qualität und seiner durch die Direktiven des Normprogramms, also der rechtlichen Anordnung, aus den allgemeinen Sachbeziehungen der Rechtsregel herausgehobenen Abgrenzung vgl. ebd. (Anm. 75), z. B. 107 f., 117 f., 132 ff., 137 ff., 142 ff., 163 ff., 184 ff.; ferner 125 f., 128, 141, 154, 201 ff.

„Inhalts“bestimmung sachlich dasselbe sagen; daß es ferner nicht um ungeschrieben „vorhandene“, sondern um von diesem theoretischen Verständnis der Grundrechte geforderte, der allgemeinen Struktur der Rechtsnormen entsprechende, von Rechtsprechung und Lehre im einzelnen zu juristischem Konsens zu bringende Bestandteile der Verfassungsauslegung und Grundrechtsdogmatik geht.

### *6. Grundrechtsmißbrauch als „Verletzung vorrangiger Interessen“?*

Diesem Vorschlag entspricht nicht eine generelle dogmatische Bestimmungen anstrebende Auffassung, die den Grundrechtsmißbrauch allgemein faßt als „Realisierung des freiheitlichen Gehaltes einer Grundrechtsformulierung zu Lasten eines am Grundrechtsverhältnis Beteiligten (anderer Grundrechtsträger, Allgemeinheit oder Staat), sofern das jeweils verletzte Interesse durch eine höherrangige Verfassungsnorm, durch eine verfassungsrechtliche Grundidee oder durch einen überpositiven Rechtsgedanken objektiv erkennbar geschützt ist“[77]. Im praktischen Ergebnis kann damit eine Pauschalierung erreicht sein, die bis auf die Generalformel des Bundesverwaltungsgerichts von den „vorrangigen Allgemeininteressen“ und ähnlichen Gemeinschaftsvorbehalten zurückfällt. Das zeigt auch die kürzere Fassung dieser Mißbrauchsthese, nach der Grundrechtsmißbrauch dann vorliegt, „wenn eine bestimmte Grundrechtsausübung das vorrangige Interesse eines anderen Interessenträgers verletzt“[78]. Bei allem Bemühen um typisierende Aufgliederung im einzelnen bleibt auch eine derartige Auffassung wegen der die Eigenständigkeit der Grundrechtsgarantien übergehenden Fragestellung und wegen der Ungenauigkeit und metapositiven Färbung ihrer Grundthese neben den Problemen. Sie hat mit den besprochenen anderen materiell-allgemeinen Theorien der Grundrechtsbegrenzung ferner gemein, für die Praxis dem Gebot rechtsstaatlicher Methodenklarheit nicht genügen zu können. Die Problematik deliktischer Grundrechtsausübung stehe hier als Beispiel: Bei Kollisionen zwischen Grundrechtsausübung und strafrechtlicher Tatbestandserfüllung müsse nach dem „Vorrang“ gefragt werden; eine Tatbestandserfüllung könne nicht deswegen straflos bleiben, weil sie „im Gewand einer künstlerischen Äußerung“ erfolge. Die vorbehaltlose Garantie der Kunstfreiheit wird in diesem Zusammenhang mit der Bemerkung erledigt, die rechtstechnische Aus-

---

[77] *Gallwas*, 34 ff., 35.

[78] Ebd. (Anm. 100), 37. Vgl. auch das Beispiel ebd., 41 f., das in die Empfehlung einer „Interessenabwägung“ mündet. — Zu den von *Gallwas* herausgestellten drei Mißbrauchstypen vgl. ebd., 38 ff. (Verletzung vorrangiger Interessen eines anderen Grundrechtsträgers), 66 f. (Verletzung vorrangiger Interessen der Allgemeinheit), 87 ff. (Verletzung schutzwürdiger Interessen der staatlichen Gewalten).

gestaltung der Grundrechte sei in der Regel „nicht an den hier angesprochenen Konfliktslagen orientiert und daher auch nicht geeignet, ein griffiges (!) Lösungsmodell zu liefern“[79]. Wie erinnerlich, hatte sich die positivrechtliche Normierung der Grundrechte auch für die früher genannten allgemeinen Begrenzungslehren zuweilen als sperrig erwiesen. Für ihre auf einen durchgängigen Mißbrauchsvorbehalt abhebende Spielart liefern zum Beispiel die Strafrechtsvorschriften die gewünschten „Kollisionsnormen für widerstreitende Individualinteressen“, sind sie doch in aller Regel „echte Schranken jeder Grundrechtsausübung“[80]. Deliktische Grundrechtsverwirklichung ist demnach immer dann strafbar, wenn die der Strafnorm zugrundeliegende Wertung in Einklang „mit den im Grundrechtskatalog niedergelegten Wertpositionen und den allgemeinen Grundsätzen der Interessenabwägung“ steht. Für das Strafrecht dürfe man „grundsätzlich davon ausgehen“, diese Bedingungen seien erfüllt.

### 7. *Grundrechtsdogmatik statt Wertabwägung*

Grundsätze der Interessenabwägung sind aber ohne normative Geltung. Ferner kann es nicht genügen, daß die einer Strafnorm „zugrundeliegende“ Wertung irgendwie mit grundrechtlichen „Wertpositionen“ harmonisierend in Verbindung gebracht werden kann. Es kommt allein darauf an, daß die fragliche Strafnorm kein positives Grundrecht der Verfassung verletzt. Das ist mit Hilfe einer Grundrechtsdogmatik zu beurteilen, die auch das Vorhandensein oder Nichtvorhandensein einfacher bzw. qualifizierter Gesetzesvorbehalte ohne metapositive Abstriche voll in Rechnung stellt. Die verfassungsrechtliche Fragestellung geht eben nicht auf einen pauschal zu bejahenden oder pauschal zu verneinenden „Vorrang“. Sie geht darauf, was geschehen darf, wenn grundrechtsausübende Tätigkeit zugleich einen strafrechtlichen Tatbestand erfüllt. Beide Subsumtionsfragen können je selbständig zu beurteilen sein. Der Dogmatik des fraglichen Einzelgrundrechts muß dann entnommen werden, welche der auf Grund der strafbaren Handlung strafrechtlich möglichen Deliktsfolgen das Grundrecht überhaupt nicht berühren, welche verkürzend in garantierte Aktions- und Sachbereiche eingreifen und bei welchen von ihnen dies am Maßstab des Grundrechts, seines etwaigen Gesetzesvorbehalts und anderer einschlägiger Verfassungsvorschriften einschließlich des Verhältnismäßigkeitsgebots zulässig ist. Entsprechend sind Kollisionen mit Normen anderer gesetzlicher Materien zu behandeln. So „geht“ im Fall eines evident anstößi-

---

[79] *Gallwas*, 49 ff., 50; mit Hinweis auf *Nawiasky*, Die Grundgedanken des Grundgesetzes für die BRD, 1950, 24 f.

[80] *Gallwas*, 50 f.; ebd. zum folgenden.

gen Kunstwerks § 6 GjS nicht einfach dem Art. 5 Abs. 3 Satz 1 GG „vor“, weil sich § 6 schlechterdings als „sittliche Norm“ von „rechtserheblicher Art“ dergestalt herausstelle, daß weder der Gesetzgeber noch der Verfassungsgeber befugt seien, abweichende Regelungen zu treffen. Auch ist die Berufung auf den Wortlaut des Grundrechts in einem solchen Fall nicht „insoweit als Handeln ohne Recht“ zu qualifizieren, obgleich die Kunstfreiheitsgarantie als selbständiges, dem Vorbehalt des Art. 5 Abs. 2 GG nicht unterliegendes Grundrecht angenommen wird[81].

Das starre „entweder-oder“ bringt, von den übrigen Einwänden abgesehen, für sich allein schon jeden Versuch einer Mißbrauchstypik um praktische Brauchbarkeit. Von „Vorrang“ wäre nur bei sachlichem Widerspruch der beteiligten Normen, und zwar dann zugunsten der als Verfassungsnorm höherrangigen, also der Kunstfreiheitsgarantie, zu sprechen. *Ob* ein solcher Widerspruch, also ein Eingriff in den grundrechtlich geschützten Normbereich *ohne* verfassungsrechtliche Abstützung dieses Eingriffs (auf Grund eines Gesetzesvorbehalts und unter Vermeidung sonstiger Verstöße gegen Verfassungsrecht) vorliegt oder nicht, läßt sich nur von der Dogmatik der Kunstfreiheit aus sagen. Er läge dann vor, wenn eine unbegrenzte und unbegrenzbare (also auch gegenüber Kindern und Jugendlichen a priori zu fordernde) Freiheit der Verbreitung des Kunstwerks in allen vom Künstler oder Verbreiter gewählten Modalitäten zum sachlichen Geltungsgehalt des Art. 5 Abs. 3 Satz 1 GG gehörte, was hier vorläufig jedenfalls in Zweifel zu ziehen ist. Es mag aber schon an dieser Stelle deutlich geworden sein, daß die dogmatische Beantwortung der so gestellten Frage zugleich den praktischen Fall löst. Auch eine — im übrigen wegen ihrer materiell-allgemeinen Fassung den genannten Bedenken begegnende — generelle Mißbrauchslehre ist in Fragen der Grundrechtsbegrenzung insoweit nicht vonnöten.

### 8. *Differenzierungen im positiven Verfassungsrecht*

Sie hat mit den anderen erörterten Begrenzungshypothesen gemeinsam, über die verschiedene positivrechtliche Ausgestaltung der einzelnen Freiheitsgarantien ebenso hinwegzugehen wie über die Unterschiedlichkeit der als frei garantierten sachgeprägten Normbereiche. Deren politischer und rechtlicher Freiheitsgehalt sieht sich nach historischer Erfahrung von öffentlicher Gewalt besonders häufig bedroht[82]. Die differenzierte Freistellung ist geeignet, an hervorragender Stelle den Verfassungsstaat des Grundgesetzes sachlich zu legitimieren. Das setzt vor-

---

[81] So auch von *Gallwas*, 84; ebd. das genannte Beispiel zu § 6 GJS.

[82] BVerfGE 6.32.37.

aus, die garantierten Normbereiche in ihrer Eigenart samt den Formalien ihrer Garantie in der Verfassungsaktualisierung ernst zu nehmen. Verfassungsinterpretationslehre und Grundrechtsdogmatik haben unter dem Grundgesetz noch keinen zu hinreichendem Konsens gediehenen Stand erreicht, der die Versuchung zu irrationaler oder das positive Recht (partiell) vernachlässigender Theoriebildung ausschalten könnte. Die besprochenen Versuche material-allgemeiner Grundrechtsbegrenzung können als Symptom hierfür verstanden werden. Sie sind durch eine von der garantierten „Sache“ aus argumentierende Bereichsdogmatik zu ersetzen, die auch die Kontaktlinien entwickelt, an denen Vorschriften der Rechtsordnung der verschiedensten Materien mit grundrechtlichen Normbereichen zusammentreffen. Das wird von der Vorbehaltlosigkeit einer Garantie nicht gehindert.

## *Zweiter Teil*

# Ausgangspunkte einer Grundrechtsdogmatik

### I. Abgrenzung zu Fragen der Drittwirkung

#### *1. Praktische Ansatzpunkte*

Wie weit der Gebrauch eines Grundrechts reicht, muß von einer seine Garantie im ganzen umfassenden Dogmatik entwickelt werden. Die Staatsgerichtetheit der Grundrechte[1] und ein Ausschluß von Fällen der sogenannten Drittwirkung können den Umkreis der Problematik nicht einengen. Enthält ein literarischer Text, der einer Werkgattung im Sinn der „Kunst" des Art. 5 Abs. 3 Satz 1 GG zugehört (Gedicht, Roman, Erzählung etc.), eine isolierbare Beleidigung oder Verleumdung eines Dritten, so kann die Grundrechtsfrage nicht mit der Überlegung ausgeschaltet werden, im Verhältnis zwischen dem Künstler und dem beleidigten oder verleumdeten Privaten habe das Grundrecht der Kunstfreiheit keine Geltung, es sei denn, man wolle von seiner vollen Drittwirkung ausgehen. Eine derartige Einschränkung der Grundrechtsfragen etwa auf polizeiliche Eingriffe gegen Ausübungen der Kunstfreiheit (eine Ausstellung wird geschlossen, der Maler wird von der Straßenkreuzung verwiesen) ginge am grundrechtlichen Geltungsgehalt vorbei. Ausgangspunkt ist dogmatisch der dem Grundrechtsträger zugefügte grundrechtsspezifische Verletzungstatbestand. Durch das Stellen der Strafanzeige ist der Künstler weder rechtlich noch unmittelbar faktisch beeinträchtigt, also in diesem Sinn nicht „verletzt". Erst die gerichtliche Bestrafung beeinträchtigt seine Rechtsstellung. Dabei ist es noch eine weitere Frage, ob grundrechtsspezifisch Geschütztes oder nur vom Grundrecht aus Indifferentes verkürzt worden ist. Jedenfalls hat der Träger öffentlicher Gewalt den Verletzungstatbestand gesetzt, dem gegenüber das Grundrecht „gilt". Das Problem der Drittwirkung ist hier von Anfang an nicht im Spiel, wenn auch Rechtsprechung und Literatur die Typen der Fallgestaltung nicht immer mit der notwendigen Deutlichkeit unterscheiden. Zur Erläuterung sei etwa auf die Lage des Falles in BVerfGE 17.302 ff. (zur Auswirkung des Grundrechts der Glaubensfreiheit auf den Begriff der schweren Eheverfehlung — Glau-

---

[1] Vgl. etwa BVerfGE 21.362.368 ff.

benswechsel unter den Ehepartner verletzenden Begleitumständen) hingewiesen: auch hier können sich die Ehepartner gegenseitig nicht unmittelbar auf das Grundrecht aus Art. 4 GG berufen. Der Verletzungstatbestand wird aber erst von einem Träger öffentlicher Gewalt, dem das Scheidungsurteil aussprechenden Gericht, gesetzt. Aus diesem Grund ist die Glaubensfreiheit ohne jede Frage einer Drittwirkung im Spiel. In der Wahlplakatentscheidung BVerfGE 7.230 ff. liegt die Verletzung des Grundrechtsberechtigten, liegt der unmittelbar wirkende rechtliche Nachteil dagegen bereits in der Kündigung durch den Vermieter, die durch das Gericht nachträglich nur bestätigt wird. Daher ist es sehr zweifelhaft, ob der Fall überhaupt als Problem der Meinungsfreiheit und nicht nur als ein solcher des Bürgerlichen Rechts zu behandeln war.

### *2. Grundrechtsverletzung und Grundrechtsaktualisierung*

Eine Grundrechtsverletzung liegt immer dann und nur dann vor, wenn von einem Träger öffentlicher Gewalt ein Grundrechtsträger rechtlich oder unmittelbar faktisch beeinträchtigt wird, und zwar in Anknüpfung an eine Grundrechtsaktualisierung; an eine Handlung, die durch ein Grundrecht spezifisch geschützt und als frei garantiert ist. Die Verletzung selbst braucht dabei nicht in grundrechtlich Geschütztes von der Art der Anknüpfungshandlung einzugreifen. Der oben genannte Fall ist auch dann ein Problem der Kunstfreiheit, wenn der Künstler durch eine Geldstrafe Eingriffe in sein Eigentum oder bei einer Freiheitsstrafe eine Beschneidung seines Grundrechts aus Art. 2 Abs. 2 Satz 2 GG hinnehmen muß. Die entscheidende Frage ist nur, ob die Anknüpfungshandlung, das Malen oder das Ausstellen eines Gemäldes, noch zum Normbereich des Grundrechts gehört oder ob sie nur als Modalität „bei Gelegenheit" einer Grundrechtsaktualisierung anzusehen ist.

Das Grundrecht kann nicht „an sich" oder „als solches", sondern immer nur in einer konkreten Aktualisierung im Spiel sein und somit nur in dieser konkreten Ausübungsform „verletzt" werden. Das gilt auch unter dem in der Rechtsprechung des Bundesverfassungsgerichts festgehaltenen Aspekt, Urteile der ordentlichen Gerichtsbarkeit darauf nachprüfen zu müssen, ob die Tragweite eines Grundrechts verkannt wurde oder nicht.

### *3. Anknüpfungs„ebene" und Sanktions„ebene"*

Vom Grundrecht her gesehen, können die Anknüpfungsebene und die Verletzungs(Sanktions-)ebene formell wie materiell auseinanderfallen. Formell: Auch wenn zwischen den beteiligten Privaten (Künstler-Beleidigter) die Grundrechtsfrage nicht aktuell ist, „gilt" das Grundrecht i. S. von Art. 1 Abs. 3 GG unmittelbar, sobald eine staatliche Stelle, etwa ein Gericht, mit der Angelegenheit befaßt wird und wenn die den Ausgangspunkt des Falles bildende Anknüpfungshandlung (das Schreiben bzw. Verbreiten der beleidigenden Äußerung in literarischem Zusammenhang) grundrechtlich geschützt ist. Materiell: Der von dem Träger öffentlicher Gewalt gesetzte und den Grundrechtsträger treffende Verletzungstatbestand braucht nicht in dasselbe Grundrecht einzugreifen, dessen Aktualisierung die Anknüpfungshandlung bildet (Geld- oder Freiheitsstrafe für den Künstler wegen Grundrechtsausübung mit deliktischer Tatbestandserfüllung).

Ist auf solche Weise das Grundrecht vom Gericht oder einer anderen beteiligten staatlichen Stelle zu beachten, so gilt das auch für die der Entscheidung zugrundegelegten Maßstäbe. Allein durch sie schon kann die „Tragweite des Grundrechts" verkannt und die Freiheitsgarantie verletzt werden.

### *4. Dogmatische Grundstruktur der „Drittwirkungs"fragen*

Die dogmatische Unterscheidung von *Anknüpfung, Maßstab* und *Sanktion* soll allgemein für die praktische Behandlung von Grundrechtsproblemen festgehalten werden. Sie ist nicht auf Fragen der Drittwirkung beschränkt. Um Drittwirkung hatte es sich bei den hier besprochenen Fallgestaltungen von Anfang an nicht gehandelt. Vielmehr dient diese Unterscheidung größerer rationaler Durchsichtigkeit in allen Fragen möglicher Grundrechtsverletzung durch öffentliche Gewalt. Diese Differenzierung kann auch innerhalb der Bereichsdogmatik der einzelnen Grundrechte und bei der Frage ihrer spezifischen Reichweite zur Rationalisierung bisher vielfach nur pauschal, etwa im Sinn einer (scheinbaren) Drittwirkung, eines „Vorrangs", einer „Höherwertigkeit" oder eines material-allgemeinen „Mißbrauchs" behandelter Probleme dienen. Würde es für Art. 1 Abs. 3 GG genügen, daß die Grundrechte nur irgendwie „gegenüber dem Staat", „gegenüber der öffentlichen Gewalt" ins Spiel kommen, dann wäre das die Behauptung einer totalen Drittwirkung für alle Fälle gerichtlicher Entscheidung. So sind die Grundrechte des Grundgesetzes jedoch nicht zu verstehen. Die Rechtsprechung ist prozessual-institutioneller Garant der Einhaltung auch der Grundrechte; nicht aber verschiebt sie deren grundsätzliche Geltungsart. Die Frage, ob Grundrechte einen Fall regieren oder nicht, kann nicht mit dem Hinweis auf die Qualität des Gerichts als „öffentlicher Gewalt" i. S. von § 90 BVerfGG und auf die Grundrechtsgebundenheit der Rechtsprechung überspielt werden. Es kommt vielmehr auf das „materielle Rechtsverhältnis" zwischen den Prozeßparteien an[2]. Diese Richtlinie ist

[2] *Hesse*, Grundzüge, 140; ebd., 138 ff. eine differenzierende Lösung der

nach dem Anknüpfungsverhältnis und nach dem Verletzungsverhältnis weiter zu differenzieren. Spielen sich beide zwischen den beteiligten Privaten ab, so kommt das Grundrecht bei Ablehnung einer generellen Drittwirkung nicht zum Zug. Dasselbe gilt dann, wenn der Verletzungstatbestand mit unmittelbar rechtlicher oder tatsächlicher Wirkung bereits zwischen den Privaten und nicht erst konstitutiv vom Gericht als der Repräsentanz öffentlicher Gewalt gesetzt wird. Wird dagegen der „Träger" des fraglichen Grundrechts in diesem oder einem anderen Grundrecht gerade durch die öffentliche Gewalt verkürzt, so ist das fragliche Grundrecht schon dann zu beachten, wenn der Anknüpfungstatbestand für den Eingriff der öffentlichen Hand — also etwa die deliktische Handlung — möglicherweise eine Aktualisierung dieses Grundrechts darstellt. Je nach der materiellen Beantwortung dieser Frage anhand der Dogmatik der einzelnen Freiheitsgarantie ist diese als verletzt oder als nicht verletzt anzusehen. Die Ablehnung einer allgemeinen Drittwirkung der Grundrechte des Grundgesetzes schränkt den Umfang der zu entwickelnden Bereichsdogmatik nicht ein.

## II. Zum hermeneutischen Aufbau von Grundrechtsnormen

Diese kann als verfassungsrechtliche Dogmatik keinen Ausgangspunkt wählen, der *allein* den Normbereich des Grundrechts für maßgeblich erklärt. Hermeneutisch reflektierte (Verfassungs-)Interpretation überläßt das Feld nicht den Strukturmerkmalen des Normbereichs. Nur deren Vermittlung mit dem methodisch konkretisierten Normprogramm, das in aller Regel im Wortlaut der Vorschrift angesprochen oder angedeutet ist, entspricht dem normativen Anspruch. Jede Usurpierung normativer Wirkung durch faktische Gegebenheiten im Sinn einer hermeneutisch begründeten Wiederauferstehung der „normativen Kraft des Faktischen"[3] ist durch die Rationalität dieser Vermittlung auszuschließen.

### 1. *Rechtsqualität der Grundrechte*

Die Normbereich und Normprogramm vermittelnde Einzeldogmatik der Freiheitsgarantien verläßt die Grundlage extremer Aussagen. Als deren eine hatte sich die Auffassung herausgestellt, weil kein Grundrecht unbegrenzte Freiheit gewähren könne, müsse auf Grund eines irrationalen „Schrankenschlusses" eine allgemeine Begrenzung aller Grundrechte im Sinn der einen oder anderen materiellen General-

Frage der Drittwirkung unter grundsätzlicher Einbeziehung möglichen Grundrechtsschutzes gegen Ausübung wirtschaftlicher oder sozialer Macht, v. a. 142.

[3] Hierzu F. *Müller*, Normstruktur und Normativität, z. B. 77 ff., 188.

klausel angenommen werden. Daß kein Grundrecht ohne Grenzen garantiert ist, folgt aus der einzig wirklich „immanenten" Beschränkung: aus seiner Rechtsqualität. Es folgt daraus, daß die Grundrechte als allein durch die (Verfassungs-)Rechtsordnung *rechtlich* konstituierte und als *Rechte* nicht überpositiv substantialisierbare Gewährleistungen angesehen werden. Weder eine in die Rechtsordnung unversehens eingeführte „natürliche" Freiheit[4] noch eine allein technisch-formal angesetzte Freiheit der Leere trifft die Struktur grundrechtlicher Garantien. Nicht der Sachbereich steht zur Erörterung, sondern der Normbereich; also nicht allein ein sachlich umschriebener Sektor menschlicher Wirklichkeit und Wirksamkeit, sondern die aus der Unbegrenztheit „natürlicher" Sachgesetzlichkeit durch die steuernde Wirkung normativen Anordnens herausgehobenen rechtlich relevanten Grundstrukturen des Sachbereichs, die zugleich als Normbestandteil durch rechtliche Setzung konstituiert und als Element der umgreifenden (Verfassungs-)Rechtsordnung sachlich-normativ begrenzt und in sie eingeordnet werden. Damit ist eine dogmatische Grundgegebenheit umschrieben, nicht ein zeitliches oder geschichtliches „Hintereinander" verfolgt. Vom positiven Recht her gesehen, bedeutet die Garantie des Grundrechts nicht ein deklaratorisches Bestätigen eines „natürlichen Rechts", sondern die konstitutive Anerkennung eines eigengeprägten, im Rahmen der Rechtsordnung zu schützenden und „frei" zu belassenden Komplexes sachlicher Gegebenheit und menschlichen Tuns kraft Rechts und damit zugleich als Recht. Grundrechtsbegrenzung[5] in diesem Sinn ist dasselbe wie inhaltliche Bestimmtheit der Freiheitsgarantie als einer von der als „frei" garantierten *Sache* her zu bestimmenden Verbürgung.

### 2. *Rechtliche Selbständigkeit der einzelnen Verbürgungen*

Je nach dem Ausmaß inhaltlicher Unabhängigkeit der garantierten Sache von rechtlicher Ausgestaltung kann sich die Struktur eines Grundrechts der des ausgrenzenden, gesetzliche Ausgestaltung (weitgehend) aussparenden „Rechtsraums"[6] annähern. Die Tatsache der konstitutiven Verbürgung als Recht hat mit diesem Grad inhaltlicher Selbständigkeit und annähernder Impermeabilität des selbstgesetzlichen Normbereichs gegenüber gesetzlicher Modifizierung nichts zu tun. Wenn sich bei einer bestimmten Art von Grundrechten wie denen der Gewissens-, Wissenschafts- und Kunstfreiheit die Verfassungsordnung gerade im Freilassen

---

[4] Zum Problem: *Wieacker*, Zum heutigen Stand der Naturrechtsdiskussion, 1965, z. B. 12 f.; *Scheuner*, VVDStRL 22 (1965), 47.

[5] Hierzu allgemein *Hesse*, Grundzüge, 123 ff.

[6] Im Sinn von BVerfGE 12.1 ff., 3; hierzu F. *Müller*, Normstruktur und Normativität, 220 ff., 222.

und im Selbstgesetzlich-sein-lassen bestimmter Normbereiche als freiheitlich legitimiert, so hat jede Auslegung der Verfassung und der einfachen Rechtsordnung das ebenso zu respektieren wie Exekutive und Legislative. Schon aus diesem Grund fehlt allgemein-materialen Grundrechtsbegrenzungsthesen wie jener der durchgängigen „Güterabwägung" oder wie der Mißbrauchslehre die verfassungsrechtliche Grundlage[7]. Die Begrenzung wie damit ineins die sachlich-normative Reichweite der Verbürgung kann nur für jedes einzelne Grundrecht als für eine Garantie mit gegenständlich begrenztem Schutzbereich, als für „gegenständlich abgegrenzte Verstärkungen des rechtlichen Schutzes für bestimmte Rechte und Freiheiten"[8] entwickelt werden. Stark eigengeprägte und zum Teil nicht rechtserzeugte Normbereiche wie Glaube, Gewissen und Bekenntnis, Kunst, Wissenschaft, Ehe, Familie, Vereinswesen sind einschließlich ihrer sie anerkennenden und gewährleistenden Normprogramme in den grundrechtlichen Normtexten nur ungenügend und stichwortartig festgehalten. Die Möglichkeit, sie zu konkretisieren, stützt sich dementsprechend nicht nur auf eine Exegese ihrer sprachlichen Fassung und deren systematischer und genetischer Aspekte, sondern vor allem auf die Sachhaltigkeit ihrer Normbereiche. Die Grundrechte zwingen als gesteigert sachgeprägte Normen zu gesteigerter Individualisierung ihres Sachgehalts im Einzelfall. Damit machen sie dogmatische Zwischenstufen erforderlich, die weit stärker als bei echten Generalklauseln wie dem Allgemeinen Gleichheitssatz aus der Strukturanalyse ihrer Normbereiche — „Bekenntnis", „Wissenschaft", „Kunst" — gewonnen werden können. Die grundgesetzlich gewährleistete Frei-

---

[7] Zur Verfassungstheorie der Grundrechte vgl. etwa *Hesse*, Grundzüge, 109 ff., 118 ff., 121 ff.; F. *Müller*, Normstruktur und Normativität, z. B. 201 ff., 218 ff., auch ebd., 178 ff., 204 f., 216 ff. — Die Bestimmungen der Grundrechte als gesetzliche Ausgestaltung schlechthin abweisend bzw. als gesetzlicher Ausgestaltung schlechthin bedürftig und zugänglich sind mangels hermeneutischer Vermittlung von Normbereich und Normprogramm im bisherigen Schrifttum sowohl in sich als auch in der gegenseitigen Auseinandersetzung oft zu pauschal getroffen worden. Die Rechtsstruktur der einzelnen Freiheitsgarantien differiert von der Sachstruktur der geschützten Normbereiche her. — Für Grundrechte wie die Glaubens- und Gewissens-, die Kunst- und Wissenschaftsfreiheit gilt die Aussage, was Freiheit sei, könne „nämlich in letzter Instanz nur derjenige entscheiden, der frei sein soll", C. *Schmitt*, Freiheitsrechte und institutionelle Garantien, Verfassungsrechtliche Aufsätze, 167. Gegen inhaltliche Determinierung von Freiheitsgarantien durch den Staat vgl. auch *Schnur*, VVDStRL 22 (1965), 100 ff.; *Schmidt*, AÖR 91 (1966), 57.

[8] *Scheuner*, DÖV 1967, 585 ff., 586; s. auch ebd., 590; ders., VVDStRL 22 (1965), 1 ff., bes. 44 f., 47, 50 f. unter Rationalisierung dieser Grundrechtssicht mit Hilfe zahlreicher „verräumlichender" Begriffe. Vgl. ferner *Copic*, 31 und ff. — Aus der Rechtsprechung des Bundesverfassungsgerichts vgl. etwa BVerfGE 7.377.404 („sachlicher Gehalt", die „im Wesen des Grundrechts selbst angelegten Grenzen", „Geltungsbereich" des Grundrechts); 12, 1 ff.; ferner 12, 45, 53 („sachliche Reichweite eines Grundrechts", „Gehalt des Grundrechts"). Vgl. ferner *Lerche*, Übermaß, 240 f., zur institutionellen Erfassung des grundrechtlichen Wesensgehalts.

heit ist weder in ihrem Inhalt noch von allgemeinen Begrenzungsgedanken her zu verallgemeinern. Sie erscheint überhaupt nicht als allgemein deutbarer Gehalt, sondern als ein in der Regel auf historische Vorbilder gestütztes Nebeneinander konkreter sachlicher Freiheitsverbürgungen. Diese sind im Rahmen der geltenden Verfassungsordnung sinnvoll aufeinander zu beziehen, können aber nicht aus einer einheitlichen Substanz „abgeleitet" werden, wie das die Lehre von einem „Muttergrundrecht" voraussetzen will. Die Garantien meinen die als „frei" gewährleistete Sache, um deretwillen sie als Normen existieren: um ihrer selbst willen wie auch wegen ihrer Funktion für das demokratische Gemeinwesen. Doch können die Grundrechte wiederum wegen ihrer sachlichen Verschiedenheit nicht durchweg im Sinn aktiver gesellschafts- und staatsbezogener Integration funktionalisiert und angewandt werden. Eine auf die Grundrechte bezogene Integrationsthese findet ihre Grenze in dem Maß an der Eigenständigkeit des grundrechtlichen Normbereichs, in dem sich dieser als jede inhaltliche Fixierung durch die öffentliche Gewalt ausgrenzender „Rechtsraum" darbietet. Unpolitisch belassene Normbereiche wie „Gewissen", „Kunst" erscheinen nur von einem die gesamte Verfassung total politisierenden Denken her als Fremdkörper. Dagegen ist gerade die rechtliche Konstituierung derartiger selbständiger, von der Verfassung gleichsam vorgefundener, weil (weitgehend oder zur Gänze) nicht rechtserzeugter Sachbereiche als Normbereiche von Freiheitsgarantien eine politische Leistung, die zu ihrem Teil eine Verfassungsordnung als freiheitliche ausweist. Jedenfalls für die Freiheiten von Glauben, Gewissen und Bekenntnis, von Kunst und Wissenschaft ist daher die Tatsache ihrer vorbehaltlosen Garantie durch das Grundgesetz von nicht nur formaler Aussagekraft.

### *3. Grundrechte: Sachgarantien statt Privilegien*

Damit sind keine Privilegien eingeräumt, keine „isolierten Höchstwerte", keine die Einheit der Verfassung sprengenden unbegrenzten Gewährleistungen rechtsfeindlicher Freiheit. Sachliche Sonderstellung ist nicht dasselbe wie „Höherstellung". Kennzeichen von Privilegierung sind die regionale oder personelle Abgrenzung der Berechtigten unter dem Prinzip der Ungleichheit der Berechtigungen, ist die historisch punktuelle, mehr oder minder zufällige Dezision als Ursache des Privilegs. Das Privileg legitimiert nicht sachlich das Ganze der Verfassung. Es rechtfertigt nur gegenüber den Privilegierten. Für das Ganze der Verfassung ist es nur als Mittel der Deskription der Rechtsordnung als einer Privilegienordnung mit gruppenmäßig oder auch punktuell abgestufter Ungleichbehandlung und Ungleichberechtigung brauchbar. Solche Strukturen der Rechtsordnung sind mit der Konzeption des modernen Verfassungsstaates nicht vereinbar. Grundrechte schaffen zwar Vor-Rechte im Sinn herausgehobener, besonderer und besonders gesicherter Berechtigungen. Der Kreis der Berechtigten ist jedoch normativ und unter der Herrschaft des Gleichheitssatzes nach funktionellen Sachgesichtspunkten abgegrenzt. Grundrechte als Sachgarantien legitimieren zu ihrem Teil das Ganze der Verfassungsordnung im Sinn sachgeprägter konkreter Freiheitsverbürgung. Sie sind nicht nur als subjektive Berechtigung zu verstehen, sondern zugleich als Elemente objektiver Ordnung[9], wobei dieser Gesichtspunkt nicht gegen die Aktualität, die konkrete Geltung und den politischen Entscheidungsgehalt der Grundrechte als subjektiv-abwehrender Positionen des Bürgers ausgespielt werden darf[10]. Da die Grundrechte als nur formale Garantien nicht adäquat erfaßbar sind, ist es voreilig, Thesen über Prioritäten im Sinn von „Vorrang" oder „Höherwertigkeit" zu entwickeln, bevor die dogmatische Reichweite ihrer Sachgarantien zu einem tragfähigen rechtswissenschaftlichen Konsens gebracht ist. Als Rechte sind sie durch die Verfassung begründet. Daher ist der sachsystematische Gesichtspunkt ihrer Zugehörigkeit zur (Verfassungs-)Rechtsordnung, aus dem sich die Unmöglichkeit einer Unbegrenztheit „nach allen Richtungen" ergibt, als unverzichtbare Einsicht jeder Verfassungstheorie oder, wenn man es so formulieren will, als ungeschriebenes Element aller grundrechtlichen Normprogramme festzuhalten. Man mag diesen Vorbehalt auch den Vorbehalt der Rechtsqualität der Grundrechte nennen. Die Grundrechte sind keine privilegienmäßig-zufälligen Exemtionen aus der Rechtsordnung. Weder brauchen sie von der Rechtsordnung keine Notiz zu nehmen, noch muß ihre Aktualisierung, wie das Bundesverwaltungsgericht meinte, den Bestand der Rechtsordnung unmittelbar sicherstellen helfen. Sie sind Bestandteile der Rechtsordnung; zwar durchaus herausgehobene Bestandteile, nicht aber Normen, die der Notwendigkeit konkretisierender Zuordnung zu anderen Normen und damit der Möglichkeit eines „rien ne va plus" ihres sachlichen Geltungsgehalts entronnen wären. Allerdings muß festgehalten werden, daß sie partiell durchaus Vor-Rechte einräumen[11]. Soweit ihr Normbereich sich

---

[9] Vgl. BVerfGE 21.362.371 f., allerdings mit fragwürdiger Rückführung auf ein „Wertsystem" wie schon z. B. in BVerfGE 7.198.205. Kritisch hierzu *Hesse*, Grundzüge, 118; grundsätzlich zu den objektiven Geltungskomponenten der Grundrechte ebd., 115 ff., 118 ff.

[10] Vgl. bei der Bestimmung des grundrechtlichen Wesensgehalts die Differenz zwischen der sogenannten Sozialtheorie — zu dieser etwa *v. Mangoldt-Klein*, 2. Aufl., 1957, I, Anm. V 2c ff. zu Art. 19 — und der sogenannten Individualtheorie; in deren Sinn etwa *Dürig*, AÖR 81 (1956), 118 ff., 136 ff.; *P. Schneider*, Pressefreiheit und Staatssicherheit, 129 f., 131 f.; vermittelnd *Hesse*, Grundzüge, 133.

[11] Hierzu auch *Rüfner*, Der Staat, 1968, 41 ff., 54, 56, s. auch 60, z. T. gegen *Bettermann*, JZ 1964, 604 ff.

erstreckt, soweit ihr sachgeprägter Geltungsgehalt dank der verfassungsrechtlichen Garantie reicht, verleihen sie den Grundrechtsberechtigten in der Tat eine sachlich begründete und sachlich begrenzte Sonderstellung, die im Vergleich mit grundrechtlich nicht geschützten Aktivitäten in verschiedener Richtung als Vorzugsstellung erscheint. Aus den genannten strukturellen Gründen handelt es sich dabei nicht um Privilegien; das wäre nur bei verfassungsblinder Übersteigerung zu „unbegrenzten Höchstwerten" der Fall.

### *4. Grundrechte und Unterverfassungsrecht*

Auf der anderen Seite verbietet diese Sicht die Nivellierung grundrechtlicher Verbürgungen durch material-allgemeine Theorien ihrer Begrenzung. Die Freiheitsgarantie eximiert die von ihr umfaßten Handlungs- und Sachverbürgungen von einem Teil der Rechtsordnung, nämlich von solchen (schon bestehenden oder noch zu erlassenden) Gesetzen, die geeignet sind, das sachspezifisch als „frei" Garantierte zu verkürzen. Das gilt für die vorbehaltlos gewährleisteten Grundrechte. Die Grundrechte mit Gesetzesvorbehalten dagegen können auf Grund dieser Gesetzesvorbehalte nach deren näherer Maßgabe solche Verkürzungen erleiden, wobei die sonstigen Maßstäbe der Verfassung einschließlich des Übermaßverbots zu beachten sind. Die Meinung, Grundrechte erteilten keine Privilegien, d. h. sie dürften keine Bevorrechtigungen zur praktischen Folge haben, übersieht im übrigen auch ihre durch den Verfassungsrang konstituierte formale Überlegenheit gegenüber Unterverfassungsrecht, das nicht nur unter dem Gesichtspunkt der Ausgestaltung und Sicherung des grundrechtlich Gewährleisteten, sondern immer zugleich auch unter dem möglicher Verkürzung und möglicherweise unzulässiger inhaltlicher Modifizierung und Fixierung des grundrechtlichen Geltungsgehalts gesehen werden muß. Daß die Interpretation die Garantien vom Unterverfassungsrecht nicht einfach isolieren kann, ergibt sich schon daraus, daß ihre Normbereiche in erheblichem Maß (durch das Unterverfassungsrecht) rechtserzeugt sind. Wie weit sie gegenüber der allgemeinen Rechtsordnung Vorrechte im Sinn besonderer sachspezifischer Garantien einräumen, ergibt sich bei ihrer Interpretation vorzüglich anläßlich aktueller Kollisionen mit sonstigen Normen der Rechtsordnung. Wenn diese auch nicht die Kraft haben, schlechthin die Grundrechte zu begrenzen — sonst ständen diese unter allgemeinem Gesetzesvorbehalt —, so provozieren sie jedenfalls für die von ihnen geregelten Normbereiche die Herausarbeitung der Reichweite grundrechtlicher Geltungsgehalte. Positivrechtliche Gegebenheiten, wie etwa einfache oder qualifizierte Gesetzesvorbehalte sowie Regelungsvorbehalte, sind dabei voll zu berücksichtigen. Die Normbereichsanalyse läßt wegen der hermeneutischen Abhängigkeit des Normbereichs vom anordnenden Normprogramm eine Verwischung des Rangunterschieds zwischen Verfassungsrecht und Unterverfassungsrecht nicht zu. Nicht zuletzt auch die nicht-rechtserzeugten Elemente des Normbereichs geben sachliche Maßstäbe an die Hand, die eine dem Unterverfassungsrecht nicht ausgelieferte Interpretation und Theorie der Grundrechte ermöglichen.

## III. Wechselseitige Begrenzung von Grundrechts- und anderen Verfassungsnormen

### 1. *Überschneidung verfassungsrechtlicher Geltungsgehalte*

Gleichfalls nur als niederrangiges Element verfassungsrechtlicher Normbereiche kommt Unterverfassungsrecht bei den Kollisionen grundrechtlicher Normen oder von Grundrechten mit anderen Verfassungsvorschriften ins Spiel. Der Geltungsgehalt von Verfassungsnormen wird von dem anderer Verfassungsnormen prinzipiell dann begrenzt, wenn sich die Normbereiche überschneiden. Damit sind die Fälle gemeint, in denen mehr als eine Verfassungsvorschrift den Rechtsfall regiert, die beteiligten Normen aber — je von ihrer isolierten Auslegung her beurteilt — zu einem (teilweise) gegensätzlichen Ergebnis führen würden. Die prinzipielle Begrenzungsmöglichkeit einer Verfassungsnorm durch andere ist anerkannt[12]. Vorbehaltlos garantierte Grundrechte sind von ihr nicht ausgenommen. Das hat das Bundesverfassungsgericht beispielsweise zu Art. 4 Abs. 1 GG (in seinem Verhältnis zu Art. 4 Abs. 3 und zu Art. 12 Abs. 2 Sätze 2 bis 4 GG) klargestellt[13]. Unter dem Interpreta-

---

[12] Vgl. aus der Rechtsprechung etwa BVerfGE 19.135.138, BVerfG JZ 1968, 521; BVerwG ZevKR 10 (1963/64), 207 ff., 211 (= BVerwGE 15.134 ff.). In der Literatur siehe z. B. bei *Maunz,* BayVBl. 1955, 216: Güterabwägung statt einer Lösung, bei der Grundrechtsausübung unzulässig sein soll, sobald dadurch ein anderes Grundrecht verletzt wird. Ferner *Hesse,* Grundzüge, 124; *Böckenförde-Greiffenhagen,* JuS 1966, 362; ebd., 363: Verstöße gegen andere grundrechtlich geschützte Rechtsgüter und Verstöße gegen die Verfassungsprinzipien des Grundgesetzes als zwei der drei Fälle „gesellschaftlich-immanenter" Schranken aller Grundrechte im Sinn einer methodisch und dogmatisch an *Dürig,* JZ 1957, 169 ff.; ders., *Maunz-Dürig,* Rdnr 70 zu Art. 2 Abs. 1 GG, anknüpfenden allgemeinen Begrenzungslehre. — Die Begrenzung von Verfassungsnormen untereinander (nicht nur der Grundrechte durch andere Grundrechte und durch die „Verfassungsprinzipien") ist auch ohne eine derartige Konstruktion, der andere grundsätzliche Bedenken entgegenstehen, einsichtig zu machen. — Die Verstöße gegen „materielle Kriminalstrafrechtsnormen" als dritter Falltyp allgemeiner Grundrechtsbegrenzung stößt auf größte Schwierigkeiten seiner Ableitung aus dem Grundgesetz. Er verlegt im übrigen die strittigen Punkte in den Wertungsbegriff der Materialität des begrenzenden Strafrechts und gibt mit dem Geltungsgehalt der zu begrenzenden Grundrechte den wichtigsten sachlich-normativen Maßstab, nämlich den der einzuschränkenden Freiheitsgarantie selbst, aus der Hand.

[13] BVerfGE 19.135.138. Das Bundesverfassungsgericht hält an diesem dogmatischen Ansatz auch im Beschluß vom 5. 3. 1968, JZ 1968, 521 ff., ausdrücklich fest. Hiernach „konkretisiert und beschränkt" Art. 4 Abs. 3 GG „für den

tionsprinzip der Einheit der Verfassung[14] können auch vorbehaltlos garantierte Grundrechte schon wegen ihrer Rechtsqualität nicht auf Kosten des Geltungsgehalts anderer Verfassungsnormen einlinig aktualisiert und durchgesetzt werden; können auch sie nicht auf den Widerspruch zu anderen Regeln von Verfassungsrang hin deutbar sein. Vor der Ermittlung der so „zwischen" kollidierenden Verfassungsnormen zu ziehenden dogmatischen Grenzen und vor dem ausgleichenden Verfahren praktischer Konkordanz[15] muß jedoch sorgfältig untersucht werden, ob überhaupt eine Überschneidung der Geltungsgehalte vorliegt, ob nicht beispielsweise der Normbereich des einen beteiligten Grundrechts Aktionsformen der „kollidierenden" Art gar nicht decken kann[16]. Weiter ist vorab zu klären, ob es der aus der Verfassungsnorm durch Auslegung zu ermittelnde Geltungsgehalt ist, der die andere Verfassungsnorm in ihrer Reichweite für den konkreten Fall beschneidet, oder ob es Normen des Unterverfassungsrechts der ersten Vorschrift sind, die zu ihrem Normbereich gehören oder die nur im weiteren Sinn ihre Regelungsmaterie berühren. Nicht nur das Verfahren der Güterabwägung[17], sondern auch das praktischer Konkordanz darf nicht zu einer letzten Endes zwangsläufig auf irrationale Wertungen hinauslaufenden „Wechselwirkung" im Sinn der Rechtsprechung des Bundesverfassungsgerichts führen[18].

### *2. Wechselwirkung, praktische Konkordanz, dogmatische Grenzbestimmung*

Das gilt für das Verhältnis der Grundrechte zu grundrechtseinschränkenden Gesetzen ebenso wie für das von Grundrechten oder anderen Verfassungsnormen untereinander. Werden solche hermeneutischen und methodischen Rationalisierungen beachtet, dann kann der hinter dem

---

Fall der Wehrpflicht abschließend die Reichweite der freien Gewissensentscheidung". — Zur Kritik an dieser Auffassung vgl. z. B. *Heinemann*, NJW 1961, 355; *Arndt*, NJW 1965, 2195; ders., NJW 1968, 979 f.; *Evers*, JZ 1968, 525.

[14] Hierzu *Hesse*, Grundzüge, 18, 28 f. m. Nw.en.

[15] Zu diesem s. *Hesse*, ebd. (Anm. 14), 28 f.; ferner 105, 126 f., 130.

[16] Diese Frage wird in BVerfGE 12.1 ff. nicht gesehen.

[17] Zur Güterabwägung als dem Lösungsverfahren bei Kollisionen von Grundrechten untereinander vgl. *Häberle*, 36. — Kritisch gegen die Technik der Wertableitung und -abwägung als „Schaukelmechanismus der Wechselwirkung" von Grundrechtsgeltung und Grundrechtsbeschränkung seit BVerfGE 7.198.208 f.: *Copic*, 26, unter dem Gesichtspunkt, dieses Verfahren sei „überelastisch" und bringe die Gefahr mit sich, „unterverfassungsgesetzliche rechtliche ‚Werte' unversehens auf Verfassungsniveau zu katapultieren und als ranggleiche Konkurrenz‚werte' gegen die Grundrechte abzuwägen". — Erörterung der Gruppe der „konkurrenzlösenden Normen" bei *Lerche*, Übermaß, 125 ff. — S. ferner BVerfGE 10.118.121; 12.113.130; 15.77 f.

[18] Kritisch zu „Wechselwirkung" und „Güterabwägung" im Anschluß an diese Rechtsprechung auch *Hesse*, Grundzüge, 28 f., 29, 118, 126.

bundesverfassungsgerichtlichen Verfahren der „Wechselwirkung“ stehende zutreffende Grundgedanke für die Rechtspraxis fruchtbar werden. Eines seiner entscheidenden Elemente liegt darin, daß abstrakte Abwägungsprinzipien materiell-allgemeiner Art zu vermeiden sind. Sie verleiten dazu, die als beteiligt angesehenen „Werte“ zu pauschalieren und so beispielsweise „die“ Volksgesundheit gegen „die“ Berufsfreiheit, „den“ Kunstwert gegen „den“ Jugendschutz gegeneinander ins Feld zu führen. *Zuordnung* kann aber nur rational-konkret als Zielgedanke der Verfassungsinterpretation gerechtfertigt werden. Sie ist keine „Methode“, sie gibt als solche keinen differenzierten Lösungsweg an, schließt vielmehr nur andere, die Einheit der Verfassung negierende Wege im ganzen aus. Zuordnung durch praktische Konkordanz oder nach der hier vorgeschlagenen Konzeption: dogmatische Grenzbestimmung auf Grund materiell verstandener, die Einheit der Verfassung als Interpretationsprinzip einbeziehender Systematik, die den durch rechtsstaatlich stabilisierende Dogmatik umschriebenen Geltungsgehalt der fraglichen Grundrechte und/oder sonstigen Verfassungsnormen als normative Grundlage des Rechtsfalls erarbeitet, kann das gemäß der Struktur aller Rechtsauslegung und Rechtsanwendung nur in konkretisierend-individualisierender Vermittlung der sachgeprägten allgemeinen Rechtsnorm mit dem Einzelfall tun, also durch die Konkretisierung zur „Entscheidungsnorm“[19]. Demzufolge kann nicht etwa die Würde „des“ Menschen in abstracto, sondern nur die Menschenwürde eines bestimmten von der Ausübung eines anderen Grundrechts Betroffenen[20] diese Grundrechtsaktualisierung begrenzen. Das kann beispielsweise für Art. 5 Abs. 3 Satz 1 GG bei einer offenkundig würdeverletzenden Darstellung eines andern in einem Werk der bildenden Kunst oder der Literatur praktisch werden[21]. Auch hier wird es aus den genannten Gründen nicht möglich sein, abstrakt aus Art. 1 Abs. 1 GG für alle möglichen Kollisionsfälle das Grundrecht aus Art. 5 Abs. 3 Satz 1 GG zu begrenzen. Neben anderen Verfassungsnormen kommt auch für die wechselseitige Begrenzung von Verfassungsvorschriften der Verhältnismäßigkeitsgrundsatz im Sinn eines bei der dogmatischen Grenzbestimmung interpretativ zu berücksichtigenden Übermaßverbots zum Zug. Dieses Prinzip kann im Einzelfall divergierende materielle Kriterien aus den Norm-

---

[19] F. *Müller,* Normstruktur und Normativität, 26 ff., 116 f., 196 ff., 201, 208 u. ö.

[20] Wie in BVerfGE 12.1 ff.

[21] Der Bundesgerichtshof kommt im Urteil vom 20. 3. 1968 — I ZR 44/66 — (Mephisto-Klaus Mann) allein auf die „immanente Begrenzung“ der Kunstfreiheit durch das nach seiner Auffassung in Art. 2 Abs. 1 GG verfassungsrechtlich garantierte Persönlichkeitsrecht zurück. Da es sich dabei um das Ergebnis einer konkret angestellten gerichtlichen „Güterabwägung“ handelt, ist die Ausdrucksweise von der „immanenten“ Begrenzung nach der hier vertretenen Sicht mißverständlich — (JZ 1968. 697).

bereichen der beteiligten Grundrechte zur Verfügung stellen. So wird es einen erheblichen Unterschied machen, ob wegen der Begrenzung des Art. 5 Abs. 3 Satz 1 GG durch Art. 1 Abs. 1 GG im Ergebnis das Kunstwerk vernichtet oder ob nur seine Verbreitung unterbunden, ob der Künstler strafrechtlich belangt oder für schadensersatzpflichtig erklärt werden soll. Gerade „innerhalb“ des Geltungsgehalts der beteiligten Grundrechte sind die dogmatischen Abstufungen zu erarbeiten, die eine Rationalisierung derartiger Entscheidungen statt eines Rückfalls in irrationale Abwägungstechnik ermöglichen sollen.

### *3. Möglichkeiten der Rationalisierung*

Was praktische Konkordanz zu leisten hat, wenn sie nicht im Umkreis der Wertabwägungen stehen bleiben will, versucht die hier vorgeschlagene dogmatisch fundierte Grenzbestimmung: die über den Einzelfall und seine Individualität hinausreichende Differenzierung verschieden intensiver Schutzzonen innerhalb der grundrechtlichen Reichweite, die Unterscheidung verschiedener Schutzrichtungen, verschiedener Schutzgesichtspunkte (wie: Anknüpfungsmöglichkeit an eine Grundrechtsaktualisierung, zulässige und unzulässige Maßstäbe für die Grundrechtsaktualisierung, zulässige und unzulässige Sanktionen gegen von demselben oder von anderen Grundrechten Geschütztes als Rechtsfolge einer Grundrechtsaktualisierung), typischer Kollisionslagen zwischen bestimmten systematisch zusammengehörigen oder voneinander selbständigen Grundrechten, Differenzierungen im Anschluß an sachliche Parallelen und Divergenzen in den Normbereichen der am Fall beteiligten Verfassungsnormen und ähnliches. Wird die Fragestellung methodisch und dogmatisch in solcher Art aufgefächert, wird sich auch die Rolle des jeweils grundrechtszugehörigen Unterverfassungsrechts genauer bestimmen lassen. Von dieser Bestimmung hängt vielfach die fallentscheidende Frage ab, wieweit grundrechtszugehörige Gesetzesvorschriften nicht nur den Geltungsgehalt „ihres“ Grundrechts eingreifend, verdeutlichend oder modifizierend beeinflussen, sondern auch, inwieweit sie Grenzen des Geltungsgehalts des kollidierenden Grundrechts markieren können. Der Gesetzgeber stellt sowohl für das systematisch einschlägige Grundrecht als auch für mit diesem kollidierende oder konkurrierende andere Grundrechte unter Umständen „nur deklaratorisch bereits gezogene Grenzen fest“[22], soweit er durch die Verfassung selbst gezogene Grenzen grundrechtlicher Freiheit nicht einengt.

Doch beginnt die Problematik erst im Anschluß an diese Feststellung; eine Problematik, die von einem formaltechnischen Grundrechtsver-

---

[22] So allgemein *Hesse*, Grundzüge, 124.

ständnis her gesehen überall dort zu einem non liquet führen muß, wo die Verfassung nicht schon selbst die positivrechtlichen Linien etwa in Gestalt von Gesetzesvorbehalten oder Spezialregelungen gezogen hat. Was darüber hinausgeht, und das sind zahlreiche Fälle der Verfassungspraxis, wird für eine solche Sicht in verschleierter Irrationalität enden. Das hier entwickelte Verständnis dagegen verschreibt sich auch nicht einer „materialen Verfassungstheorie“ im Sinn der erörterten Lehren naturrechtlicher, material-allgemeiner oder ganzheitlich-metaphysischer Art. Es will die Grenzen möglicher rationaler und rational diskutierbarer Verfassungsdogmatik durch Einbeziehung der Normbereiche und durch Berücksichtigung der bisher entwickelten und der noch zu entwickelnden Differenzierungsaspekte weiter hinausschieben, als das nach dem bisherigen Stand von Verfassungsinterpretation und Verfassungslehre möglich erscheint. Die formalen Entscheidungen der Verfassung, die vom Verfassungsgesetz selbst angeordneten Differenzierungen, wie etwa die Abstufung und verschiedene Ausstattung der grundrechtlichen Gesetzesvorbehalte, werden ohne Abstrich und ohne metapositive „Ergänzungen“ oder Umdeutungen beim Wort genommen. Es ist dies eine auf maximale Berechenbarkeit und Durchsichtigkeit der Normanwendung zielende Dogmatik, die am sachlichen Gehalt der Grundrechtsnormen (wie überhaupt der Verfassungs- und der Rechtsnormen im allgemeinen) nicht vorbeisieht. Der Rangunterschied zwischen Verfassungsrecht und Unterverfassungsrecht wird bei solchem Vorgehen voll berücksichtigt. Die hier herausgestellten Gesichtspunkte differenzierter Fragestellung lassen diesen Rangunterschied vielfach schärfer konturieren als eine auf die rationalisierende Wirkung der Normbereichsanalyse verzichtende formalistische oder undifferenziert „materiale“ Auffassung. Bei Überschneidung der Geltungsgehalte, also bei (partiellem) Widerspruch zwischen einem Grundrecht und dem ihm zugehörigen beziehungsweise dem systematisch einem konkurrierenden oder kollidierenden anderen Grundrecht zugeordneten Unterverfassungsrecht kommt das Prinzip praktischer Konkordanz einschließlich des Übermaßverbots zuungunsten des erstgenannten Grundrechts zum Beispiel dann nicht zum Zug, wenn die Gesetzesnormen nicht als das zweite Grundrecht lediglich verdeutlichende, also dessen Geltungsgehalt repräsentierende Regelungen erweisbar sind. Das Verhältnis kann im übrigen noch durch die Fragestellung überlagert werden, ob die beteiligten Grundrechte systematisch miteinander in Verbindung stehen oder nicht[23]. So kann sich aus Grundrechtsverbindungen eine Verstärkung grundrechtlichen Schutzes durch Grundsätze ergeben, die ihrerseits in aller Regel nur zum Teil grundrechtlich abgesichert sind und die nicht wie selbständige

[23] Hierzu *Rüfner*, Der Staat 1968, 41 ff., bes. 47 f., 53 f., 61.

Grundrechtsnormen behandelt werden können[24]. Einschränkungen grundrechtlichen Geltungsgehalts können sich sowohl beim Zusammentreffen systematisch verbundener Grundrechte (etwa: Meinungsfreiheit/ Vereins- und Versammlungsfreiheit) wie auch unverbundener Garantien herausstellen. Das letztgenannte kann dann der Fall sein, wenn die Konfrontation der Grundrechte in ihrer dogmatischen Abgrenzung verdeutlicht, daß der Normbereich des einen Grundrechts in Wahrheit nicht bis zur vermuteten Kontaktstelle mit dem anderen reicht, daß also das dem geläufigen Ausdruck nach „zurücktretende" Grundrecht den Fall nicht regiert.

### *4. Konkurrenzen und Kollisionen*

Solche Tatbestandsabgrenzung ist eine bisher nicht immer ernst genug genommene Voraussetzung für die Behandlung der übrig bleibenden wirklichen Grundrechtskonkurrenzen und -kollisionen[25]. Was die Schranken sich überschneidender, also mehrere durch einen einheitlichen Lebensvorgang gleichzeitig aktualisierter Grundrechte betrifft, so sollen die wegen Inanspruchnahme eines zweiten Grundrechts möglichen zusätzlichen Beschränkungen vom ersten Grundrecht aus wie „allgemeine Gesetze" zu behandeln sein, also „in der Regel" hingenommen werden müssen[26]. So sei im Sinn systematischer Gewährleistungsschranken ein Naturwissenschaftler bei der Arbeit mit gefährlichen Anlagen an das Nachbarrecht, an das Baurecht und andere Schranken des Eigentums gebunden. Der Künstler könne dem Gewerberecht unterstehen, die religiöse Presse sei den technischen Vorschriften des Presserechts unterworfen. Die „allgemeinen Gesetze" aus den Bereichen von Art. 12 und 14 GG berührten nicht die Substanz der in Art. 4 und 5 GG garantierten geistigen Freiheiten.

Nach der hier entwickelten Sicht sind solche Schlußfolgerungen allein aus der Tatsache der Kombination systematisch einander zugeordneter Grundrechte nicht allgemein ableitbar. Vielmehr muß die Frage, ob ein den Geltungsgehalt von Art. 12 oder 14 GG nicht einschränkendes Ge-

---

[24] *Rüfner*, ebd. (Anm. 23), 52, 61; zum folgenden vgl. ebd., 47 f., 53 f. Zur Möglichkeit, mehrere durch eine Handlung gleichzeitig aktualisierte Grundrechte dann ohne Einschränkung nebeneinander zu verwirklichen, wenn sie ohne sachlich-systematischen Zusammenhang sind, vgl. auch BVerwGE 25.318. 328 f. (zu Art. 5 Abs. 3 und Abs. 1 bei Spielfilmen unter Aufgabe von BVerwGE 1.303.305); vgl. aber auch *Lerche*, Werbung und Verfassung, 103, gegen bloße Addition und Substraktion von Schranken der beteiligten Grundrechte.

[25] Die Bedeutung der Tatbestandsabgrenzung wird zu Recht hervorgehoben bei *Berg*, 77, 83 f.; vgl. auch ebd., 49 ff.

[26] *Rüfner*, Der Staat 1968, 41 ff., 58 f.; ebd. zu den folgenden Beispielen, mit Hinweis auf *v. Mangoldt-Klein*, Anm. X 6 b zu Art. 5 GG; *Erbel*, 133 f.

setz unter Umständen durch Art. 4 oder 5 GG spezifisch Geschütztes verkürzt, von diesen letztgenannten Grundrechten aus beurteilt werden. Für die genannten Beispiele des Naturwissenschaftlers, des gewerberechtlich behandelten Künstlers und der religiösen Presse wird eine solche Verkürzung von Art. 4 und 5 im allgemeinen zu verneinen sein. Es handelt sich jedoch insofern nicht um ein Problem von Grundrechtsschranken, als das eine Grundrecht mit den Beschränkungsmöglichkeiten des zugleich aktualisierten anderen Grundrechts nicht aktuell kollidiert. So gut aber „verdeckte Spezialgesetze“[27] die Ausübung des sachlich mit ihnen zusammenhängenden Grundrechts auf verschleierte Weise im praktischen Ergebnis beschneiden können, so gut ist das für ihre objektive Auswirkung auf konkurrierend ausgeübte Grundrechte möglich. Auch in diesen Fällen lassen sich die verfassungsrechtlichen Maßstäbe nur vom sachlichen Geltungsgehalt der fraglichen Garantie her entwickeln. Sobald der Inhalt religiöser oder künstlerischer Schriften durch Anwendung presse- oder gewerberechtlicher Normen beeinflußt werden soll, handelt es sich nicht mehr um zulässige Schrankensystematik. Das braucht aber nicht nur dann der Fall zu sein, wenn der „Kernbereich“ des fraglichen Grundrechts verletzt wird[28]. Es ist in den vorliegenden Beispielen immer dann der Fall, wenn das dem konkurrierenden (oder im übrigen auch das dem eigenen) Grundrecht zugehörige Unterverfassungsrecht grundrechtlich spezifisch Geschütztes verkürzt, da Art. 5 Abs. 3 Satz 1 wie auch Art. 4 Abs. 1 und 2 GG vorbehaltlos garantiert sind. Das Fehlen von Gesetzesvorbehalten oder deren normative Ausstattung bleibt ein entscheidender Faktor der verfassungsrechtlichen Beurteilung. So läßt sich als allgemeine Regel der Satz aufstellen, bei Konkurrenzen schrankendivergenter Grundrechte habe „die freiheitlichere Bestimmung gegenüber der eingeschränkteren den Vorrang“[29], seien

---

[27] Dieser Ausdruck bei *Bettermann*, JZ 1964, 603; vgl. auch *Rüfner*, ebd. (Anm. 26) 59 f., dort auch zum folgenden Beispiel m. Nw.en.

[28] So *Rüfner*, ebd. (Anm. 27), 59 f., 60 f.

[29] Vgl. *Berg*, 80 f., 82, 85 f., 92, 96 f., 167 f., wo dieses Ergebnis auf eine „vom Grundgesetz beabsichtigte Wertrangordnung“ (92), auf ein durch die Abstufung der nach dem GG möglichen Grundrechtsbeschränkungen ausgedrücktes „Wertsystem“ zurückgeführt wird, dessen Mittelpunkt das im Sinn der „Persönlichkeitskerntheorie“ verstandene Entfaltungsrecht bilde. Vgl. auch die Beispiele ebd., 152, anhand derer Art. 4 Abs. 2 oder Art. 5 Abs. 3 Satz 1 GG für einen Geistlichen oder Künstler zugleich als „die gesetzliche Regelung der Berufsausübung“ i. S. von Art. 12 Abs. 1 Satz 2 GG bezeichnet werden. Diese Konstruktion ist wegen der sachlich-normativen Spezialität von Art. 5 Abs. 3 Satz 1 und Art. 4 Abs. 2 GG gegenüber Art. 12 Abs. 1 in dem hier betroffenen Normbereich nicht notwendig. Siehe auch das Beispiel ebd., 155, zur Konkurrenz von Art. 5 Abs. 3 Satz 1, Art. 5 Abs. 1, 12 Abs. 1 und Art. 14 GG. — *Berg* schwächt seine dogmatischen Einsichten zur Konkurrenz schrankendivergenter Freiheitsrechte nach der hier entwickelten Auffassung durch die These der Geltung der Schrankentrias des Art. 2 Abs. 1 GG für alle Grundrechte im Sinn der „Persönlichkeitskerntheorie“. — In der

also die weitergehenden Beschränkungsmöglichkeiten auf das gleichzeitig aktualisierte weniger einschränkbare oder vorbehaltlos garantierte Grundrecht nicht anwendbar. Das gilt aber ohne zusätzliche dogmatische Konstruktionen etwa im Sinn der „Ausfüllung" des Gesetzesvorbehalts des einen Grundrechts durch das andere[30] schon wegen der sachlich begründeten normativen Spezialität der konkurrierenden Grundrechte untereinander. Soweit etwa das Ausstellen von Kunstwerken durch Art. 5 Abs. 3 Satz 1 GG spezifisch geschützt ist, soweit es als ein nach der Ausdrucksweise des Bundesgerichtshofs „dem Wesen der Kunst entsprechender Gebrauch" angesehen werden muß, kann die Ausstellung auch nicht als „Berufsausübungsregelung" i. S. von Art. 12 Abs. 1 Satz 2 GG gerechtfertigt werden. Enthält die Verfassung dagegen keine Anordnung im Sinn der Spezialität oder keine sonstige Vorzugsregelung, so ist bei der Begrenzung von Verfassungsnormen untereinander die hier vorgeschlagene dogmatische Grenzbestimmung der beteiligten Geltungsgehalte unter Einbeziehung der betreffenden Normbereiche zu treffen. Soweit Überschneidungen der Normbereiche bei gleichzeitig gegenläufiger Regelung durch die Normprogramme, soweit also im Ergebnis (partielle) Widersprüche bestehen bleiben, kommt das Verfahren praktischer Konkordanz zum Zug. Es ist aber nur auf eine Weise anzuwenden, die vorhandene normative Rangunterschiede berücksichtigt. „Abstriche" an beiden Rechtspositionen unter der Zielvorstellung der Optimierung beider und unter dem Verbot des Übermaßes von Grundrechtsverkürzungen sind also nur zwischen Verfassungsnormen untereinander und zwischen mit Gesetzesvorbehalt garantierten Grundrechten und ihnen zugeordneten, vom Gesetzesvorbehalt formal und materiell gedeckten Vorbehaltsgesetzen zulässig. Nicht aber ist eine Vermischung beider Geltungsebenen etwa durch die Vorstellung einer die Formalien der Freiheitsgarantien übergehenden durchgängigen „Wechselwirkung" zwischen Grundrechten und grundrechtseinschränkenden Unterverfassungsrecht erlaubt. Bei normativem Widerspruch in solchen Fällen gilt, soweit die Überschneidung der Normbereiche und damit der Normwiderspruch reicht, das Grundrecht, nicht das grundrechtsverkürzende Gesetz. Dieses stellt, so gesehen, eine verfassungsrechtlich nicht gestützte Einschränkungsanmaßung dar, ein „Vorbehaltsgesetz ohne Gesetzesvorbehalt". Nicht nur Güterabwägung, sondern auch das größere methodische Klarheit und stärkere Rationalität der Konkretisierung ermöglichende Verfahren praktischer Konkordanz ist in solchen Fällen ohne normative Legitimation. Wo es zulässig ist, ersetzt es die Güterabwägung aber wohl auf der ganzen Linie. Auch

---

hier vertretenen Richtung schon *Lerche*, Übermaß, 128: Anwendbarkeit nur der weniger eingreifenden Schranken.

[30] So aber *Berg*, 152; zum folgenden Beispiel ebd., 154.

konstruierte Extremfälle[31] sind mit der Verhältnismäßigkeit als dem Maßstab der beidseitigen Optimierung der beteiligten Normen eindeutig lösbar, ohne daß etwa der „Wert" des Lebens (ohne Zweifel „höher" zu bewerten, falls es überhaupt zu einer „Abwägung" kommen müßte) dem „Wert" von Kunst gegenübergestellt zu werden braucht. Ferner ist die Wesensgehaltssperre, vom Normbereich her sachlich-normativ zu bestimmen, ein solcher inhaltlicher und genügend konkretisierbarer Maßstab, der auch in Extremfällen rationale Kriterien liefert.

### 5. *Wertung und „Ranghierarchie"*

Dabei sind Wertungen schon innerhalb der vom Normprogramm aus gesteuerten Normbereichsanalyse nicht zu umgehen. Sie sind aber nur Mittel der Auswahl und Anordnung sachgeprägter Kriterien, die der Struktur des Normbereichs zu entnehmen sind. Nicht länger sind sie „Stoff" und „Instrument" zugleich, sind sie die alleinige Grundlage der Herausarbeitung des grundrechtlichen „Kernbereichs", der Lösung von Kollisionen oder der Festlegung einer (begrenzten) „Ranghierarchie"[32] unter den Grundrechten. Eine solche „Ranghierarchie" ist nicht ontologisch überzubeanspruchen. Sie wird sich als ein Totalität nicht erreichendes Nebenergebnis der jeweils einzeln zu entwickelnden Bereichsdogmatik der Freiheitsgarantien und der Typik möglicher Kollisions- und Konkurrenzlagen darstellen. Solche dogmatische Bestimmung wird sich auch für die „Grenzziehung"[33] zwischen dem „verstärkten Schutzbereich der Grundrechte" und den unterverfassungsrechtlichen Normen als leitend erweisen, die entweder „außerhalb dieses Bereiches liegen", grundrechtsspezifisch Geschütztes im Sinn der hier entwickelten Auffassung also nicht verkürzen, oder die „sich mit dem Geltungsbereich des Grundrechts überschneiden", die also unter voller Berücksichtigung des Rangunterschieds zwischen Verfassungsrecht und Unterverfassungsrecht sowie der abgestuften Gesetzesvorbehalte und anderer Maßstäbe des Verfassungsgesetzes in ihrer dogmatischen Relation zum Grundrecht

---

[31] So etwa der in der Literatur zur Kunstfreiheit auftauchende, nach dem ein Bühnenautor aus nicht widerleglicher künstlerischer Notwendigkeit einen „echten Mord" auf der Bühne verlangt. — Angesichts der in jüngerer Zeit über die Entstehung des Jacopetti-Films „Africa Addio" verbreiteten Informationen rücken Ungeheuerlichkeiten dieser Art aus dem Bereich des Konstruierten in das von einer demokratischen Öffentlichkeit ohne sonderliche Mühe verkrafteten „business as usual". — Es könnte für die Bühne vielleicht an die Manie eines Shakespeare-Regisseurs gedacht werden, die Forderung des Shylock allzu wörtlich zu nehmen und auf diese Weise einen Zusammenstoß von Art. 2 Abs. 2 Satz 1 und Art. 5 Abs. 3 Satz 1 GG herbeizuführen (falls, was wenig praktische Wahrscheinlichkeit hat, die künstlerische Notwendigkeit wirklich dargetan würde).

[32] Vgl. *Scheuner*, VVDStRL 22 (1965), 54 f., 55.

[33] Ebd. (Anm. 32), 55; ebd. die folgend zitierten Wendungen.

zu bestimmen sind. Interpretationsgrundsätze wie jene der Einheit der Verfassung oder der praktischen Konkordanz wirken, wenn auch ohne Normqualität, als Hindernisse für rechtsblind extensive, „isolierende“ Grundrechtsauslegung auf die dogmatische Grenzziehung ein.

## IV. Vorbehaltsgrundrechte und vorbehaltlose Garantien — Gesetzesvorbehalte und Vorbehaltsgesetze

### *1. Vorbehaltlos verbürgte Grundrechte*

Die Tatsache vorbehaltloser Garantie der Art. 1 Abs. 1, 4 Abs. 1 und 2, 5 Abs. 3 Satz 1, 6 Abs. 1, 8 Abs. 1, 17 GG (für Art. 8 Abs. 1 und Art. 17 unbeschadet des Art. 17 a GG) bildet ebenso wie die Abstufung der positivierten Gesetzesvorbehalte einen stets festzuhaltenden Ansatzpunkt der Grundrechtsdogmatik. Ein ohne Vorbehalt gewährleistetes Grundrecht darf weder durch Gesetz noch auf Grund eines solchen beschränkt werden, wie es auch in der Wortfassung von Art. 19 Abs. 1 Satz 1 GG anklingt. Ist ein Gesetzesvorbehalt vorhanden, müssen sich einschränkende Gesetze nicht nur an die Gebote und Verbote des Art. 19 Abs. 1 und Abs. 2 sowie an die übrigen in Frage kommenden Verfassungsvorschriften halten, sondern auch den (unter Umständen qualifizierten) Voraussetzungen des sie tragenden Vorbehalts genügen. Ist kein Vorbehalt positiviert, so kann er durch allgemeine metapositive oder überpositive Erwägungen nicht ersetzt werden. Weder die Exekutive noch die Rechtsprechung noch auch mangels Vorbehalts die Gesetzgebung dürfen dann das Grundrecht begrenzen[34]. Es hat insofern „bei den durch die Verfassung selbst gezogenen Grenzen“[35] sein Bewenden. Einem formaltechnischen Grundrechtsverständnis müssen sich von diesem Punkt an konkrete Maßstäbe entziehen. Für eine Sicht, welche die Grundrechte als sachgeprägte Verbürgungen von der Verfassung anerkannter Normbereiche betrachtet, heißt das zunächst: Weder durch Gesetz noch auf Grund Gesetzes dürfen grundrechtlich spezifisch geschützte Materien von diesem Schutz ganz oder zum Teil ausgenommen werden. Das Grundrecht ist schrankenlos gewährt; das bedeutet nicht, sein Geltungsgehalt sei unbegrenzt. Schon verfassungsstrukturell unterscheidet sich das aus der Freiheitsgarantie sich ergebende Vor-Recht vom Privileg. Entscheidend steht der Unbegrenztheit einer Gewährleistung vor allem die sachliche Begrenztheit ihres Normbereichs entgegen. In einzelnen

---

[34] Bei Begrenzungen bzw. Eingriffen „auf Grund“ Gesetzes muß der Gesetzgeber selbst die Voraussetzungen für die Grundrechtsverkürzung genau genug bestimmen, was sich schon aus der Funktion der entsprechenden Vorbehalte ergibt. In BVerfGE 6.32.42; 8.71.76 wird dieses Ergebnis rechtsstaatlich begründet.

[35] *Hesse*, Grundzüge, 125.

Fällen normiert das Normprogramm zusätzliche sachliche Verengungen des als frei garantierten Normbereichs, so wenn es in Art. 8 Abs. 1 GG nur „friedliche" Versammlungen „ohne Waffen" aus dem weiteren Sachbereich „Versammlungen" heraushebt und als eingeschränkten Normbereich deutlich macht. „Schranken", also etwa Regelungs-, Ausgestaltungs- oder Eingriffsvorbehalte der Gewährleistung beizufügen, ist eine zusätzliche Möglichkeit der Eingrenzung grundrechtlicher Geltungsgehalte, von welcher der Verfassunggeber nur zum Teil und nur in differenzierender Form Gebrauch gemacht hat. Die erkennbare Formulierung des Verfassungsgesetzes ist auch im Umkreis dieser Fragestellung als äußerste Grenze zulässiger Verfassungsinterpretation anzusehen[36].

### 2. *Normative Abgrenzung statt „Vorrang"behauptung*

Die Grenzen des materialen Geltungsgehalts können für jedes Grundrecht, sei es vorbehaltlos oder mit Vorbehalt gewährleistet, mit Hilfe einer normativ gesteuerten Normbereichsanalyse entwickelt werden. Diese fragt danach, was die Freiheitsgewährleistung angesichts allgemein feststellbarer empirischer Struktureigentümlichkeiten des grundrechtlichen Normbereichs normativ aussagen kann. Wo die sachliche Reichweite des Normbereichs endet (oder wo sie durch die Formulierung des Normprogramms zusätzlich beschränkt wird wie in Art. 8 Abs. 1 GG), endet das vom Grundrecht sachspezifisch Geschützte, endet sein Geltungsgehalt. Wo diese sachlich-normative, diese allein mit Recht als „immanent" zu bezeichnende Grenze dadurch verdeutlicht wird, daß eine andere Rechtsnorm den fraglichen Fall regiert, wo also eine Scheinkollision bzw. eine Scheinkonkurrenz von Grundrecht und Gesetzesvorschrift dazu veranlaßt, die Grenze des Geltungsgehalts zu bestimmen, geschieht das nicht kraft der Gesetzesnorm. Es verhält sich nicht so, daß das Grundrecht „zurückzutreten" habe und daß der gesetzlichen Vorschrift der „Vorrang" gebühre; nicht so, daß der vom Gesetz geschützte „Wert" als „höherrangig", der grundrechtlich geschützte als „niederrangig" erwiesen worden wäre. Der wegen Diebstahls des Materials bestrafte Holzbildhauer muß nicht mit seinem Grundrecht auf künstlerisches Schaffen aus Art. 5 Abs. 3 Satz 1 GG vor der „vorrangigen" oder „höherwertigen" Strafrechtsvorschrift zurückweichen. Vielmehr ist zwar § 242 StGB, nicht aber das Grundrecht auf den strafrechtlichen Anknüpfungspunkt, die Diebstahlshandlung, anwendbar. Der

[36] Zu dieser Funktion des Gesetzeswortlauts: F. *Müller*, Normstruktur und Normativität, v. a. 155 ff., 158 ff.; *Hesse*, Grundzüge, 30 f. — Sachliche Begrenzungen des an sich weiter reichenden Normbereichs durch den Wortlaut des Normprogramms finden sich auch in Garantien mit Vorbehalt: so in Art. 4 Abs. 3 Satz 1 und Art. 5 Abs. 1 Satz 1 GG.

Diebstahl des Materials steht nur in Zusammenhang mit einer grundrechtsspezifisch geschützten Handlung, ist selbst aber keine solche. Die strafrechtliche Problematik hat dazu angeregt, die sachlich-normative Grenze des grundrechtlichen Geltungsgehalts an dieser Stelle der Rechtsordnung zu verdeutlichen; nicht aber hat die Strafrechtsnorm das Grundrecht „begrenzt“, „eingeschränkt“ oder in dieses „eingegriffen“. Die bisherige Diskussion in Rechtsprechung und Literatur hat derart verschiedene, gerade in ihrer normativen Grundlage differierende Fallgestaltungen vielfach vermischt und aus solcher Vermischung nicht selten unrichtige und zudem verallgemeinernde dogmatische Schlußfolgerungen gezogen. Dabei ist es einleuchtend, daß die Erarbeitung grundrechtlicher Geltungsgehalte ihren Ansatzpunkt in aller Regel an möglichen Konfliktspunkten mit der Rechtsordnung findet; nicht aber ist damit schon irgendeine dogmatische Festlegung verbunden. Allerdings kann vielleicht nur eine Sicht der Grundrechte als von ihren Normbereichen her sachgeprägter Garantien die detaillierten Kriterien zur Verfügung stellen, die von solchen Grenzlinien aus weiter fragen, statt wie ein formalistisches Grundrechtsverständnis an ihnen zu enden. Damit wird auch die genauere Unterscheidung normativ verschieden gelagerter Falltypen im Sinn wirklicher, d. h. normativ begründeter, oder nur scheinbarer Kollisionen und Konkurrenzen möglich.

### 3. *Verfehltheit pauschaler Grenzbestimmungen*

Zugleich zeigt sich bereits an dieser Stelle, daß Bestimmungen „des“ Strafrechts oder „des“ Zivilrechts im allgemeinen als genereller Grenzen der Grundrechte von einer unrichtigen Fragestellung ausgehen. Ob überhaupt eine Überschneidung der Geltungsgehalte vorliegt oder nicht und was im bejahenden Fall angesichts der vorbehaltlosen oder mit (einfachem oder qualifiziertem) Gesetzesvorbehalt positivierten Freiheitsgarantie daraus zu folgen hat, läßt sich nur für jedes einzelne Grundrecht und innerhalb von dessen Bereichsdogmatik wiederum nur für jede einzelne der als (Schein-)Kollisionspunkte in Frage kommenden zivil-, straf- und öffentlichrechtlichen Normen beantworten. Die Grundrechtsdogmatik mag dadurch zunächst komplizierter und jedenfalls stärker aufgefächert werden als bisher, dafür aber auch mehr nach den praktischen Fallgestaltungen als nach theoretisch nur zu glaubenden oder nicht zu glaubenden Vorgriffen differenziert und vor allem rational durchsichtiger als bei den bisherigen material-generellen Begrenzungs- und Wesensgehaltspostulaten. Zugleich würde die Möglichkeit jedes Mißverständnisses der Grundrechte als der („allgemeinen“) Rechtsordnung pauschal unterworfener bzw. als aus ihr pauschal eximierter Verbürgungen entfallen. Der Strukturunterschied zur Privilegienordnung wird anhand der sachspezifischen Differenzierung von Geltungsgehalten, Begrenzungen, Eingriffen, Ausgestaltungen, subjektiven Berechtigungen und objektiven Normwirkungen, sachlich legitimierenden partiellen Freistellungen und Vor-Rechten in der freiheitlichen Verfassungsordnung offenkundig. Die grundrechtliche Bereichsdogmatik erarbeitet für die einzelnen Garantien den materiellen Geltungsgehalt, den Wesensgehalt, inhaltliche Kriterien für formale Prinzipien wie das Übermaßverbot, für das Verfahren praktischer Konkordanz; ferner die Kriterien der Abgrenzung von Verfassungsrecht und Unterverfassungsrecht innerhalb des grundrechtlichen Normbereichs, Fallgestaltungen von (scheinbarer) Drittwirkung und schließlich die Reichweite grundrechtlicher Geltung. Diese ist in aller Regel anhand praktischer Kollisions- und Konkurrenzfälle und damit anhand von Kollisions- und Konkurrenznormen der (Verfassungs-)Rechtsordnung einsichtig zu machen, weil für praktische Fallösung zu ermitteln. Die Struktur dieser Dogmatik ist für alle Grundrechte dieselbe.

### *4. Zur Maßstäblichkeit von Gesetzesvorbehalten*

Vorbehaltlos garantierte Grundrechte bieten für sie grundsätzlich keine größeren Schwierigkeiten als solche mit Vorbehalt. Vorbehalte liefern zusätzliche Eingriffs-, Regelungs- und Ausgestaltungsmöglichkeiten und damit zusätzliche dogmatische Gesichtspunkte. Bei den Grundrechten mit Vorbehalt stellen sich die Abgrenzungsfragen des Geltungsgehalts für solche Gesetze in gleicher Weise wie bei vorbehaltlos garantierten Freiheiten, die nicht auf Grund des Vorbehalts gezielt ergehen, aber als der Intention nach neutrale, als vielfach so genannte „allgemeine" Gesetze gleichwohl in scheinbare oder echte Kollision oder Konkurrenz mit dem Grundrecht geraten können. Schon allein wegen Art. 19 Abs. 1 GG müssen solche Unterscheidungen gemacht werden. Weist ein Grundrecht einen Vorbehalt auf, dann sind deshalb noch nicht alle seinen Geltungsgehalt im Ergebnis verkürzenden Gesetze gerechtfertigt. Bei qualifizierten Vorbehalten sind die gesteigerten Anforderungen deutlich. Aber auch bei einfachen Vorbehalten muß das Maß des Zulässigen nach ihrer Natur als Regelungs-, Ausgestaltungs- oder Eingriffsvorbehalten differenziert beurteilt und muß unterschieden werden, ob es sich bei dem fraglichen Gesetz um ein solches handelt, das unter Ausnutzung des Vorbehalts, in seinem normativen Rahmen und mit der von ihm eröffneten Eingriffs-, Regelungs- oder Ausgestaltungsintention ergangen ist, oder um ein seiner Intention nach für das Grundrecht in keiner Richtung erhebliches Gesetz, das gleichwohl in praxi das Grundrecht berührt und dessen Beziehung zu diesem deshalb dogmatisch geklärt werden muß. Dieselbe Norm kann — je nach Struktur und Reichweite des sachspezifisch als „frei" garantierten Normbereichs — für das eine Grundrecht auch im Ergebnis neutral, für ein zweites ein dessen Gesetzesvorbehalt ausnutzendes Eingriffs-, Regelungs- oder Ausgestaltungsgesetz sein; für ein drittes seiner Intention nach neutral, im praktischen Ergebnis jedoch den Geltungsgehalt verkürzend. Je nach diesem sachlichen Ausgangspunkt der Dogmatik unterscheidet sich die weitere Beurteilung nach dem Ob und gegebenenfalls dem Wie positivierter Gesetzesvorbehalte.

### 5. *Dogmatische Grundbedeutung von Gesetzesvorbehalten*

Vorbehaltsgrundrechte weisen wie die vorbehaltlos garantierten sachspezifische Grenzen ihrer normativen Reichweite auf. Rechtsnormen, die sich mit dieser „Reichweite" nicht „überschneiden", entfalten ihre Wirkung, ohne daß der Fall zum Grundrechtsfall würde. Im Sinn der einen Deutung des umstrittenen Begriffs „allgemeine Gesetze" in Art. 5 Abs. 2 GG ist diese Begrenzung für die Grundrechte aus Art. 5 Abs. 1 GG in Gestalt eines Grenzvorbehalts besonders positiviert worden. Vorbehaltsgrundrechte können darüber hinaus durch Gesetze, die den Vorbehalt ausnützen und sich in seinem normativen Rahmen halten, gezielt in ihrer vom Normbereich her bestimmten Reichweite verkürzt werden. Diese Gesetze müssen dabei einer Reihe anderer Verfassungsnormen, vor allem denen des Art. 19 Abs. 1 und 2 GG, genügen, die hier nicht zu erörtern sind. Bei vorbehaltlos garantierten Freiheiten ist das nicht möglich. Verkürzungen ihres Geltungsgehalts sind nur durch positivrechtliche Anordnung der Verfassung wie etwa in den Fällen gegenseitiger Begrenzung (partiell) widerstreitender Verfassungsnormen zu rechtfertigen. Eine allgemeine verfassungstheoretische Legitimierung am Verfassungsganzen oder eine irrationale „Ableitung" aus dem Verfassungsganzen genügen nicht. Das Eingefügtsein der Grundrechte in die Rechtsordnung ist kein „Vorbehalt"; auch vom „Vorbehalt der Rechtsqualität" der Garantien ist in diesem Sinn nunmehr nicht mehr zu sprechen. Grenz- und Inhaltsbestimmung fallen bei diesem Typ dogmatischer Klarstellung ineins. Die Richtung der Klarstellung hat nicht länger von den (formalen oder allgemeinen) „Schranken" oder „Grenzen" her zu erfolgen, sondern stützt sich auf die aus dem Normbereich sachspezifisch entwickelte Reichweite der grundrechtlichen Verbürgung. Die Rechtsordnung gilt nicht, „obwohl" die Grundrechte gelten. Vielmehr sind die Grundrechte als Rechte schlicht Bestandteile dieser Rechtsordnung. Sie weisen — wie auch alle unterverfassungsrechtlichen Bestimmungen mit Ausnahme der wenigen echten Generalklauseln — eine sachlich begrenzte Reichweite auf, „jenseits" derer sie auf praktische Fälle aus dogmatischen Gründen — nicht aus solchen des „Vorrangs", der „Abwägung" und so fort — nicht mehr anwendbar sind. Von den Grundrechten her gesehen, wäre daher auch die Rede von einer sachlich-normativ begrenzten, also jeweils nur partiellen „Exemtion“ aus der Rechtsordnung noch ungenau. Überschneiden sich unterverfassungsrechtliche Vorschriften in der Reichweite ihrer Normierung mit der eines Grundrechts, so ist ein Kollisionsfall gegeben, der wegen des Rangunterschieds der Vorschriften zugunsten des Grundrechts zu entscheiden ist. Etwas anderes gilt dann, wenn das Gesetz sich im Rahmen eines gerade für dieses Grundrecht in der Verfassung positivierten Vorbehalts rechtfertigen kann. Für seinen begrenzten Bereich ebnet der Vorbehalt sozusagen den formalen Rangunterschied von Grundrecht und grundrechtsbegrenzendem Gesetz ein.

### 6. *Nur formale, nicht materiellrechtliche „Höherrangigkeit“*

Überall dort, wo das nicht der Fall ist oder wo das Grundrecht ohnehin vorbehaltlos garantiert wird, „siegt“ das Grundrecht in Fällen echter Überschneidung und Kollision auf Grund seines formal höheren Ranges; nicht deshalb, weil es als Grundrecht materiell „höherrangig“ oder „vorrangig“ wäre. Die Rechtsordnung kann das Ergebnis materieller Vorrangigkeit oder Höherrangigkeit auf dem Weg formaler Normierung erreichen. Das gilt auch für den „harten Kern“ der Verfassung, der in Art. 79 Abs. 3 GG fixiert ist. Die Rechtsordnung kann keine ontologisch aussagekräftigen Entscheidungen fällen. Soll eine politisch, moralisch oder unter sonstigen Gesichtspunkten materiell als höherwertig betrachtete Rechtsposition wie etwa die grundrechtlichen Normbereiche vom positiven Recht entsprechend stärker geschützt, wirksamer anerkannt werden, so kann das nur auf dem Weg formaler Höherstellung, formalen Schutzes, formaler Unantastbarkeitsbestimmung gesichert werden. Über einen materiell-*rechtlich* höheren Rang ist damit nichts gesagt. Im verfaßten Rechtsstaat sind eindeutige positivrechtliche Linien nicht mit der wenn auch noch so zutreffenden Feststellung überspielbar und ignorierbar, politisch, moralisch und so fort sei die Höherrangigkeit bestimmter Sachkomplexe evident und an rechtliche Formulierung nicht gebunden. Das bedeutet keine Trennung oder Entgegensetzung von „Recht und Moral“, „Recht und Politik“ oder gar von „Sein und Sollen“. Im Gegenteil weist die normative Differenzierung nach Normprogramm und Normbereich einschließlich der in ihrer Folge zu treffenden weiteren hermeneutischen, methodischen und dogmatischen Unterscheidungen auf die Sachgeprägtheit allen Rechts und auf den normativen Charakter des Normbereichs nachdrücklicher hin als existentialistische, „geisteswissenschaftliche“, soziologistische oder auf andere Weise „materiale“ Allgemeintheorien, denen wegen der Unreflektiertheit ihrer Normvorstellung die dem Ordnenden wie dem Geordneten gerecht werdende Balance zwischen „Recht und Wirklichkeit“ nicht gelingen will[37]. Doch läßt

[37] Hierzu grundsätzlich: F. *Müller*, Normstruktur und Normativität, bes. Kap. I bis VIII.

die vorgeschlagene Sicht auch der *Formalität* positiven Rechts, einem im Rechtsstaat stets verbindlichen Entscheidungsfaktor, was ihrer ist. Da ein diesen hermeneutischen Ansatz nicht berücksichtigender Formalismus sein juristisches Ungenügen nicht verbergen kann, ist für anti-formalistische Denkrichtungen die Versuchung noch immer übermächtig gewesen, dieses Ungenügen durch Rückgriff auf pauschale inhaltliche Bezugspunkte zu „überwinden", das geschriebene (Verfassungs-)Gesetz im Namen solcher Materialität nicht mehr voll beim Wort zu nehmen. Beide Haltungen werden der Aufgabe, Bedeutung und Wirksamkeit einer Verfassung nicht gerecht. In Rechtspraxis und Rechtslehre drückt sich dieser Sachverhalt oft genug durch Resignation vor der „Unbestimmtheit" verfassungsrechtlicher Normen, durch deren voreiliges Übergehen mit Hilfe nicht-positiver „Prinzipien" und in beiden Spielarten durch die Entwicklungsbedürftigkeit konkretisierender wie begrenzt generalisierender Verfassungs*dogmatik* aus.

### 7. *Kein Generalvorbehalt der „allgemeinen Gesetze"*

Solche Dogmatik ist normgebundene Dogmatik. Ohne die systematischen Bezüge der Auslegung zu verkürzen, setzt sie zur Bestimmung des Normgehalts bei der betreffenden Norm, zur Bestimmung der Grenzen eines Grundrechts bei diesem Grundrecht an. Eine daran anschließende „zusammenstimmende Verfassungsauslegung"[38] wird dem systematischen topos mehr sachliche Kriterien zur Verfügung stellen können, als das bei vorschnellem Rückgriff auf allgemeine Prinzipien vor einer die Norm rational ausschöpfenden Interpretation der Einzelvorschrift möglich ist. Demgemäß stehen die Grundrechte weder pauschal unter dem Vorbehalt der „allgemeinen Gesetze"[39], noch könnten — diese Voraussetzung arbeitshypothetisch dennoch gemacht — die „allgemeinen Gesetze" unter Absehung von den Geltungsgehalten der Grundrechte definiert werden. Eine seit der Weimarer Zeit vertretene Auffassung[40] sieht in ihnen in materialer Deutung Rechtsgüterschutznormen „von so allgemeiner Geltung, daß sie auch das in Frage stehende Grundrecht begrenzen". In dem Wort „allgemein" spiegele sich „die materiale Allgemeinheit der Verfassung". Der Charakter dieser Deutung als petitio principii bestätigt sich dort, wo die „allgemeinen Gesetze" als Gesetze bezeichnet werden, „die von der Verfassung gegenüber dem betreffenden Grundrecht als gleich- oder höherwertig ausgewiesen" seien. Wäre

---

[38] Im hier vertretenen Sinn auch *Scheuner*, VVDStRL 22 (1965), z. B. 54.

[39] *Häberle*, 32.

[40] *Smend*, Das Recht der freien Meinungsäußerung, in: Staatsrechtliche Abhandlungen, 89 ff., bes. 96 ff.; *Kaufmann*, VVDStRL 4.77.81 f.; *Häberle*, 32; ebd. die folgenden Wendungen.

eine derartige Rangordnung vom Grundgesetz positiviert, dann bedürfte es nicht eines solchen pauschalen Generalvorbehalts. Da sie es nicht ist, kann der Generalvorbehalt ebensowenig wie der formale Vorschlag einer Güterabwägungstechnik fehlende Vorzugsregelungen, Abstufungen und Vorbehalte der Verfassung ersetzen. Paradoxerweise liegt auch diesem nach seinem Selbstverständnis materialen Denken ein formalistisches Grundrechtsverständnis zugrunde. Nicht die einzelnen Normen werden material, d. h. von ihrem kraft der Sachstruktur ihrer Normbereiche als sachgeprägt-normativ zu entwickelnden Geltungsgehalt her verstanden. Material ist nur der Rückgriff auf das Verfassungsganze, auf die Totalität eines wie auch immer zu bestimmenden, jedenfalls aber nicht nachweisbar positivierten verfassungsrechtlichen „Wertsystems". Da diese Art von Materialität nicht konkret gedacht ist, kann sie ebenso gut als formal bezeichnet werden. Das wird für die Ausformungen des Güterabwägungsprinzips und des Generalvorbehalts der allgemeinen Gesetze auch eingeräumt[41]. Insofern etwa in der Bestimmung der Grundrechtsgrenzen nicht von den Geltungsgehalten der einzelnen Garantien ausgegangen, sondern bei Generalhypothesen angesetzt wird, bleibt das Verfahren auch in seiner Durchführung formal, das heißt aber hier: zum Teil unter Übergehen der Normativität und Positivität geltenden Verfassungsrechts entwickelt. Die nicht näher konkretisierten und ohne Einschluß der Normbereichsanalyse wohl auch nicht zu konkretisierenden grundrechtlichen „Leitbilder"[42] bleiben ohne Kontur. Die Grundrechte werden in ihrem ganzen Umfang einschließlich ihres Wesensgehalts mit Gesetzesrecht und mit den von diesem geschützten „Rechtsgütern" aufgefüllt[43]. Die Strafgesetze beispielsweise sollen im Wesensgehalt der Grundrechte „mitgedacht" sein[44] — wiederum ohne Differenzierung nach den sachgeprägten Gehalten der Einzelgarantien, deren Verhältnis zu strafrechtlichen Normen, wie bereits kurz dargelegt, dogmatisch stark differiert. Wird so die Funktion der Gesetzgebung im Grundrechtsbereich vordringlich in der Verwirklichung der „Freiheit als Institut"[45] gesehen, so ist verständlich, daß die fehlende verfassungsrechtliche Grundlage solcher Positionen verfassungsethisch ersetzt werden soll[46].

---

[41] *Häberle*, 32 f.

[42] *Häberle*, z. B. 182.

[43] ebd., 60 f.

[44] ebd, 61.

[45] ebd., 184; s. a. ebd., 184 f., 185.

[46] Vgl. bei *Häberle* etwa 25: die „vom Strafgesetzgeber normierten Freiheitsgrenzen" als Ausdruck sittlicher Freiheit; 26: das Strafrecht „als *Konsequenz* der grundrechtlichen Freiheit", Hervorhebung im Original; als Grundbestimmung für das „System des Grundgesetzes" ebd., 27, schließlich die Aussage, in ihm sei „der Bürger sittlich an Staat und Recht gebunden". — Bei aller gebührenden Berücksichtigung materialer Gehalte im Rahmen der

Solche Grundlegung kann eigene Dignität haben; doch läßt sie das der Verfassungsinterpretation Mögliche und Erlaubte hinter sich. Die Überwältigung des Verfassungsrechts durch Staatsethik und Verfassungstheorie ist für die auf praktische Probleme hinauslaufende Dogmatik des Grundgesetzes kein gangbarer Weg. Sie stellt im übrigen auch die normative Begründbarkeit einer Verfassungstheorie in Frage, soweit diese bei aller Möglichkeit historischer und systematischer Typisierung in erster Linie der Verwirklichung und dem vertieften Verständnis einer geltenden Verfassung dienen will. Deren normative Kraft und die Möglichkeiten ihrer Interpretation und Dogmatik werden entscheidend unterschätzt, wenn von Ansätzen verschiedener und eingangs in der Frage genereller Grundrechtsbegrenzung erörterter Richtung zum dogmatisch-normativen Ausgangspunkt nicht die fragliche Verfassungs(Grundrechts-)Norm, sondern in inhaltlich generalisierendem, verfassungsrechtlich nicht gestütztem Vorgriff sogleich eine Pauschalhypothese gewählt wird. Es ist einzuräumen, daß die Begrenztheit formalistischer Konzeption zu solchem Vorgehen veranlaßt, solange nicht der Schlüssel zur Rationalisierung normativer Geltungsgehalte in den Normen und ihrer positivrechtlichen Gestalt selbst gesucht wird. Dafür sind die hermeneutische Differenzierung von Normbereich und Normprogramm, die Einsicht in die normative Qualität des Normbereichs und die Unterscheidung weiterer methodischer und dogmatischer Aspekte im Anschluß an diesen Ausgangspunkt nicht zu entbehren.

### *8. Grundrechtlicher Normbereich und grundrechtsbezogene Gesetzgebung*

So ist es in diesem Zusammenhang von Nutzen, an die Unterscheidung rechtserzeugter und (partiell) nicht-rechtserzeugter Normbereiche zu erinnern[47]. Es trifft zu, daß eine Reihe von Grundrechten des Schutzes und der Ausgestaltung durch die Legislative bedarf, um sozial wirksam zu werden. Das gilt etwa für das Ehe- und Familienrecht, das Vereinsrecht, das Tarifvertragsrecht in bezug auf Art. 6 Abs. 1 bis 4, Art. 9 Abs. 1, Art. 9 Abs. 3 GG[48]. Insoweit umschreiben die Gesetzesvorbehalte in der Tat „nur einen Teil der gesetzgeberischen Aktivität im Bereiche von Freiheit und Eigentum“[49]. Sehr fraglich ist aber, ob daraus die Ergänzungsbedürftigkeit der Gesetzesvorbehalte gefolgert werden kann. Frag-

---

Normbereiche muß es für verfassungsrechtliche Erörterung im positivrechtlich verfaßten und konstituierten Rechtsstaat auf die rechtliche Bindung des Bürgers an Staat und Recht ankommen.

[47] F. *Müller,* Normstruktur und Normativität, z. B. 132 ff., 137 ff., 142 ff., 163 ff., 184 ff., 214 f.

[48] So *Häberle,* 193 f.

[49] Ebd., 194; ebd., 193 die im folgenden zitierte Wendung.

lich ist bereits die Aussage, wegen dieses festgestellten Sachverhalts ermächtige die Verfassung „stillschweigend zur Ausgestaltung von Grundrechten“. Solange eine Verkürzung des grundrechtsspezifisch geschützten Normbereichs nicht stattfindet, hält sich die Gesetzgebung — auch die im Effekt die Grundrechtsausübung sichernde und schützende, die insofern „ausgestaltende“ — „außerhalb dieses Bereichs“[50]. Solange ist eine verfassungsrechtliche Ermächtigung zur Gesetzgebung nicht erforderlich. Wird dagegen der Normbereich eingeschränkt, kann das nur durch einen entsprechenden Gesetzesvorbehalt gerechtfertigt werden. Stillschweigende Ausgestaltungsvorbehalte in diesem Sinn sind überflüssig. Stillschweigende Eingriffs- oder den Eingriff implizierende Regelungsvorbehalte dürfen nicht unterstellt werden. Die entscheidende Differenz zwischen diesen Gruppen ist wiederum nicht „von außen“ — jedes, auch das materiale Denken kommt „von außen“, sofern es nicht den rationalisierten Geltungsgehalt der fraglichen Einzelgarantie zum Ausgangspunkt und Maßstab der Dogmatik macht —, sondern allein von der Dogmatik des Einzelgrundrechts her zu begründen. Eine Gesetzesvorschrift, die einen Künstler mit Sanktionen belegt, falls er malt, bedarf eines entsprechenden Gesetzesvorbehalts, um die Chance der Verfassungsmäßigkeit zu haben (von Art. 19 Abs. 2 GG an dieser Stelle einmal abgesehen); eine Vorschrift, die das tut, falls er auf der Straßenkreuzung malt, bedarf seiner nicht. Nur im ersten Fall wird eine grundrechtsspezifisch geschützte Aktionsform verkürzt. Das Beispiel ist einfach gewählt. Doch ist das hinter ihm stehende Differenzierungsprinzip als Aufgabe umfassend formulierbar. Die Aufgabe besteht in der Entwicklung der auf jedes Einzelgrundrecht zugeschnittenen Bereichsdogmatik. Übrigens hat auch dieses einfache Beispiel seine konstruktiven Tücken, wie die Literatur zur Kunstfreiheit belegt[51].

Die Gesetzesvorbehalte umschreiben nach dem Gesagten die gesamte gesetzgeberische Aktivität grundrechtsverkürzender Art. Sie sind durch (geschriebenes oder ungeschriebenes) Nichtverfassungsrecht nicht ergänzbar. Für nicht-grundrechtseinschränkende Gesetze sind sie nicht einschlägig. Das gilt auch dann, wenn durch solche Gesetze grundrechtlich geschützte Tätigkeiten oder Sachkomplexe von der einfachen Rechtsordnung her gesichert oder mit zusätzlichen Aktionsalternativen versehen werden. Nicht ein im Grund formales, weil nicht normativ-konkretes Grundrechtsverständnis im Verein mit einer materialen, weil

---

[50] So der Ausdruck bei *Scheuner*, VVDStRL 22.55.

[51] So löst *Erbel* den Fall durch eine — liberal zu handhabende — Einschränkung der Kunstfreiheitsgarantie auf Grund der polizeilichen Generalermächtigung und zieht auch in Erwägung, „ob in gewissem Umfang ein Gewohnheitsrecht“ auf solche Tätigkeit bestehe, 161. Das Ergebnis ist vernünftig und billigenswert, doch bleibt die dogmatisch-konstruktive Begründung noch zu wenig geklärt.

vom Ganzen der Verfassung her verfassungstheoretisch aufgefüllten Sicht der Gesetzesvorbehalte löst die praktischen Probleme rational, sondern ein materiales Verständnis der Grundrechte in Verbindung mit einem „formalen" (weil sie als Eingriffsermächtigungen behandelnden) der Gesetzesvorbehalte.

### *9. Grundrechts„ausgestaltung" und Grundrechtseingriff*

Bei den genannten Beispielen der „Ausgestaltungsbedürftigkeit" der Art. 6 Abs. 1 bis 4, 9 Abs. 1 und 3 GG ist ferner zu beachten, daß sie über weitgehend rechtserzeugte bzw. rechtlich bereits durchgeformte Normbereiche verfügen. Die Verfassung muß in gewissem Umfang nicht nur auf überlieferte Rechtsbegriffe zurückgreifen, sondern vor allem auch bestehende rechtliche Regelungen voraussetzen. Dennoch sind die Grundrechte nicht wie novellierende Spezialgesetze, nicht wie technische Änderungen des bis zum Inkrafttreten der Verfassung geltenden Gesetzesrechts aufzufassen[52]. Ehe- und Familienrecht, Vereinsrecht und Tarifvertragsrecht sind insoweit von den genannten Grundrechten vorausgesetzt worden, was als Rezeption eines weitgehend rechtserzeugten Normbereichs nicht mit einer Eingriffsermächtigung de futuro identisch ist. Nur Eingriffe, also auch: nur die gewährleisteten Freiheiten im Ergebnis einschränkende Gesetzesänderungen bedürfen einer Ermächtigung in Form eines Gesetzesvorbehalts. Ausgestaltungen ohne solche Einschränkung bedürfen ihrer nicht. Der Schluß auf eine generelle Ergänzungsfähigkeit der grundrechtlichen Gesetzesvorbehalte im Sinn von Eingriffsvorbehalten kann auch unter diesem Aspekt, von der Figur der Ausgestaltungs„vorbehalte" her, nicht gezogen werden.

Auch abgesehen von der dogmatischen Unterscheidung von Vorbehalten zu Grundrechtseingriffen (wie zu eingreifenden „Regelungen") und Ausgestaltungs„vorbehalten" (bezüglich den Normbereich nicht einschränkender Regelungen, deren Bezeichnung als „Ausgestaltung" wegen der „immanenten" Tönung dieser Ausdrucksweise unzutreffend die Nähe zum „Eingriff" suggerieren mag), läßt sich die festgestellte Eigenart der Art. 6 Abs. 1 bis 4, 9 Abs. 1 und 3 GG wie auch verwandter Verbürgungen weder in Fragen der Normbereichsstruktur noch in sol-

[52] Vgl. *Smend*, VVDStRL 4 (1928), 45 ff.; auch in: Staatsrechtliche Abhandlungen, 89 ff., bes. 94 und ff. Im Sinn des hier vertretenen Ansatzpunktes ebd., 94, die Kritik, die Ermittlung der Auswirkung der Grundrechte auf die beteiligten Einzelrechtsgebiete leide darunter, „daß ihr primärer Gehalt an sich nicht genügend erarbeitet" wird. Vgl. auch *Scheuner*, VVDStRL 22 (1965), 34 ff.; ebd., 35, zum „Aufruhen der Verfassung auf der Gesetzesbasis", Anm. 99; 36 f. zu Recht die Forderung, „die von der Verfassung aufgestellten Maßstäbe und Richtungsweisungen sollten nicht in zu großer Nähe zum bisherigen Recht entwickelt werden, wo dies die Verfassung selbst nicht erkennbar im Sinne hat".

chen der Funktion grundrechtsbezogener Gesetzgebung verallgemeinern. Die genannten Garantien gewährleisten traditionell rechtlich begründete und durchformte Normbereiche. Art. 6 Abs. 1 zum Beispiel verbürgt weder in seinen subjektiven noch in seinen objektiven Komponenten das Konkubinat, sondern allein „Ehe und Familie". Demgegenüber gibt es grundrechtliche Normbereiche, die weder rechtserzeugt noch traditionell rechtlich durchformt, zum Teil rechtlich auch nicht durchformbar sind: so Art. 5 Abs. 1 Satz 1 mit der verhältnismäßig diffusen allgemeinen Meinungsäußerungs- und Informationsfreiheit, der nur der Grenz„vorbehalt" des Art. 5 Abs. 2 GG beigefügt wird; Art. 4 Abs. 1 und 2, Art. 5 Abs. 3 Satz 1, die weder in der Formulierung ihrer Gewährleistungen[53] noch über Art. 17a und 18 GG mit Einschränkungsmöglichkeiten versehen sind — eine (negative) Normierung, die in der Tat „vom Grundgesetz selbst" getroffen wurde. Diese verfassungsrechtliche Normierung und ihr Verhältnis zu der anderer (Vorbehalts-) Grundrechte ist das letzte Wort auf der Suche nach Maßstäben für ihr Verhältnis zur Rechtsordnung und für Einschränkungsmöglichkeiten (mit Ausnahme solcher durch andere Verfassungsvorschriften). In diesem letztgenannten Fall sind von der Verfassung eindeutig anerkannte, erkennbar normierte Schutzgüter einander so zuzuordnen, daß nicht im Sinn einer „Wert-" oder „Güterabwägung" allein das eine von ihnen auf Kosten der andern realisiert wird, sondern daß dank verhältnismäßiger Grenzziehung jedes von ihnen „optimal" verwirklicht werden kann[54]. Zwischen Normen von Verfassungsrang und Unterverfassungsrang ist solche „praktische Konkordanz" nicht möglich; es sei denn, die Gesetzesnorm entspräche einem grundrechtlichen Gesetzesvorbehalt, der das formale verfassungsgesetzliche Mittel eines partiellen „Rangausgleichs" zwischen Grundrecht und grundrechtsbezogener Gesetzgebung darstellt. Auch unter Verfassungsnormen kann darüber hinaus verhältnismäßige Zuordnung in diesem Sinn der allseitigen Optimierung positivrechtlich, so durch Spezialregelungen der Verfassung selbst, abgeschnitten sein[55].

Bei positivrechtlichen Vorbehalten ist schließlich zwischen Ermächtigungen zur Ausgestaltung und solchen zur Einschränkung der Grundrechte (mit Zwischenformen in den Regelungsvorbehalten des Art. 12 Abs. 1 Satz 2 und 14 Abs. 1 Satz 2 GG) im oben genannten Sinn scharf zu unterscheiden. Soweit „Regelungen" dabei (auch) eingreifende Wirkung haben, sind sie als Eingriffe zu beurteilen. Die Regelungsvorbe-

---

[53] Zur Treueklausel des Art. 5 Abs. 3 Satz 2 GG siehe *Hesse*, Grundzüge, 153 f.

[54] Hierzu unter dem Gesichtspunkt praktischer Konkordanz: *Hesse*, Grundzüge, z. B. 28 f.

[55] Vgl. als Beispiel die Entscheidungen BVerfGE 19.135.138; JZ 1968, 521.

halte decken insoweit allerdings auch „regelnde“ Eingriffe, deren zulässiger Umfang anhand des sachlichen Geltungsgehalts der Garantie zu messen ist. Für Regelungsvorbehalte wie auch für nur „umschreibende“, verdeutlichende, nachformulierende Aktivität des Gesetzgebers hat das Bundesverfassungsgericht die normative Bindung an das betroffene Grundrecht und dessen aus seinem sachlichen Geltungsgehalt zu ermittelnde maßstäbliche Kraft mit dankenswerter Deutlichkeit herausgestellt[56]. Auch die Zuordnung grund-(verfassungs-)rechtlich gewährleisteter Normbereiche untereinander oder verfassungsrechtlich und unterverfassungsrechtlich garantierter Normbereiche im Dienst der „Herstellung und Erhaltung eines Ordnungszusammenhangs, in dem sowohl die grundrechtlichen Freiheiten als auch jene anderen Rechtsgüter Wirklichkeit gewinnen“[57], hat sich an der Maßstäblichkeit der unmittelbar geltenden Grundrechte zu orientieren. Bei der Verhältnismäßigkeit solcher Zuordnung[58] sind im hier entwickelten differenzierenden Sinn der Rangunterschied von Verfassungs- und Unterverfassungsrecht wie die positivrechtliche Gestalt der Vorbehalte voll in Rechnung zu stellen.

### *10. Zum Grenzvorbehalt des Art. 5 Abs. 2 GG*

Daß Grundrechtsgarantien jeweils aus sich sachlich begrenzt sind, daß Grundrechtsausübung nicht im Sinn von Privilegierung aus der Rechtsordnung eximiert, kann nicht mit einem „Vorbehalt“ der „allgemeinen Gesetze“ i. S. von Art. 5 Abs. 2 GG gleichgestellt werden. Der Grenzvorbehalt des Art. 5 Abs. 2 GG ist weder positivrechtlich noch verfassungstheoretisch einfach auf alle Grundrechte übertragbar. Nach dem Gesagten ist für den allgemeinen „Vorbehalt der Rechtsqualität“ der Grundrechte die Bezeichnung „Vorbehalt“ entbehrlich und mißverständlich. Ein Tun, das sich als Tatbestandserfüllung zivil- oder strafrechtlicher Vorschriften darstellt, verliert diese Eigenschaft noch nicht dadurch, auch als Grundrechtsausübung qualifiziert werden zu können. Problematisch ist zumeist erst die Frage nach den in Anbetracht des den Fall zugleich regierenden Grundrechts zulässigen Maßstäben und

---

[56] BVerfGE 12.45.53. — Zur Terminologie zutreffend *Hesse*, Grundzüge, 122 gegenBVerfGE 7.377.404 und BVerfGE 13.97.122: sowohl bei der Grundrechtseinschränkung als auch bei der Regelung handelt es sich „um die Zuordnung von grundrechtlich gewährleisteten Lebensverhältnissen mit anderen Lebensverhältnissen“; daher begrenzt nicht nur die Einschränkung, sondern auch die Regelung die Grundrechte „von außen“.

[57] So die zusammenfassende Deutung von Aufgabe und Tragweite grundrechtlicher Begrenzungen bei *Hesse*, Grundzüge, 125 ff., 126.

[58] Hierzu etwa die Entscheidungen BVerfGE 2.266.280; 7.377.407; 9.338.346; 16.194.201 f.; 17.108.117 f.; 19.342.347 ff.; 20.45.49 ff.; 20.144.147 ff.; 21.150.155; vgl. ferner in ähnlichem Zusammenhang z. B. BVerfGE 15.288.295; 7.377.404; 12.45.53.

Rechtsfolgen. So kann Grundrechtsausübung die gesetzlichen Bestimmungen zum Schutz der Jugend oder zivil- bzw. strafrechtliche Ehrenschutznormen tatbestandsmäßig treffen. Ob aber die aus diesen Vorschriften folgenden oder die nach andern Normen des Jugendschutzrechts bzw. des Strafrechts möglichen Sanktionen gegen den (in Grundrechtsausübung) Handelnden zulässig sind oder nicht, kann nicht pauschal für alle Grundrechte beantwortet werden. Es hängt davon ab, ob sich die Sanktion als Eingriff in dieses (oder in ein anderes — aber mit dem Anknüpfungspunkt einer von dem ersten Grundrecht geschützten Handlungsform) Grundrecht darstellt oder nicht; und ob dieser Eingriff gegebenenfalls von einem positiven Gesetzesvorbehalt gedeckt wird und auch im übrigen nicht gegen Verfassungsrecht (z. B. Art. 19 Abs. 1 und 2 GG, Übermaßverbot) verstößt. Als „allgemeine Gesetze" im Sinn einer allgemeinen Grenzbestimmung für Grundrechtsausübung außerhalb von Art. 5 Abs. 1 GG sind Jugendschutz- und Ehrenschutznormen nicht anzuerkennen.

Wie im übrigen die „allgemeinen Gesetze" in Art. 5 Abs. 2 GG zu verstehen sein sollen[59], ist hier nicht Thema. Nach der hier dargelegten Ansicht ist das eine Frage der speziellen Dogmatik der Grundrechte aus Art. 5 Abs. 1 GG; sie kann wiederum nicht generell für alle Grundrechte untersucht werden. Für die Meinungsfreiheit sind nach der Rechtsprechung des Bundesverfassungsgerichts[60] im Anschluß an eine während der Weimarer Zeit entwickelte Lehre allein jene Gesetze „allgemein", die sich nicht gegen das durch das Grundrecht der Meinungsfreiheit geschützte Rechtsgut als solches richten. Die geistige Wirkung der Meinungsäußerung und mit ihr die umgreifende Freiheit des geistigen Prozesses von Meinungsaustausch und Meinungsbildung dürfen nicht gezielt durch Gesetz beeinträchtigt werden. Unter dem Grundgesetz ist die Bedeutung der Grenzformel der „allgemeinen Gesetze" aus Aufgabe und Funktion des Grundrechts in der verfassungsmäßigen Ordnung[61] zu erschließen. Ob im Einzelfall ein derartiges „allgemeines" oder ein nicht „allgemeines" Gesetz vorliegt, kann erst dann gesagt werden, wenn die Möglichkeit eines gezielten Eingriffs in den durch Art. 5 Abs. 1 GG (Meinungsfreiheit) geschützten Normbereich untersucht wurde. Auch die Frage der „Allgemeinheit" des Gesetzes im ge-

---

[59] Nachweis der hierzu vertretenen Ansichten z. B. bei *Smend*, VVDStRL 4 (1928), 51 ff.; auch in: Staatsrechtliche Abhandlungen, 89 ff., 96 ff.; *Häntzschel*, HdBDStR II, 659 f.; *Lerche*, DVBl. 1961, 694; *Schüle*, in: *Schüle, H. Huber*, Persönlichkeitsschutz und Pressefreiheit, 28 ff.; *Bettermann*, JZ 1964, 610; *Scheuner*, VVDStRL 22 (1965), 80 ff.; *Schnur*, ebd., 121 ff.; *Arndt*, JZ 1965, 337, 340.

[60] BVerfGE 7.198.209 ff.; im Anschluß an *Häntzschel*, HdBDStR II (1932), 659 f. und *Ridder*, GR II (1954), 282. So jetzt auch *Hesse*, Grundzüge, 152.

[61] So auch *Hesse*, ebd. (Anm. 60).

nannten Sinn ist damit konkret nur von der Eigenart des Normbereichs zu beurteilen. Wird die sachliche Struktur der Garantie nicht in den Vordergrund gestellt, dann ist konkret nicht zu sagen, wann sich das Gesetz gegen die Meinungsfreiheit wendet und wann nicht. Daß eine entsprechende Intention vom Gesetzgeber direkt ausgesprochen wird, ist nicht das entscheidende Kriterium. Nach dem Gesagten kann dieselbe Gesetzesnorm für das eine der in Art. 5 Abs. 1 garantierten Grundrechte ein nicht in spezifisch Geschütztes eingreifendes, somit ein „allgemeines" Gesetz sein; für ein anderes des Art. 5 Abs. 1 aber ein verfassungswidriges, weil eingreifendes Gesetz. Die Grenzen sind dogmatisch herauszuarbeiten. Es ist bedenklich, die Entscheidung mit dem Bundesverfassungsgericht[62] einer Güterabwägung zwischen dem Recht auf Meinungsfreiheit und dem kollidierenden Rechtsgut im Einzelfall zu überantworten. Die gegen „Urteilsvorbehalte" und gegen punktuelle Abwägung entwickelten Argumente treffen auch hier zu. Werden aber die Grenzen dogmatisch entwickelt, so hat das auch im Rahmen des Art. 5 Abs. 1 GG für die dort gewährleisteten Grundrechte zunächst einzeln (bei im Anschluß daran gebührender Berücksichtigung ihrer systematischen Zusammenhänge) zu geschehen. Für Grundrechte außerhalb des Art. 5 Abs. 1 ist Art. 5 Abs. 2 GG nicht verbindlich. Die Ehrschutz- und Jugendschutzbestimmungen in Art. 5 Abs. 2 GG können nach dem Gesagten nicht als für alle Grundrechte geltende Grenzvorbehalte angesehen werden. Für die „allgemeinen Gesetze" in Art. 5 Abs. 2 GG gilt dasselbe. Bedeuten sie etwas anderes (und weiter gehendes) als den „Vorbehalt" der Rechtsqualität der Grundrechte, als die Einsicht in die sachliche Begrenztheit jeder Garantie von der Begrenztheit ihres Normbereichs her, dann handelt es sich in der Tat um einen speziellen Vorbehalt für die Grundrechte des Art. 5 Abs. 1 GG selbständig neben dem Grenzvorbehalt der Jugendschutz- und Ehrenschutzbestimmungen. Handelt es sich aber bei den „allgemeinen Gesetzen" in Art. 5 Abs. 2 um nichts anderes als um eine Formulierung dieser Einsicht, dann ist die Klausel des Art. 5 Abs. 2 GG insoweit nur deklaratorisch, da diese innere sachliche Begrenztheit allen Grundrechten, so auch denen des Art. 5 Abs. 1 GG, eignet.

### *11. Zur sachlichen Bestimmung „allgemeiner Gesetze" i. S. von Art. 5 Abs. 2 GG*

Die Bedeutung der Formel ist entweder nicht konstitutiv und damit für die vorliegende Problematik nicht interessant; oder sie ist sachlich konstitutiv, dann aber als Frage einer speziellen Dogmatik der Grund-

[62] In BVerfGE 7.198, v. a. 210 f., 212; BVerfGE 7.230.234 ff. Siehe ferner z. B. wieder BVerfGE 19.73.74: Die von den zuständigen Gerichten einwandfrei getroffene Feststellung eines Verstoßes gegen die Bestimmungen zum Schutz

rechte des Art. 5 Abs. 1 GG in diesem allgemeinen Zusammenhang nicht abschließend zu klären[63]. Insoweit allerdings der Grenzvorbehalt in Art. 5 Abs. 2 GG als „reflexiv“ formuliert anzusehen ist und damit keinen allgemeinen Gesetzesvorbehalt materiell unbegrenzter Art enthält, folglich nicht zu Eingriffen in grundrechtlich geschützte Normbereiche, nicht zu Grundrechtseinschränkungen i. S. von Art. 19 Abs. 1 Satz 1 GG ermächtigt[64], ist schwer vorstellbar, daß die Formel der „allgemeinen Gesetze“ in Art. 5 Abs. 2 GG einen konstitutiven Sinn für die Grundrechte aus Art. 5 Abs. 1 GG haben könne. Bei Annahme nur deklaratorischer Bedeutung der Grenze der „allgemeinen Gesetze“ für die Grundrechte aus Art. 5 Abs. 1 GG wäre diese Formel in der Auslegung der vom Bundesverfassungsgericht und der wohl überwiegenden Lehre übernommenen Meinung dahin, gemeint seien alle Gesetze, „die nicht die rein geistige Wirkung der reinen Meinungsäußerung inhibieren“[65], nicht zureichend. Die Bestimmungen, allgemeine Gesetze seien solche, die „nicht eine Meinung als solche verbieten, die sich nicht gegen die Äußerung der Meinung als solche richten“; es seien Gesetze, die „dem Schutze eines schlechthin, ohne Rücksicht auf eine bestimmte Meinung, zu schützenden Rechtsguts dienen“ und es handle sich um Normen, die nicht die „rein geistige Wirkung“ der Meinungsäußerung behinderten[66], sind nicht deckungsgleich. Ein Gesetz gegen die öffentliche Verbreitung bibelwidriger Anschauungen wäre gegen „eine Meinung als solche“, gegen ihre „rein geistige Wirkung“ gerichtet — beides ist entsprechend dem hier vorgeschlagenen Ansatz vom Grundrecht und seiner spezifischen Schutzwirkung her gesehen. Es würde aber unter Umständen als „dem Schutze eines schlechthin, ohne Rücksicht auf eine bestimmte Meinung zu schützenden Rechtsguts dienen“, ohne daß vom Grundrecht her durchschlagende Einwände geltend gemacht werden könnten. Im zweiten Fall hat man sich nämlich bereits auf die Sicht eingelassen, die unter Absehung vom Geltungsgehalt der Freiheitsgarantie die Grundrechtsbegrenzungen von den kollidierenden anderen „Rechtsgütern“ her bestimmen will. Es geht dann nur noch um die „materiale“ Überzeugungskraft ihrer „Ableitung“ aus bestimmten, ausdehnend interpretierten Verfassungsnormen, aus dem „Verfassungsganzen“ oder aus der Ganzheit eines verfassungstheoretisch postulierten „Wertsystems“. Die Beschneidung politischer Meinungsfreiheit beispielsweise hätte bei

---

der persönlichen Ehre aktualisieren die verfassungsrechtliche Grenze der Meinungsfreiheit jeweils im Einzelfall. — Kritisch gegen dieses „Urteilsvorbehalt“ schon *Lerche*, DVBl. 1958, 526 (Anm. 28); ders., Übermaß, 150.

[63] Diese Frage wird im Sinn des Textes offengelassen bei *Rüfner*, Der Staat 1968, 51 ff., 55 f.

[64] So zutreffend *Lerche*, Werbung und Verfassung, 99; vgl. auch *Bettermann*, JZ 1964, 610 ff.

[65] z. B. *Ridder*, GR II, 282; s. a. BVerfGE 7.198.210.

[66] Vgl. die Zusammenstellung der Formeln in BVerfGE 7.198.209 f.

entsprechender politischer Lage nur dann die Chance scheinlegaler verfassungsrechtlicher Begründung, wenn der zweite Weg von der Materialität und der „höheren“ Schutzwürdigkeit der kollidierenden Rechtsgüter oder „Werte“ her gewählt wird. Wird der erste von der spezifischen Schutzgarantie aus eingeschlagen, so verschließt sich die Möglichkeit einer verfassungsrechtlichen Entschuldigung der Beschränkung politischer Meinungsfreiheit.

Strukturell ist die erste Variante der zu Art. 5 Abs. 2 GG überwiegend angenommenen Deutung der „allgemeinen Gesetze“ plausibel. Im einzelnen befriedigt sie jedoch nicht durchweg. Eine Meinungsäußerung kann beleidigend sein und dennoch Meinungsäußerung bleiben. Die Beleidigung ist „rein geistige Wirkung“. Hier könnte sich die Formel durch die Tatsache bestätigt finden, daß die Ehrschutznormen selbständig neben den „allgemeinen Gesetzen“ in Art. 5 Abs. 2 aufgeführt sind. Wie steht es aber mit einer Meinungsäußerung, die zugleich mit der Stellungnahme und nicht etwa nur in äußerlichem Zusammenhang mit dieser ein Staatsgeheimnis preisgibt, oder mit einer anderen, die gleichzeitig den Tatbestand des § 166 StGB erfüllt? In beiden Fällen handelt es sich um Gesetze, die sich gegen „rein geistige Wirkungen“ richten und an die Äußerung bestimmter Meinungen als solcher in ihrer rein geistigen Wirkung belastende Sanktionen knüpfen, also in das grundrechtlich Geschützte eingreifen. Mit dieser Frage soll nicht gesagt sein, daß sich nicht durch genauere Abgrenzung von Meinung als eigener Stellungnahme und Information, jedenfalls bei derartigen Kombinationen, das Problem des Geheimnisverrats dogmatisch hinreichend aufgliedern lasse und daß nicht durch entsprechend restriktive Tatbestandsauslegung des § 166 StGB eine den Sachgehalt der Aussage abtrennende Abgrenzung auffindbar sei. Es soll damit nur angedeutet werden, daß auch für die Grundrechte des Art. 5 Abs. 1 weitere dogmatische Anstrengungen zu machen sind; daß aber auf der anderen Seite dogmatische Differenzierungen ohne Rückfall in den bundesverfassungsgerichtlicher „Güterabwägung“ entspringenden Urteilsvorbehalt getroffen werden können und mit Hilfe struktureller Untersuchungen der sachgeprägten Normbereiche stärker als bisher rationalisiert werden sollten.

### *12. Ermächtigung zum Grundrechtseingriff*

Vorbehaltlos garantierte Grundrechte haben nur die Grenzen der sachlich-normativen Reichweite ihres Geltungsgehalts. Dieser ist durch Vermittlung der Strukturanalyse des Normbereichs mit dem grundrechtlichen Normprogramm dogmatisch zu entwickeln. „In“ vorbehaltlos garantierte Grundrechte, d. h. in ihre sachspezifischen Normbereiche, darf weder durch Gesetz noch aufgrund Gesetzes verkürzend eingegriffen werden. Dagegen darf in Vorbehaltsgrundrechte insoweit eingegriffen werden, als das den Normbereich verkürzende Vorbehaltsgesetz sich im normativen Rahmen des Gesetzesvorbehalts bewegt, die in ihm etwa enthaltenen qualifizierten Voraussetzungen erfüllt und nicht zugleich gegen sonstiges Verfassungsrecht wie Art. 3, Art. 80, Art. 19 Abs. 1 und 2 GG oder das Übermaßverbot verstößt. Gesetze, die grundrechtlich Geschütztes, grundrechtliche Normbereiche verkürzen, bedürfen bei Einhaltung aller übrigen Maßstäbe der Verfassung eines sie deckenden Eingriffsvorbehalts. Wegen der hier vorgetragenen Sicht der Grundrechte als sachgeprägter Garantien von formal höherem Geltungsrang und wegen der abstufenden positivrechtlichen Ausgestaltung der Gesetzesvorbehalte durch das Grundgesetz, das als „rigide" Verfassung unter hohen rechtsstaatlichen Rationalitätsanforderungen konkretisiert werden muß, kommt es in diesem Zusammenhang nur auf die Meßbarkeit und Legitimierbarkeit von Grundrechtseingriffen an. Soweit durch einen Regelungs-, Ausgestaltungs- bzw. Inhaltsbestimmungsvorbehalt auf dem Weg über die Vorbehaltsgesetzgebung zugleich in grundrechtlich geschützte Normbereiche eingegriffen wird, sind die Vorbehalte wie die sich auf sie stützenden Vorbehaltsgesetze unter dem Aspekt des Eingriffs zu behandeln. Die Termini „Ausgestaltungs-", „Inhaltsbestimmungs"- und „Regelungsvorbehalt" werden hier nur für Fälle ohne Grundrechtseingriff verwendet, die durch einen positivrechtlichen Vorbehalt nicht abgesichert zu sein brauchen. Sofern ein (Vorbehalts-)Gesetz nicht eingreift, bedarf es keines Vorbehalts zur Rechtfertigung seiner Verfassungsmäßigkeit. Die entsprechenden Rechtsfälle sind keine Grundrechtsfälle. Insoweit andererseits ein Gesetzesvorbehalt generell nicht zu Grundrechtseingriffen ermächtigen sollte, wie unter Umständen der Grenzvorbehalt des Art. 5 Abs. 2 GG bezüglich der „allgemeinen Gesetze", wäre er rein deklaratorisch. Dier hier gemeinten Gesetzesvorbehalte im Sinn von Eingriffsermächtigungen sind im Grundgesetz abschließend und inhaltlich erschöpfend positiviert. Sie sind durch Hypothesen ungeschriebener Eingriffsunterlagen weder ergänzbar noch ersetzbar. Eingriffsvorbehalte eines Grundrechts sind auf andere Grundrechte nicht übertragbar. Das gilt auch für die sogenannte Schrankentrias des Art. 2 Abs. 1 GG. Für die Frage, ob ein Eingriff vorliegt, ist die Bereichsdogmatik des betreffenden Grundrechts heranzuziehen. Sie bleibt der entscheidende Bezugspunkt auch für die andere Frage, ob ein Gesetz als (eingreifendes) Vorbehaltsgesetz anzusehen ist oder nicht.

### *13. Sachliche Bestimmung eingreifender Vorbehaltsgesetze*

Die der Formulierung des Gesetzes oder den Gesetzesmaterialien zu entnehmende Intention des Gesetzgebers allein reicht für dieses Urteil nicht aus. Ein Gesetz, das jedes Malen von Bildern auf Straßenkreuzungen verbieten würde, wäre subjektiv-intentional gegen eine Tätigkeit im Umkreis der Kunstfreiheit, beim entsprechenden Verbot von Meinungsäußerungen auf Straßenkreuzungen gegen eine solche im Bereich der Meinungsäußerungsfreiheit gerichtet. In beiden Fällen würden jedoch spezifische Aktionsmöglichkeiten der Normbereiche von Art. 5 Abs. 1 bzw. 3 Satz 1 GG nicht beschränkt. In beiden Fällen wäre die Rechtfertigung durch einen Gesetzesvorbehalt nicht erforderlich. Ein Fall wird erst dann zum Grundrechtsfall, wenn ein Gesetz oder ein Hoheitsakt aufgrund Gesetzes grundrechtlich geschützte Normbereiche spezifisch verkürzt. Der Geltungsgehalt des Grundrechts reicht nur so weit, wie er reicht. Die Feststellung ist banal, aber praktisch brauchbar. Sie ist für die Grundrechtsdogmatik wie für die Lehren von der Grundrechtsbegrenzung bisher nicht hinreichend fruchtbar gemacht worden, weil das überkommen realitätsfeindliche Normverständnis es nicht zuließ, den aus dem Sachbereich mittels des Normprogramms herauszuhebenden Normbereich als normatives Element anzuerkennen; weil dementsprechend die Ergebnisse einer empirischen, unideologisch-banalen strukturellen Untersuchung der grundrechtlich geschützten Normbereiche nicht in die Interpretation der Garantienormen eingeführt werden konnten. Eine die Normbereichsanalyse umfassende Grundrechtsauslegung und -dogmatik stellt jedoch genügend materielle Kriterien zur Verfügung, um in Verbindung mit den verfassungsrechtlich positivierten Vorbehalten, Spezialregelungen, Vorzugsregeln und materiellen Sperrklauseln einschließlich der sonst einschlägigen grundgesetzlichen Maßstäbe den Geltungsgehalt eines Grundrechts rational zu konkretisieren.

Wird der Geltungsgehalt eines Grundrechts von einem Gesetz verkürzt, so kann es nicht darauf ankommen, ob diese Zielrichtung der Intention des Gesetzgebers entnehmbar ist oder nicht. Die Grundrechte schützen gegen die Einschränkung ihrer Normbereiche, nicht nur gegen intentional auf solche Einschränkung gerichtete Gesetze (oder Staatsakte aufgrund Gesetzes). Intendiert ein Gesetz Grundrechtseingriffe, dann ist es — abgesehen von seiner sonstigen Verfassungsmäßigkeit — an Art. 19 Abs. 1 Satz 2 GG zu messen. Fehlt die Angabe des eingeschränkten Grundrechts, ist das Gesetz verfassungswidrig. Diese Formvorschrift will den Gesetzgeber unter dem Grundgesetz dazu zwingen, sich über die Einführung neuer Eingriffsmöglichkeiten Rechenschaft abzulegen und solche Einschränkungen im Interesse der Normenklarheit und praktischen Wirksamkeit der nicht unversehens auszuhöhlenden Grundrechte deutlich zu machen[67]. Fehlt die Erfüllung dieser Formvor-

[67] Vgl. BVerfGE 2.12.122 f.; 5.13.16; 15.288.293; 16.194.199 f. Vgl. ferner BVerfGE 10.89.99; 7.377.404; 13.97.122; 21.92.93.

schrift bei einem Gesetz, das subjektiv-intentional nicht gegen den grundrechtlichen Normbereich gezielt ist, ihn aber gleichwohl sachlich beschneidet, so ist es nach dieser „rigiden" Norm schon deshalb gleichfalls verfassungswidrig, ohne daß noch zu prüfen wäre, ob es sich auf einen Gesetzesvorbehalt berufen kann. Worauf es bei dieser Entscheidung ankommt, ist die Intention des „objektivierten Willens des Gesetzgebers" im Sinn der Rechtsprechung des Bundesverfassungsgerichts seit BVerfGE 1.299.312, also kurz: die Intention des Gesetzes selbst, wie sie durch Auslegung zu ermitteln ist. Wegen ihrer objektiven Fassung fällt sie praktisch mit der Feststellung eines Grundrechtseingriffs durch Gesetz oder aufgrund Gesetzes zusammen. Die Redeweise vom „Willen" oder von der „Intention" des Gesetzgebers ist mit einem über gewisse Anthropomorphismen des 19. Jahrhunderts hinausgewachsenen Verfassungs-, Norm- und Auslegungsverständnis nicht mehr vereinbar. Ist zum Beispiel ein Strafgesetz auch auf Meinungsäußerungen, Kunstwerke oder wissenschaftliche Arbeiten anwendbar und bei seiner Anwendung geeignet, die Normbereiche dieser Grundrechte (durch Anknüpfung, heteronome Maßstäblichkeit oder durch Sanktionen) zu beschneiden, so ist es seiner objektivierten „Intention" nach auf diese Grundrechtseingriffe gerichtet — gleichgültig, ob der Gesetzgeber „daran dachte", daß z. B. auch wissenschaftliche und künstlerische Werke tatbestandsmäßig darunter fallen können, oder nicht. Kürzer gesagt: es ist in diesen Fällen nach der hier vorgeschlagenen Wortwahl ein „Vorbehaltsgesetz"[68]. Unter diesem Begriff finden sich alle grundrechtseingreifenden Gesetze vereint; alle Gesetze, die aufgrund eines Gesetzesvorbehalts ergangen sind oder — wegen der Grundrechtseingriffe — hätten ergehen müssen. Maßstab ist die Reichweite des grundrechtlichen Normbereichs (des Geltungsgehalts).

### *14. Beispiele zum Begriff des Vorbehaltsgesetzes*

Bau-, feuer- und seuchenpolizeiliche Vorschriften sind gegenüber den Grundrechten aus Art. 5 Abs. 1 und 3, Art. 9, Art. 8 oder 4 Abs. 2 GG keine Vorbehaltsgesetze. Sie verkürzen — das wird unter Vorgriff auf die Bereichsdogmatik dieser Grundrechte gesagt — keine sachspezifisch geschützten, keine sachlich zu den betreffenden Normbereichen gehörigen Formen der Grundrechtsaktualisierung. Steuerrechtliche Vorschriften sind in bezug auf die Bewirtung von Teilnehmern an religiösen

---

[68] Auf die besonders bei Strafrechtsnormen aktuelle Unterscheidung vorkonstitutioneller und nachkonstitutioneller Gesetze, auf die Beschränkung der Anwendbarkeit des Art. 19 Abs. 1 Satz 2 GG auf die letztgenannten und die vom Bundesverfassungsgericht getroffenen weiteren Unterscheidungen braucht hier nicht näher eingegangen zu werden. Vgl. hierzu besonders BVerfGE 2.121 f.; 5.13.16; 15.288.293; 16.194.199 f.

Veranstaltungen nicht „Schranken des Rechts“, über die sich niemand „unter Berufung auf die Religionsfreiheit ... hinwegsetzen“ dürfte[69]. Sie sind vielmehr Normen, die an einen Tatbestand anknüpfen, der überhaupt nicht zum grundrechtlichen Normbereich gehört. Sie betreffen Aktionsformen, die nur in äußerlichem Zusammenhang mit einer Grundrechtsausübung stehen, die nur „bei Gelegenheit“ einer solchen praktisch geworden sind[70]. Der Fall ist kein Grundrechtsfall, die Kollision eine Scheinkollision. Dasselbe gilt für die soeben als Beispiel angeführten bau-, feuer- und seuchenpolizeilichen Vorschriften gegenüber den Garantien der Art. 5 Abs. 1 und 3, 4 Abs. 1 und 2, 8 oder 9. Die Frage legitimierender Gesetzesvorbehalte taucht in solchen Fällen nicht auf. Für eine weitere vorbehaltlos gewährleistete Freiheitsgarantie, das Petitionsrecht, hat das Bundesverfassungsgericht entschieden, Art. 17 GG ermögliche keine Petitionen beleidigenden, herausfordernden oder erpresserischen Inhalts[71]. Hierzu ist zu sagen, daß der Sachgehalt einer Petition in aller Regel auch anders als beleidigend, herausfordernd oder erpresserisch formuliert werden kann. Ist das möglich, dann handelt es sich bei der deliktischen und der nicht-deliktischen Formulierung des betreffenden Begehrens um austauschbare Aktionsmodalitäten innerhalb des grundrechtlichen Normbereichs. Die deliktische Formulierung ist in einem solchen Fall nicht spezifisch geschützt. Konstruiert man dagegen einen Fall, in dem wegen der sachlichen Umstände eine Petition nicht anders denn beleidigend formulierbar sein sollte — was praktisch unwahrscheinlich ist —, dann wäre auch diese im Ergebnis zugleich den Tatbestand des § 185 StGB erfüllende und deswegen „beleidigende“ Bittschrift nach Art. 17 GG zulässig. Die Wirkung des § 185 StGB geht dann nicht so weit, die Petitionsmöglichkeit abzuschneiden. Davon abgesehen, daß damit der Wesensgehalt unzulässig verletzt würde, könnte § 185 in einem solchen Fall nur als eingreifendes Vorbehaltsgesetz angesehen werden. Mangels eines Gesetzesvorbehalts hätte Art. 17 GG wegen seines formal höheren Rangs im Umfang der Normkollision Vorrang. Die Petition wäre als solche zulässig und außerdem nicht strafbar. Der Fall ist, wie gesagt, fiktiv, mag aber als Grenzfall des Möglichen zur Verdeutlichung beitragen. Es handelt sich auch hier nicht um Güter- oder Wertabwägung, sondern um dogmatische Grenzbestimmung. Eine Sonderbesteuerung der Presse richtet sich nicht „gegen eine Meinung als solche“, wohl aber gegen die wirtschaftliche Stabilität des Normbereichs der Pressefreiheit auf eine unter Berücksichtigung der Freiheitsgarantie überdies als ungleich zu beurteilende Weise. Sie ist unzulässig, ohne daß eine materiale Wertabwägung erforderlich wird. Die

---

[69] So *Rüfner*, Der Staat 1968, 41 ff., 56 und f.

[70] Zutreffend daher die Behandlung dieses Falles in BVerfGE 19.129.

[71] BVerfGE 2.225.229 f. S. a. die Beispiele bei *Berg*, 138 f.

Formel, „allgemeine Gesetze“ i. S. des Art. 5 Abs. 2 GG richteten sich nicht gegen eine Meinung als solche, betrifft nur einen kleinen Teil des Normbereichs von Art. 5 Abs. 1 GG. Daher ist die Bereichsdogmatik dieser Freiheitsgarantien im einzelnen zu entwickeln. Sie macht den Rückgriff auf materiale „Wertrangbestimmungen“ der Verfassung weitgehend, wenn nicht vielleicht zur Gänze, entbehrlich[72]. Andererseits richten sich, wie schon in anderem Zusammenhang erörtert, Normen gegen verfassungsfeindliche Bestrebungen in der Tat gegen bestimmte Meinungen. Diese Normen müssen sich gegenüber Vorbehaltsgrundrechten durch Einhaltung der Voraussetzungen des Vorbehalts (unbeschadet der Prüfung ihrer Verfassungsmäßigkeit im übrigen) ausweisen; gegenüber vorbehaltlos garantierten Freiheiten durch rational interpretierbare Abstützung durch Verfassungsnormen (wie Art. 18 und 21, 9 Abs. 2 GG). Im übrigen wird auch hier grundrechtsdogmatisch und von der Freiheitsgarantie her zwischen spezifisch geschützter Entfaltung und Kommunikation von Meinungen und nicht zum Normbereich gehörigen (etwa aktiv kämpferischen, direkt und tatsächlich, nicht nur in theoretischer Spekulation, aggressiven) Modalitäten in Zusammenhang mit der Grundrechtsaktualisierung zu unterscheiden sein.

### *15. Maßstäblichkeit des Geltungsgehalts der betroffenen Grundrechte*

Die „Neutralität“ von Gesetzen gegenüber grundrechtlichen Garantien, die Unterscheidung von Eingriffen und bloßen „Reflexwirkungen“[73] kann nur vom Geltungsgehalt der Grundrechte her bestimmt werden. Diese haben als Verfassungsrecht formal höheren Rang, sind nach Art. 1 Abs. 3 GG unmittelbar geltendes Recht und tragen als sachgeprägte Freiheitsverbürgungen die inhaltlichen Kriterien für die Beurteilung ihrer Grenzen und möglicher Einschränkungen normativ in sich selbst. Dem entspricht ein Ansatz, der von historischer Erfahrung her die „Neutralität“ einer Norm oder einer Maßnahme öffentlicher Gewalt dann verneint, wenn „Positionen verteidigt und Interessen durchgesetzt werden, die zur Grundrechtsausübung typischerweise querstehen“. Genauer läßt sich vielleicht sagen: zu denen sich die Freiheitsverbürgungen in der Zeit des ursprünglichen Kampfes um die Menschenrechte als rechtliche Sicherungen politischer und individueller Freiheit quergestellt haben und die in der Folgezeit aus vielfach nur allzu aktuellem Anlaß von neu erkämpften freiheitlichen Staatsver-

---

[72] Gegen *Scheuner*, VVDStRL 22 (1965), 80 f.; ebd., 81 zu dem im Text folgenden Beispiel.

[73] So *Copic*, 22 und ff.; ebd. 23 das folgende Zitat.

bänden übernommen und von neuem verbindlich normiert worden sind.

Das „Gezielte" solcher Eingriffe in grundrechtliche Geltungsgehalte ergibt sich von der Sache her aus der den Normbereich einschränkenden Wirkung; die subjektiv-finale Komponente ist darüber hinaus durch die Formvorschrift des Art. 19 Abs. 1 Satz 2 GG mit der Drohung der Verfassungswidrigkeit erzwungen. *Wo* die Grenze der Geltungsgehalte der einzelnen Grundrechte im einzelnen verläuft, ist der Diskussion von Rechtspraxis und Rechtslehre und ihrem begründeten Konsens zu ermitteln überlassen. Was hier als Grundlage der Grundrechtsdogmatik empfohlen wird, ist ein Vorschlag zur Art und Weise der Erarbeitung solcher Grenzen und der Behandlung grundrechtsdogmatischer Fragen, nicht eine wie die material-allgemeinen Theorien genereller Grundrechtsbegrenzung das Ergebnis bereits fixierende oder es auf der anderen Seite ganz dem punktuellen Einzelfall und seinen „Umständen" überlassende Doktrin. Es genügt aber ebensowenig wie bei einem Teil der zu den „allgemeinen Gesetzen" als Grenze der Meinungsfreiheit entwickelten Deutungsvarianten, vom Sachgehalt der Grundrechte als dem Maßstab für (zulässige) Eingriffe abzusehen, diesen Maßstab doch wieder auf die Seite der Schranken zu verlegen und für alle Grundrechte als „neutrale", „allgemeine" Gesetze solche Normen zu bestimmen, die „im Interesse von Leben und Gesundheit der Gesellschaftsmitglieder" ergangen seien und daher „keine spezifischen Hemmnisse für Grundrechtsausübung i. S. ihrer geistigen Wirkung"[74] darstellen. Dabei handle es sich in der Regel um den Schutz immaterieller Rechtsgüter, „die zum sozialkulturellen Überbau gehören und über die keine einmütigen Auffassungen bestehen". Der Schutz von Leben und Gesundheit von Menschen gegenüber Grundrechtsausübung ist nicht auf eine derartige generelle Differenzierbarkeit der einschränkenden Motivationen nach: materiell-immateriell oder: konsensfähig — zwischen

[74] *Copic*, 23; ebd. das im Text folgende Zitat. Ebd., 24, zutreffend zur Rolle der historischen Bestandteile der grundrechtlichen Normbereiche in ihrer typisierenden Kraft bei der Bestimmung einschränkender Gesetze und ihrer Abgrenzung von „allgemeinen" Gesetzen. Das Typische ist, in verschiedenem Grad, sowohl für die strukturelle Umschreibung der Normbereiche als auch für die der einschränkenden oder eingreifenden Normen und Maßnahmen brauchbar. — Solche Strukturuntersuchung des normativ Garantierten bringt neben anderen Vorzügen größere Klarheit und Rationalität der Entscheidung mit sich als etwa eine nur material abwägende Deutung der „allgemeinen Gesetze". Insofern zu Recht die Kritik bei *Copic* gegen *Smends* Auslegung dieser Formel in VVDStRL 4 (1928), 44, 51 ff.; auch in: Staatsrechtliche Abhandlungen, 89 ff., bes. 96 ff. Das rationale Naturrecht der Aufklärung ist für staatliche Gewalt kein hinreichend verbindlicher Maßstab mehr. Smends Frage, welche Rechtsgüter etwa gegenüber der Meinungsfreiheit material überwertig seien (ebd. 52 bzw. 97 f.), steht in der Tat in Gefahr, das Grundrecht „dem schwankenden Urteil politischer Machtgruppen, die das Parlament beherrschen und die Regierung stützen", zu überantworten; so *Copic*, 25.

konkurrierenden gesellschaftlichen Gruppen kontrovers zurückzuführen, sondern auf eine die lebens- und gesundheitsschädliche oder -gefährdende Grundrechtsausübung verhältnismäßig einschränkende systematische Interpretation mit Art. 2 Abs. 2 Satz 1 GG. Es handelt sich um einen Fall der verhältnismäßigen Begrenzung von (formal ranggleichen) Verfassungsnormen untereinander. Auch „geistige", auch kontroverse Schutzgüter des Überbaus können auf solche Art Grundrechte Dritter, genauer: das Ausmaß der Grundrechtsausübung durch Dritte, normativ einschränken. Als Ausgangspunkt für die Lösung von Kollisionen und Konkurrenzen mit anderen Grundrechten, mit sonstigen Verfassungsnormen, Vorbehaltsgesetzen oder sonstigen Gesetzen muß unverrückt der normative Befund festgehalten werden, also die Reichweite der Geltungsgehalte der beteiligten Grundrechte und das formale und materielle Verhältnis der übrigen beteiligten Vorschriften zu ihnen. Die Aufspaltung grundrechtseinschränkender Motivationen, „Werte" oder Schutzgüter in materielle und immaterielle, umstrittene und nichtumstrittene bedeutet demgegenüber wieder einen Rückfall in die Betrachtungsweise der metanormativen, der material-allgemeinen Begrenzungshypothesen, die bei aller Berufung auf materiale „Werte", Rechtsgüter oder Totalitäten von den Begrenzungen her denken statt vom Gehalt der sachlich in sich selbst begrenzten oder der „von außen" durch andere Verfassungsvorschriften oder Vorbehaltsgesetze weitergehend zu begrenzenden Garantienormen. Kriterien wie „rein geistig" sind von den sachlichen Freiheitsgarantien her zu sehen. Hier erweisen sie sich als Partikel der Normbereiche der in Art. 5 Abs. 1 GG gewährleisteten Grundrechte, die schon für diese speziellen Verbürgungen nicht erschöpfend und um so weniger für alle Grundrechte zu verallgemeinern sind.

Auch bei Vorbehaltsgrundrechten ist zwischen spezifisch eingreifenden und nicht spezifisch eingreifenden Gesetzen zu unterscheiden. Die ersten müssen sich an der Einhaltung des normativen Rahmens und der vielleicht qualifizierten Voraussetzungen des Gesetzesvorbehalts als zulässig ausweisen und neben andern Normen auch dem Art. 19 Abs. 1 Satz 2 GG genügen. Bei nicht eingreifenden, also nicht zu den Vorbehaltsgesetzen des betreffenden Grundrechts zählenden Normen ist beides nicht erforderlich. Eine Verkürzung des Wesensgehalts, der für jedes Grundrecht gesondert zu ermitteln ist[75], bleibt in jedem Fall unzulässig. Bei der hier entwickelten Konzeption der Vorbehaltsgesetze ist kein den Wesensgehalt antastendes Gesetz (oder entsprechend kein auf einem Gesetz beruhendes Handeln öffentlicher Gewalt) denkbar, das wegen seiner eingreifenden Qualität nicht zugleich ein Vorbehaltsgesetz wäre.

---

[75] So jetzt BVerfGE 22.180.219.

### *16. Strafrecht als allgemeine Grundrechtsgrenze?*

Eine letzte Form der Verlagerung normativer Maßstäbe aus dem zu begrenzenden Grundrecht in allgemeine Bestimmungen ist dort gegeben, wo materielle Kriminalstrafrechtsnormen, also die Strafgesetze, die „im Bewußtsein aller Staatsbürger ein ‚crimen' darstellen"[76], kurzerhand zur allgemeinen Grenze aller Grundrechte erklärt werden. Es ist schon dargelegt worden, daß eine solche Hypothese nicht nur das Festhalten an der sachlich-normativen Maßstäblichkeit des grundrechtlichen Geltungsgehalts, sondern auch die notwendige, für jedes Grundrecht und jede Strafrechtsnorm einzeln zu erarbeitende Differenzierung vermissen läßt. Es sei noch festgehalten, daß auch hier in anderem Zusammenhang kennzeichnenderweise auf einen „Überbau" verwiesen und dessen normative Kraft im Weg des unterstellten Konsenses im „sittlichen Bewußtsein" postuliert wird. Was eine „wahre kriminalstrafrechtliche Norm", was „echtes Kriminalrecht", was also allein aus diesem Grund „wichtiger als die Meinungsfreiheit" sein soll[77], kann jedenfalls unter dem Grundgesetz angesichts seiner auf „Rigidität" abzielenden und differenziert gehaltenen Positivierungssystematik im Grundrechtsbereich nicht die Frage sein. Nicht „wahres", „echtes", „höherwertiges" Kriminalstrafrecht begrenzt generell die Grundrechte. Für jedes Grundrecht ist dogmatisch gesondert zu erarbeiten, welche Strafrechtsnormen und sonstigen Rechtsnormen seinen Geltungsgehalt beschränken, in seinen Normbereich eingreifen; und in welchen Fällen ein solcher Eingriff durch einen entsprechenden Gesetzesvorbehalt und durch die Verfassungsmäßigkeit des Strafgesetzes am Maßstab der anderen einschlägigen Verfassungsvorschriften (Art. 19 Abs. 1 und 2, Art. 80 GG, Übermaßverbot und anderer) gerechtfertigt wird.

### *17. Grundrechte — Generalklauseln*

Dabei ist für die Erarbeitung der grundrechtlichen Geltungsgehalte die Einschränkung zu machen, daß die Gewährleistung des Art. 2 Abs. 1 in der Auslegung, die sie seit dem Elfes-Urteil des Bundesverfassungsgerichts[78] überwiegend findet, und die Norm des Art. 3 Abs. 1 GG keine Grundrechte im hier entwickelten Sinn, sondern echte Generalklauseln darstellen. Die Dichte und Sachhaltigkeit ihrer Normbereiche kann sich mit jener der Grundrechte nicht vergleichen. Grundrechte enthalten mehr an konkretisierbarer Geltungssubstanz. Zwar sind Generalklau-

---

[76] So etwa *Böckenförde-Greiffenhagen,* JuS 1966, 364; vgl. auch *Dürig, Maunz-Dürig,* Rdnr 76 zu Art. 2 Abs. 1 GG.

[77] So *Smend,* VVDStRL 4 (1928), 52 bzw. Staatsrechtliche Abhandlungen, 97 und im Anschluß an *Thoma* m. Nw.

[78] BVerfGE 6.32 ff.

seln nicht nur freie Weisungen an den Richter, selbständig und ohne nachprüfbare normative Bindung eine Entscheidungsnorm zu finden[79]. Doch gehört den Generalklauseln nicht von vornherein ein sachgeprägter, auch in seiner Begrenzung sachlich umschriebener Normbereich zu. Er entsteht erst im Lauf der Rechtstradition, vor allem der Rechtsprechungstradition. Die Praxis, gebunden durch das allerdings häufig ungenau formulierte und Verweisungsbegriffe auf soziale Vorstellungen, gesellschaftliche Konventionen oder ethische Prinzipien enthaltende Normprogramm, subsumiert diesem im Einzelfall bestimmte rechtliche Konstellationen und damit allmählich einzelne Typen von Fallgestaltung. Auf diese Weise verdichten sich die Falltypen allmählich zu Normbereichssektoren. Dagegen stützt sich die Konkretisierbarkeit der Grundrechte auf die Sachhaltigkeit ihrer Normbereiche. Als stark sachgeprägte Vorschriften ermöglichen sie gesteigerte Konkretisierung ihres Sachgehalts im Einzelfall und damit dogmatische Differenzierungen, die weit eher als bei Generalklauseln aus der strukturellen Untersuchung der Normbereiche — „Bekenntnis", „Wissenschaft", „Kunst", „Vereinswesen" — gewonnen werden können[80].

### *18. „Verdeckte Spezialgesetze"*

Der so erarbeitete Geltungsgehalt der Grundrechte ist, wie gesagt, Maßstab für jedes Gesetz und für jedes eingreifende Gesetz je nach Art des Gesetzesvorbehalts mehr oder weniger widerstandsfähige Eingriffsmaterie. Es kommt nicht darauf an, ob das betreffende Gesetz auch subjektiv-intentional „gezielt" ist, oder ob es „ungezielt" im Ergebnis dennoch den geschützten Normbereich einschränkt. Damit ist eine Vorsichtsmaßregel erfaßt, die im Schrifttum gegen „mittelbare", „getarnte" Grundrechtseinschränkungen, gegen — im Gegensatz zu den „allgemeinen Gesetzen" gesehene — „verdeckte Spezialgesetze" festgehalten worden ist[81]. Dieser berechtigte Gedanke hat nur den Nachteil, noch zu stark auf die subjektive Absicht des Gesetzgebers — diesmal die des Verdeckens, des Tarnens — abzustellen. Es kommt nicht darauf an, ob eine Tarnung nachzuweisen ist, mit deren Hilfe im Gewand eines „allgemeinen Gesetzes", das den Normbereich eines bestimmten Grundrechts nicht einschränkt, gleichwohl unversehens an einem anderen Punkt der Geltungsgehalt desselben Grundrechts oder einer anderen

[79] So aber *Ehrlich*, Grundlegung der Soziologie des Rechts 1913, Neudruck 1929, 140: die Generalklausel überlasse „die Entscheidung ganz dem freien richterlichen Ermessen".

[80] Zur hermeneutischen Struktur von Generalklauseln vgl. F. Müller, Normstruktur und Normativität, z. B. 138, 156, 162, 166, 187, 201 ff.

[81] Vgl. *Bettermann*, JZ 1964, 603; *Lerche*, Werbung und Verfassung, 108; *Rüfner*, Der Staat 1968, 41 ff., 59.

Freiheitsgarantie beschnitten wird. Es genügt, daß ein Verkürzen des Normbereichs im Ergebnis erkennbar ist — mag auch der Gesetzgeber in vollem Umfang bona fide gewesen sein.

### *10. Gesetzliche Umschreibung von Grundrechtsgehalten*

Methodische Leitlinie für solche Eingriffsurteile ist in erster Linie nicht ein allgemeines Prinzip wie jenes des „grundsätzlichen Vorrangs des Freiheitsrechts" aufgrund der freien Persönlichkeitsentfaltung als „obersten Werts" der grundgesetzlichen „Wertordnung"[82], sondern die Bestimmung von Eigenart, Funktion und sachlicher Begrenztheit des betreffenden Grundrechts. Dieses darf, sofern die Verfassung das nicht ausdrücklich zuläßt, durch einfaches Gesetz in seinem „sachlichen Gehalt", im Umkreis seiner „sachlichen Reichweite"[83] nicht eingeschränkt werden. Der Rangunterschied zwischen Verfassungsrecht und Unterverfassungsrecht ist gerade gegenüber dem grundrechtsbezogenen Gesetzgeber festzuhalten. Die Grundrechte sind unmittelbar geltendes Recht. Authentische Interpretation der Verfassung ist dem Gesetzgeber, auch dem grundrechtsbezogenen Gesetzgeber, verwehrt[84]. Das Grundmuster des Verhältnisses von Verfassungsrecht und Unterverfassungsrecht im Grundrechtsbereich kann wie in der Rechtsprechung des Bundesverfassungsgerichts mit dem formalen Rangunterschied, mit der unmittelbaren Geltung der Grundrechte und ihrer Bindungswirkung auch für die Legislative nach Art. 1 Abs. 3 GG begründet werden, ohne daß damit die sachlichen Geltungsgehalte vernachlässigt würden. Sie werden im Gegenteil in der ihnen zukommenden Funktion belassen und für ihnen fremde Funktionen — wie die Postulate von „Höherwertigkeit" oder wie die „Übertragung" auf andere Grundrechte — nicht länger auf positivrechtlich ungesicherte Weise strapaziert. Wo der Geltungsgehalt sachlich seine Grenze hat, verläuft für das Grundrecht die Linie der „Einfügung in die allgemeine Ordnung"[85]. Das aber, wie gesagt, nicht

---

[82] Vgl. z. B. nur BVerfGE 7.377.404 f.; 13.97.104 f.

[83] BVerfGE 12.45.53; s. a. BVerfGE 7.377.403 f.

[84] BVerfGE 12.45.53.

[85] Diese Umschreibung bei *Scheuner*, DÖV 1967, 585, 590. Ebd. die Begrenzung dieses Einfügens: „soweit ihr (sc. der grundrechtsaktualisierenden Handlungen) Wesen damit nicht berührt wird"; ferner die Betonung, diesen Handlungen bleibe bei aller Einfügung dennoch „immer ein Moment des Regresses" auf ihre grundrechtliche Sicherung. Vgl. ebd., 586 zum Verständnis der Grundrechte als gegenständlich abgegrenzter Verstärkungen des rechtlichen Schutzes für bestimmte Rechtspositionen und Freiheiten; ebd. die Andeutung einer Differenzierung zwischen „Randzonen" und dem „Kernbereich" des grundrechtlichen Schutzes und von dessen Bestimmung aus der „historisch-verfassungsrechtlichen Sinngebung" des Grundrechts; also aus seinem Normbereich, der neben historischen und aus der Verfassungssystematik (auf dem Weg über das Normprogramm) zu ermittelnden Komponenten vor

deshalb, weil die unspezifischen Gesetze, die mangels Eingriffs keine Vorbehaltsgesetze darstellen, dem Grundrecht hier eine Grenze zu setzen vermöchten, weil sie wegen der „materialen Allgemeinheit" ihrer Schutzgüter „höherwertig" wären oder sonst „Vorrang" vor ihm hätten; sondern allein deswegen, weil die sachlich begründete normative Kraft der Garantie hier — von der Garantie aus gesehen — zu Ende ist. Das Vorhandensein einer einfachen Gesetzesnorm und die bloße Möglichkeit ihrer Kollision mit dem Grundrecht zwingen zur Nachprüfung gerade an diesem Punkt. Sie veranlassen, falls der grundrechtliche Geltungsgehalt nicht so weit reichen sollte, um eine normative Überschneidung herbeiführen zu können, eben diese Feststellung, er reiche nicht so weit. Die Gesetzesnorm hat hier allenfalls umschreibende, die Grenzen des Grundrechts verdeutlichende Wirkung. Sie ist nur Anlaß zur Prüfung der Reichweite der Freiheitsgarantie in dem von ihr repräsentierten Rechtsgebiet (Steuerrecht, Jugendschutzrecht, Strafrecht und so fort).

### *20. Zur Verfassungstheorie vorbehaltloser Verbürgungen*

Das gilt auch dann, wenn sie grundrechtsbezogen ist, ohne in den Normbreich einzugreifen; wenn sie also die grundrechtlich eröffneten Handlungsmöglichkeiten gesetzlich erweitert, durch Sanktionen gegen grundrechtseinschränkende Handlungen zusätzliche Sicherungen schafft oder wenn sie die Grundrechtsausübung auf sonstige Weise, etwa durch Normieren von Förderungsmöglichkeiten, schützt und sozial wirksamer macht. Solche ausgestaltende Tätigkeit der Gesetzgebung im Grundrechtsbereich wirft unter Aspekten der Gesetzesvorbehalte ebensowenig Probleme auf wie die nicht eingreifende Inhaltsbestimmung, Grundrechtssicherung oder Regelung grundrechtlich spezifischer Materien. Sobald aber die Normsetzung unmittelbar („durch Gesetz") oder mittelbar („aufgrund eines Gesetzes") zu Verkürzungen der als frei garantierten Normbereiche führt, sind die entstehenden Rechtsfragen Grundrechtsfragen und die eingreifenden Gesetze Vorbehaltsgesetze, die nunmehr auf ihre Rechtfertigung durch Gesetzesvorbehalte hin zu prüfen und die bei Fehlen eines entsprechenden Vorbehaltes verfassungswidrig sind. Für das Fehlen von Vorbehalten bei einer Reihe von Freiheitsgarantien braucht nicht unbedingt eine einheitliche verfassungstheore-

---

allem in seinen empirisch feststellbaren Struktureigentümlichkeiten zu erfassen und in die normative Interpretation einzuführen ist. — Zur oben eingangs dieser Anmerkung genannten Einschränkung, die Einfügung in die Rechtsordnung dürfe das „Wesen" der Grundrechtsaktualisierung nicht berühren, bleibt von der hier entwickelten Konzeption aus festzuhalten, daß diese Einschränkung (außer gegenüber entsprechenden Vorbehaltsgesetzen) nicht nur die Wesensgehaltssperre, sondern überhaupt und im ganzen Umfang des grundrechtlichen Normbereichs (Geltungsgehalts) die Eingriffssperre in spezifisch Geschütztes betrifft.

tische Rechtfertigung gefunden zu werden. Die positive Rechtslage ist für die Lösung praktischer Rechtsprobleme insoweit eindeutig. Die Auswirkung dieser Differenzierung der Vorbehalte des Grundgesetzes im Sinn einer Differenzierung der Intensität verfassungsrechtlichen Schutzes der Normbereiche steht außer Zweifel. Im Anschluß an Thoma[86] wird in dieser Abstufung der Schutzintensität die wesentliche verfassungsrechtliche Bedeutung dieser Regelung gesehen. Ob daneben „primär" der „Zweck", stärker und schwächer geschützte Grundrechte zu schaffen[87], eine Rolle spielt, ist nicht entscheidend. Ohnehin kommt es nicht auf die Bewußtseinsinhalte der normformulierenden und normsetzenden Stellen an, sondern auf den Geltungsgehalt der gesetzten Normen — in der terminologisch von Relikten früherer Auffassungen noch nicht befreiten Ausdrucksweise des Bundesverfassungsgerichts auf den „objektivierten Willen" des (Verfassungs-)Gesetzgebers. Es ist daher nur zu fragen, ob sich aus der Struktur der Normbereiche der vorbehaltlos garantierten Freiheiten ein gemeinsamer Gesichtspunkt für diese Vorbehaltlosigkeit ergibt oder nicht. So ist erwogen worden, es handle sich bei dieser Gruppe von Grundrechten um jene, „die die individuelle Intimsphäre zum Gegenstand haben"[88], deren sozialer Bezug minimal sei[89]. Diese Ansicht[90] folgt der Rechtsprechung des Bundesverfassungsgerichts, die im Sinn größerer oder geringerer Ausgestaltungs- und Begrenzungsnotwendigkeit nach der Intensität des „Sozialbezugs" und der „sozialen Kontakte" sowie nach mehr oder weniger „sozialen" Freiheiten unterscheiden will. Für einen Teil stark „sozialbezogener" Grundrechte wie die Eigentumsgarantie, die Berufsfreiheit, das Recht zu Versammlungen unter freiem Himmel ist dieser Gesichtspunkt trag-

---

[86] Grundrechte und Polizeigewalt, in: Festgabe zur Feier des fünfzigjährigen Bestehens des Preußischen OVG, 1925, 183 ff.; ders., Die juristische Bedeutung der grundrechtlichen Sätze der deutschen Reichsverfassung im allgemeinen, in: Die Grundrechte und Grundpflichten der Reichsverfassung, Nipperdey (Hrsg.), 1929, 33 ff.

[87] Siehe zu dieser Frage *Hesse*, Grundzüge, 125.

[88] *Berg*, 105; vgl. ebd., 105 f., 108, 168, dort allerdings statt von der sachlichen Eigenart der Normbereiche von einem grundrechtlichen „Wertsystem" her gesehen, dessen Zentrum gemäß der Rechtsprechung des Bundesverfassungsgerichts die Freiheitsentfaltung des einzelnen (mit Vorrang vor der Durchsetzung staatlicher Interessen) sein soll, die deswegen um so intensiver geschützt sei, je geringer ihr sozialer Bezug ist.

[89] Allgemein zum Schutz der individuellen Sphäre als einer ursprünglichen Aufgabe der Grundrechte: *Leisner*, Grundrechte und Privatrecht, 11; *Bachof*, Reflexwirkungen und subjektive Rechte im öffentlichen Recht, Gedächtnisschrift für W. Jellinek, 1955, 287 ff., 290.

[90] In ihrem Sinn auch *Häberle*, 182 f.; Herbert *Krüger*, Allgemeine Staatslehre, 2. Aufl., 1966, 543. — Die Leitentscheidung des Bundesverfassungsgerichts ist BVerfGE 6.389.433; vgl. ferner z. B. BVerfGE 7.377.403 in demselben Sinn für die unmittelbar in das soziale Leben eingreifende Berufsausübung des einzelnen.

fähig. Für andere wie die Versammlungsfreiheit des Art. 8 Abs. 1 GG, die Freiheit von Wissenschaft und Kunst, von Glauben, Gewissen, Bekenntnis und Religionsausübung ist das nicht der Fall. Daß sich „die Glaubensfreiheit im Innern des Menschen auswirkt“[91], kann nicht gesagt werden. Ihre Gehalte bilden sich „im Innern des Menschen“ — vom Einfluß der Familie, Erziehung, Schule und Doktrin einmal für einen Staat abgesehen, der seine Bürger nicht inhaltlich indoktrinieren und dem gegenüber die Garantie des Art. 4 Abs. 1 GG insoweit nicht aktuell werden darf. Aber bereits das Beispiel der Schule zeigt im ganzen Umfang der politischen und juristischen Auseinandersetzung um die unter dem Grundgesetz zulässigen oder unzulässigen Spielarten der konfessionellen Schulform[92] den eminenten, höchst gewichtigen Sozialbezug der Auswirkung und Ausübung von Glaubens-, Gewissens- und Bekenntnisfreiheit. Das Grundrecht der Meinungsfreiheit hat vielleicht den umfassendsten und intensivsten „Sozialbezug“ aller Freiheitsgarantien, ist jedoch nur mit einem Vorbehalt sehr beschränkter Art (Jugendschutz- und Ehrenschutznormen) und mit einem allgemeinen Grenzvorbehalt versehen, dessen konstitutive Bedeutung zweifelhaft ist und der jedenfalls keinen allgemeinen Gesetzesvorbehalt[93] darstellt. Der Sozialbezug der vorbehaltlos garantierten Versammlungsfreiheit des Art. 8 Abs. 1 GG ist offenkundig. Jener der freien Wissenschaft ist in der Auswirkung unübersehbar und kaum zu überschätzen; für den freier Kunst gibt es zahlreiche Beispiele nachhaltiger Wirkung auf den Bewußtseinsstand der Gesellschaft. Gleichwohl sind diese Grundrechte ohne jeden Vorbehalt garantiert. Dasselbe gilt für die Petitionsfreiheit. Bei dieser allerdings dürfte nach aller Erfahrung der Anlaß für die Hinzufügung eines Vorbehalts gefehlt haben. Sie ist im übrigen, wie auch die Versammlungsfreiheit, nach Art. 17a einschränkbar, was für die Grundrechte aus Art. 4 Abs. 1 und 2, Art. 5 Abs. 3 Satz 1 GG nicht der Fall ist. Schon die eine Vollständigkeit der Gesichtspunkte nicht anstrebende Übersicht zeigt, daß auch in dieser leicht überschaubaren Frage materiale Generalisierungen in die Irre führen können. Für das hier nicht weiter zu vertiefende Problem ergibt sich in den Grundzügen folgendes: Dem Petitionsrecht des Art. 17 GG wurde mangels praktischen Anlasses ein Vorbehalt nicht beigefügt. Das ist im Sinn des „objektivierten Willens“ des Verfassungsgebers zu verstehen: Der Normgehalt des Art. 17 GG ist ohne Vorbehalt zureichend bestimmbar und abgrenzbar. Das positivrechtlich verbindliche und nicht überspielbare Fehlen eines Vorbehalts wirft keine juristischen Schwierigkeiten auf.

[91] So *Häberle*, 183; s. a. ebd. Anm. 351.

[92] Vgl. hierzu etwa die Nachweise bei F. *Müller*, Schulgesetzgebung und Reichskonkordat, 1966; *Feuchte-Dallinger*, DÖV 1967. 361 ff.; *Stein*, RdJ 1967, 29 ff.; v. *Zezschwitz*, JZ 1966, 337 ff.

[93] So zu Recht *Lerche*, Werbung und Verfassung, 99.

Die rechtliche Disziplinierung der Koalitionen des Art. 9 Abs. 3 GG und der „Vereine und Gesellschaften“ des Art. 9 Abs. 1 GG ist zum einen durch Art. 9 Abs. 2 GG, zum andern durch das von diesen Garantien notwendig vorausgesetzte Unterverfassungsrecht in hinreichendem Maß gesichert. Dasselbe gilt für Art. 8 Abs. 1 angesichts der Tatsache, daß Versammlungen unter freiem Himmel in Art. 8 Abs. 2 gesondert unter Vorbehalt gewährleistet sind und daß die Einschränkungen des Normbereichs durch das Normprogramm des Art. 8 Abs. 1 GG („friedlich“, „ohne Waffen“) praktisch ausreichen und dieses sozialbezogene Grundrecht im übrigen ohne Vorbehalt normierbar machen. Die Grundrechte der Art. 4 Abs. 1 und 2 und Art. 5 Abs. 3 Satz 1 GG schließlich sind vergleichbar in ihrer Höchstpersönlichkeit, ihrer individuellen Dignität und ihrer sachlichen Verbindung mit der Menschenwürde, ohne daß aus dieser Verbindung eine stringente „wertsystematische“ Ableitung mit normativem Anspruch hergeleitet werden kann. Die vorbehaltlose Garantie der Menschenwürde in Art. 1 Abs. 1 GG erklärt sich aus der zentralen und fundamentalen Wertung, die durch diese Art der rechtsförmlichen Garantie optimal gesichert werden soll. Bei den Grundrechten der Art. 4 Abs. 1 und 2 und Art. 5 Abs. 3 Satz 1 GG nimmt die Verfassung die Ausschließlichkeit ihrer (durchaus vorhandenen und zu entwickelnden) Begrenzung durch die Begrenztheit ihrer sachlich-normativen Reichweite wegen ihrer Höchstpersönlichkeit, ihrem Bezug zu individueller Entscheidung und Kreativität, angesichts ihrer minimalen Objektivierbarkeit und politischen Funktionalisierbarkeit und wegen ihres aus dem Bemühen um Wahrheit folgenden individuellen Ernstes sozusagen in Kauf. Nicht aber haben die Sturktureigentümlichkeiten dieser Normbereiche mit einer Beschränkung der Grundrechtswirkung auf das forum internum, auf die persönliche Intimsphäre, auf den Schaffensbereich, mit geringerem oder minimalen „Sozialbezug“ zu tun. Eine solche Beschränkung würde die für eine freiheitliche Gemeinschaftsordnung fruchtbarsten Komponenten dieser Freiheitsgarantien ausschalten.

### *21. Bedeutungskomponenten grundrechtlicher Gesetzesvorbehalte*

Das Verständnis der Gesetzesvorbehalte als Eingriffsvorbehalte leugnet nicht das Vorhandensein von Ausgestaltungs-, Inhaltsbestimmungs- und Regelungsvorbehalten. Die Definition der Vorbehaltsgesetze als grundrechtseingreifende Gesetze schmälert nicht die Bedeutung der ohne Eingriff ausgestaltenden, schützenden und sichernden Gesetzgebung grundrechtsbezogener Art. Die Verbreiterung der sozialen Wirksamkeit und der realen normativen Kraft der Grundrechte durch verfassungsrechtliche und unterverfassungsrechtliche Normierungen außerhalb der Freiheitsgarantien, die zu einem beträchtlichen Teil rechtserzeugte Qualität der grundrechtlichen Normbereiche und ihre Angewiesenheit auf möglichst stabile Sicherung durch die Rechtsordnung werden nicht verkannt. Doch besagt die hier vorgetragene Sicht, daß die Begrenztheit aller Freiheitsgarantien es noch nicht erlaubt, die Begrenzung mittels (formeller oder materialer) Generalklauseln zu bewerkstelligen. Sie besagt, daß die verfassungsrechtliche Figur der Gesetzesvorbehalte ungeeignet ist, zur Grundlage metanormativer verfassungstheoretischer Erwägungen gemacht zu werden. Sie besagt, daß positiv-rechtliche Schranken und Vorbehalte der Verfassung weder durch Annahme ungeschriebener Schranken und Vorbehalte ergänzt oder ersetzt, noch daß sie auf andere Grundrechte übertragen werden können. Daß das grundrechtsbezogene Gesetzesrecht oft mehr Schutzrecht als Begrenzungs- und Schrankenrecht ist; daß die Grundrechte in ihrer Sachgeprägtheit vielfach nicht nur durch die Freistellung von inhaltlicher staatlicher Fixierung gesichert werden, die von den Normprogrammen der Grundrechte angeordnet wird, sondern häufig mit gleichrangiger sozialer Wirksamkeit durch eine ergänzende freiheitliche Gesetzgebung, durch Förderungsanordnungen von seiten der Legislative und Exekutive und durch den Schutz, den das Strafrecht gegen grundrechtsschädigende Handlungen gewährt, gehört zu den wesentlichen verfassungsrechtlichen und verfassungstheoretischen Einsichten. Diese sind auch in allen Fragen der Interpretation zu berücksichtigen. Sie verhindern ein allein formalistisch-ausgrenzendes Verständnis der Grundrechte als sachleerer Räume, die nur von ihren formalen Schranken her definiert werden. Aber all das führt nicht zur Zulässigkeit der Einebnung positivrechtlicher Abstufungen, Differenzierungen, Spezial- und Vorrangregelungen des Verfassungsgesetzes. Es führt nicht zur Rechtfertigung einer partiellen Überformung des geltenden Verfassungsrechts durch metanormative oder überpositive Verfassungstheorie. Es legitimiert weder normativ nicht gestützte „Übertragungen" von Schranken und Vorbehalten von einem Grundrecht auf andere noch material-allgemeine „Mißbrauchs"theorien, deren Typisierung nicht am Geltungsgehalt der einzelnen Freiheitsgarantien, sondern stattdessen an „ganzheitlichen" oder überpositiven Gesamtaspekten ansetzt. Ebensowenig können die Probleme des Grundrechtsgehalts, des Wesensgehalts, der Grundrechtsgrenzen und einer die Grundrechte mit der Rechtsordnung vermittelnden Dogmatik durch ideologische, verfassungsrechtlich nicht ableitbare Begriffsbildungen und -verengungen bei Auslegung des Wortlauts („nur ethisch wertvolle Kunst" etc.) gelöst werden. Der Primat und die unverbrüchliche Geltung der geschriebenen Verfassung lassen eine derartige Suche nach Auswegen aus den Schwierigkeiten von Verfassungsinterpretation und Grundrechtskonkretisierung nicht zu. Beide müssen die Anstrengung des Begriffs durch die normative Differenzierung der normierten Sache ergänzen, wenn sie zu einer Dogmatik gelangen wollen, die nicht nur verfassungstheoretisch einsichtig, sondern vor allem auch rational diskutierbar und den praktischen Einzelfragen der Rechtsprechung ohne Verbiegung der geltenden Normen gewachsen ist.

## V. Zur sachlichen Reichweite und zur Differenzierung grundrechtlicher Garantien

### *1. Elemente grundrechtlicher Bereichsdogmatik*

Die Auffassung der Grundrechte als je selbständiger, sachlich geprägter, bestimmte gegenständlich abgrenzbare Normbereiche sichernder Freiheitsverbürgungen macht sie als Normen von besonderer Dichte und struktureller Eigenart auch in ihrem systematisch sinnvoll deutbaren Nebeneinander verstehbar. Sie arbeitet die sachliche Begrenzung der Grundrechte heraus und stellt materiell-rechtliche Kriterien dafür zur Verfügung, sie bei Kollisionen und Konkurrenzen mit anderen Grundrechten, mit Verfassungsnormen, Vorbehaltsgesetzen und sonstigen Vorschriften diesen zuzuordnen, ihre dogmatischen Grenzlinien zu anderen Vorschriften der Rechtsordnung im einzelnen zu entwickeln. Die Eigenständigkeit der einzelnen sachlichen Garantie ist nicht mit einer „Höherwertigkeit" zu verwechseln. Das hier vorgetragene Verständnis verhindert normativ nicht begründbare materiale Vorrang- und Höherwertigkeitspostulate. Die Strukturmerkmale der Normbereiche bilden bestimmte Sachgegebenheiten und rational erfaßbare empirische Verhältnisse der Lebenswirklichkeit ab, soweit diese vom Recht anerkannt, rezipiert und normativ (um-)gestaltet wird. Das Mißverständnis der „Höherwertigkeit" im materiell-rechtlichen Sinn konnte nur auf dem Boden eines im Grund formalen, weil die Normativität der Sachelemente rechtlicher Vorschriften übersehenden Grundrechtsdenkens entstehen. Wegen des Ungenügens formaler Rechtsfiguren muß es sich materialen Pauschalformeln zuwenden, die mit dem Postulat substantieller Höher- und Niederrangigkeit arbeiten, um im praktischen Einzelfall überhaupt zu eindeutigen Ergebnissen zu gelangen. Die Fragestellung ist jedoch nicht länger darauf zu richten, welche „Werte", Rechtsgüter oder Normen einem Grundrecht „vorgehen", ihm gegenüber „höherwertig" seien; auch nicht dahin, ob ein Wissenschaftler in Ausübung des Grundrechts der Wissenschaftsfreiheit feuerpolizeiliche Vorschriften verletzen „dürfe" oder ob ein Kunstwerk unzüchtig „sein könne". Die primäre dogmatische Frage ist überhaupt nicht die, wodurch ein Grundrecht eingeschränkt werden kann, sondern: wie weit sein aus der Analyse des Normbereichs aus und ihrer Vermittlung mit dem grundrechtlichen Normprogramm zu entwickelnder Geltungsgehalt reicht. Ist das dogmatisch abgegrenzt, werden sich nicht wenige bisher als Kollisionen oder Konkurrenzen behandelte Falltypen als Scheinkonkurrenzen und Scheinkollisionen herausstellen, die keine Grundrechtsfragen aufwerfen.

Zum andern liefert die sachlich angereicherte Interpretation und Dogmatik der am Fall beteiligten Grundrechte Gesichtspunkte für die Zuordnung der sich (teilweise) überschneidenden und insoweit kollidierenden Normen im Fall der Gleichrangigkeit, also beim Zusammentreffen von Grundrechten, Verfassungsnormen oder von Grundrechten mit Vorbehaltsgesetzen. Kollisionen ungleichrangiger Normen, so vor allem von Grundrechten und in sie eingreifenden Gesetzen, die mangels eines grundrechtlichen Gesetzesvorbehalts oder wegen Überschreitung des Rahmens eines vorhandenen Gesetzesvorbehalts nicht den Anforderungen von Vorbehaltsgesetzen genügen, sind nach den von der Verfassung abschließend normierten Regeln zu entscheiden, ohne daß es insofern noch auf materiale Zuordnung oder Abwägung ankommt. Anderen Rechtsgütern geltende Schutzgesetze sind für ein Grundrecht dann keine (eingreifenden) Vorbehaltsgesetze, wenn sie nur unspezifische Modalitäten der Grundrechtsausübung beschneiden. Ein Kriterium dafür ist auch, ob das Schutzgesetz sein Rechtsgut aus grundrechtsspezifischen Motiven und mit grundrechtsspezifischen Maßstäben sichern will oder nicht. Eine Rechtsnorm, die „nicht-volkstümliche" oder „künstlerisch zersetzende", „entartete" Kunst mit negativen Sanktionen bedroht, ist von Anfang an verfassungswidrig, wenn sie ihren Tatbestand mit Wertungen substantiiert, die kunstspezifisch sind und von der Garantie des Art. 5 Abs. 3 Satz 1 GG daher gerade „frei" belassen werden („abstrakte"-„figurative", „deutsche"-„undeutsche", „wahre"-„entartete" Kunst und so fort). Substantiiert sie ihre Tatbestandsmerkmale dagegen in einer Art, die für Kunst nicht positiv oder negativ kennzeichnend ist, etwa im Sinn „rassenhetzerischer", „zum Krieg aufhetzender", „grob unzüchtiger" Werke und ihrer Verbreitung, so ist die Verfassungswidrigkeit nicht von vornherein zu behaupten. Das Ergebnis hängt dann davon ab, welche Grundrechtsaktualisierungen (das Schaffen, das Verbreiten, das Werben, das Reproduzieren und so weiter) als Anknüpfungshandlungen genommen werden; welche Maßstäbe im einzelnen an die Tatbestandsprüfung unter dem besonderen Aspekt gelegt werden, daß es sich bei Kunstwerken um von Art. 5 Abs. 3 Satz 1 GG selbständig geschützte Arbeiten handelt; schließlich davon, welche Sanktionen (Vernichtung, Einziehung, Verbreitungsverbot, Verbreitungsbeschränkung, Berufsverbot, Geld- oder Freiheitsstrafen) in dasselbe oder in ein anderes Grundrecht oder in sonstige Rechtspositionen des Künstlers (Verbreiters) eingreifender Art aus der Tatbestandserfüllung folgen. Ob solche Normen das Grundrecht einschränken oder nicht, ob ein Werk der Kunst oder Wissenschaft, ob eine Aktualisierung der Glaubensfreiheit oder der Meinungsfreiheit einen Dritten beleidigen „darf“ oder den Tatbestand des § 166 StGB erfüllen „kann“ oder nicht, ist nicht einmal für alle Fälle desselben Grundrechts pauschal zu beantworten.

### 2. *Praktische Konkordanz*

Wie ausgeführt, kann aber mit dogmatischer Tatbestandsabgrenzung allein nicht schon jedes Kollisions- und Konkurrenzproblem als gelöst betrachtet werden[94]. In Fällen der normativen Überschneidung ranggleicher beziehungsweise als ranggleich zu behandelnder Normen ist das Verfahren praktischer Konkordanz auf Grund der dogmatisch erarbeiteten Kriterien in der Lage, zu einer hinreichend rationalisierten Lösung zu führen. Diese wird schon wegen der verschiedenen Lagerung der „Schutzzonen“ in verschiedenen Grundrechten und wegen der verschiedenen Eingriffsintensität gesetzlicher Normen in die grundrechtlichen Normbereiche vielfach, wenn nicht in der Regel zu einer Lösung gelangen, die „ungleichgewichtig“ ist, die also nicht beide oder alle beteiligten Normen im Sinn ausgewogener Balance „gleich stark“ beschneidet und „gleich stark“ wirksam sein läßt. Die „Optimierung“ aller beteiligten Normen und Schutzgüter ist insofern eine vor allem negative Formulierung des Interpretationsziels: Die Auslegung darf nicht der einen Norm im Sinn einer „Abwägung“ pauschal den „Vorrang“ einräumen, die andere „zurücktreten“ lassen wollen; also nicht die eine ganz auf Kosten der anderen realisieren. Wie im Ergebnis die Linie zwischen den letztlich den Fall bestimmenden Teilen der Geltungsgehalte verlaufen wird, kann die Formel der „Optimierung“ nur formal umschreiben, da die praktische Lösung in dieser Sicht normativ-dogmatisch strikt begründbar sein muß und nur in dem Maß generalisierbar ist, in dem sich der betreffende Typus von Konkurrenz oder Kollision zwischen diesen bestimmten Rechtsnormen definieren und dogmatisch fassen läßt.

### 3. *Grundrechte und Gesetzesrecht*

Der nur durch die „Schleuse“ der Gesetzesvorbehalte durch positive Normierung des Verfassungsgesetzes zum Teil eingeebnete Rangunterschied zwischen Verfassungs- und Gesetzesrecht[95] bleibt auch hier zu beachten. Im Konfliktsfall gilt in der Tat das vereinfachende Prinzip,

---

[94] Wie das aber *Wehrhahn*, Systematische Vorfragen einer Auslegung des Art. 2 Abs. 1 des Grundgesetzes, AöR 82 (1957), 205 ff., annimmt.

[95] Vgl. den Ansatz in BVerfGE 7.198. z. B. 203 ff., 204.206 f.; 7.377.409 ff. mit Herausarbeitung der Möglichkeit verschieden starker Schutzbereiche innerhalb des sachlichen Geltungsgehalts einer Freiheitsgarantie am Beispiel der Berufsfreiheit; 12.45.53.

unter dem Grundgesetz gälten nicht mehr die Grundrechte im Rahmen der Gesetze, sondern die Gesetze im Rahmen der Grundrechte[96]. Dabei wird die wachsende Durchdringung des einfachen Rechts mit verfassungsrechtlichen Gesichtspunkten und Maßstäben ebensowenig verkannt wie die ausgestaltende, schützende und sichernde Wirkung der Rechtsordnung für grundrechtsgarantierte Aktions-, Organisations- und Sachgarantien und wie die Bedeutung gesetzlicher Vorschriften für die Interpretation des Verfassungsrechts, soweit sich die Gesetze als (rechtserzeugte) Bestandteile verfassungsrechtlicher Normbereiche herausgestellt haben[97]. Doch gibt es im dogmatisch nachgewiesenen Konfliktsfall bei Normen ungleichen Ranges kein Sowohl-als-auch. Die Gesetzesvorbehalte als rechtstechnische Mittel des Verfassungsgesetzes, für ihren Geltungsbereich Gleichrangigkeit von Verfassungsrecht und Gesetzesrecht, nämlich von Grundrecht und Vorbehaltsgesetz zu erzielen, sind einer Ausdehnung, Einschränkung, Beseitigung oder Verwischung im Namen allgemeiner dogmatischer oder theoretischer Grundsätze nicht zugänglich. Sie sind positivrechtliche Grundlage für die Fälle, in denen — abgesehen von der Begrenzung von Verfassungsnormen untereinander — das Verfahren praktischer Konkordanz einsetzen kann. Sobald sich aber ein ausgestaltendes, inhaltsbestimmendes, umschreibendes oder regelndes Gesetz im Licht der Normbereichsuntersuchung als zugleich in den grundrechtlichen Geltungsgehalt eingreifendes Vorbehaltsgesetz herausstellt, ohne sich aber formal und material als Vorbehaltsgesetz rechtfertigen zu können (bei Nichterfüllung der Voraussetzungen, die der Gesetzesvorbehalt normiert, oder bei vorbehaltloser Garantie des fraglichen Grundrechts), wird es von dem ranghöheren Grundrecht als einem in diesem Sinn verstandenen Vor-Recht verdrängt. Das gilt aber nur im Umfang der Kollision. So kann beispielsweise ein Grundrechtsberechtigter strafbar sein, wenn er durch Verfassen oder Verbreiten einer wissenschaftlichen Arbeit einen straf-

---

[96] Herbert *Krüger*, Grundgesetz und Kartellgesetzgebung, 1950, 12; vgl. auch Gebhard *Müller*, Das Bundesverfassungsgericht der Bundesrepublik Deutschland, Journal der Internationalen Juristenkommission 1965, 237. S. a. BVerfGE 7.377.404; 7.198.208 f. Einschränkend — für die nicht auf den Konflikt rangungleicher kollidierender Normen zulaufenden Fälle insoweit zu Recht — *Häberle*, 194 Anm. 406.

[97] Die Anforderungen an diesen Nachweis sind von den durch Auslegung zu bestimmenden Kriterien des verfassungsrechtlichen Normprogramms wie von den — soweit vorhanden — nicht-rechtserzeugten Normbereichselementen der fraglichen Verfassungsvorschrift aus zu bestimmen. Ohne solche hermeneutische, methodische und dogmatische Abstützung ist es allerdings die Frage, wie es zu vermeiden sein soll, „daß Teile des einfachen Rechts mehr oder weniger willkürlich zu Verfassungsrecht aufgewertet werden und letzten Endes den Inhalt der Verfassung bestimmen"; diese Warnung bei *Rüfner*, Der Staat 1968, 41 ff., 52. Zur selbständigen Interpretation verfassungsrechtlicher Begriffe ohne Rücksicht auf das Gesetzesrecht s. a. BVerfG JZ 1968, 523, 524 und dazu *Evers*, JZ 1968, 525, 526.

rechtlichen Tatbestand erfüllt hat. Doch kann es sein, daß die strafrechtlich an sich zulässige Deliktsfolge des Berufsverbots, der Einziehung oder der Vernichtung der Arbeit wegen des Grundrechts, abgesehen vom Übermaßverbot, unzulässig sein kann. In einem solchen Fall wären die Maßstäbe des strafrechtlichen Tatbestands nicht wissenschaftsspezifisch faßbar, hätten sich also die Strafnorm und die Grundrechtsnorm insoweit nicht „überschnitten"; wohl aber insoweit, als die Existenz des wissenschaftlichen Werks, seine grundsätzliche Verbreitungsmöglichkeit und die Freiheit, auch im Rahmen eines Berufs, durch sachfremde Maßstäbe ungehindert, zu forschen und zu arbeiten, grundrechtsspezifisch geschützt sind. Grundrechte wie dieses sind in größerem Umfang als andere zwar nicht a-sozial, wohl aber sachlich eigengeprägt und inhaltlich vom Unterverfassungsrecht und seiner Ausgestaltungsfunktion unabhängig. Bei ihnen und ihren überwiegend nichtrechtserzeugten Normbereichen (vgl. vor allem Art. 4 Abs. 1 und 2, 5 Abs. 3 Satz 1 GG) fällt daher der Rangunterschied zwischen Verfassungsrecht und Gesetzesrecht im praktischen Einzelfall besonders stark ins Auge. Danach genügt es nicht, im Sinn des Bundesverfassungsgerichts[98] mit Hilfe von Abwägung und „Wechselwirkung" zu fragen, wie weit das grundrechtsbezogene Gesetzesrecht „grundrechtlich beeinflußt" sei.

### 4. *Konkretisierung im einzelnen*

Das hier vorgeschlagene Verfahren löst noch nicht die Einzelprobleme der Grundrechtsdogmatik. Es verzichtet gerade darauf, Pauschalformeln anzugeben. Es stellt die Aufgabe, im einzelnen zu diskutieren, wo die dogmatischen Grenzen verlaufen, und die Einzelfragen durch gegenüber den bisherigen Allgemeinthesen verengte und rationalisierte Fragestellung und Debatte zu rechtspraktischem und rechtswissenschaftlichem Konsens zu bringen[99]. So ist es zum Beispiel eine verengte dogmatische Frage, ob Werbung und Unterhaltung als gattungstypisch umschriebene Erscheinungen im Bereich der Kommunikation unter den Begriff „Meinung" in Art. 5 Abs. 1 Satz 1 GG gefaßt und damit dem Schutz der Garantie unterstellt werden sollen oder nicht[100]. Vom Normbereich her schließen sich „Werbung" und „Meinung" nur zum Teil, „Meinung" und „Unterhaltung" gegenseitig nicht aus. Auch Unterhal-

---

[98] BVerfGE 7.198.204.206 f.; ebd., 204: „durch die Grundrechtsnorm inhaltlich ... beeinflußt".

[99] Vgl. den zutreffenden Hinweis bei *Gallwas*, 21 f., 22, 23, darauf, daß auch normative Anknüpfungs- und Verweisungstermini wie „Würde des Menschen", „Glaube", „Gewissen", „Religionsausübung", „Kunst" genügend Substanz haben, um sie normativ und interpretativ nach dem Umfang ihrer Geltungsgehalte abzugrenzen.

[100] Was von *Hesse*, Grundzüge, 1. Aufl. 1967, 150 verneint wird.

tung ist auf Kommunikation bezogen. Das Normprogramm gibt keinen Hinweis auf eine Einengung des Normbereichs allein im Sinn politisch funktionalisierbarer Meinung. Im übrigen ist auch Unterhaltung in dieser Richtung von Wichtigkeit. In autoritär verwalteten Gemeinwesen kann Unterhaltung leicht zur primären Äußerungsform politikbezogener Diskussion und „Meinungs"äußerung im Rahmen des Art. 5 Abs. 1 Satz 1 GG werden. Das ist ein historisch zu erhärtender Befund aus dem Normbereich des Grundrechts. Das Normprogramm, das jede Äußerung und Verbreitung — nur dieses Teilproblem sei hier beispielshalber herausgegriffen — von „Meinung" als „frei" garantiert, nimmt damit vorbehaltlich der Grenzen des Art. 5 Abs. 2 GG, der Art. 17 a Abs. 1 und 18 GG die Möglichkeit, in inhaltlich fixierendem generalklauselartigen Vorgriff nur „echte", „ernsthafte", „gewichtige" Meinungen als geschützt zu behandeln. Die Frage kann in diesem allgemeineren Zusammenhang nicht abschließend untersucht werden. Doch sprechen die ersten Aspekte dafür, ohne wertende Differenzierung auch Unterhaltung als Gattungstyp des Normbereichs „Meinung" dem Schutz des Art. 5 Abs. 1 Satz 1 GG zu unterstellen. Dasselbe wird auch für einen Teil „meinungs"spezifischer Werbung zu gelten haben, die allerdings gattungstypisch noch schärfer zu umschreiben wäre. Ferner ist zu beachten, daß werbende Tätigkeit zugleich von anderen Grundrechten wie Art. 5 Abs. 3 Satz 1, Art. 12 Abs. 1, Art. 4 Abs. 1 und 2 GG geschützt sein kann.

Erhebt die hier entwickelte Sicht der Grundrechte auch bewußt nicht den Anspruch, ein durchgängiges Rezept für die Fragen der Grundrechtsbegrenzung anzubieten, so kann sie aber vielleicht durchgängig die Unsicherheitsfaktoren ausschließen, die etwa mit der direkten oder „mittelbaren" Übertragung der Schrankentrias des Art. 2 Abs. 1 GG oder mit allgemeinen Güterabwägungsempfehlungen oder Mißbrauchsurteilen verbunden sind. Eine (tatbestandlich im übrigen näher zu differenzierende) Gesetzgebung gegen „zersetzende" Kunst wird sich unter den politischen Verhältnissen, die sie indiziert, schon deshalb aus der direkt oder indirekt aus Art. 2 Abs. 1 GG auf Art. 5 Abs. 3 Satz 1 GG „übertragenen" oder „interpretativ" für sie nutzbar gemachten Schranke des Sittengesetzes rechtfertigen lassen, weil „das Sittengesetz" schon für die Freiheit der Persönlichkeitsentfaltung an mangelnder Konkretisierbarkeit leidet, bei seiner Ausdehnung auf andere, sachgeprägte Grundrechte aber vollends zur Blankettformel wird, mit der sich jeder sachlich-normativ begründete Schutz eines Normbereichs auf dem Weg apokrypher Grundrechts„begrenzung" aus den Angeln heben läßt. Die so oder so im Ergebnis, um bei dem Beispiel zu bleiben, auch für Art. 5 Abs. 3 Satz 1 GG für verbindlich gehaltene Schranke „des" Sittengesetzes würde bei dem Grad der mit dieser Voraussetzung verbundenen dogmatischen Weitherzigkeit kein juristisches Hindernis dagegen bieten, etwa Flauberts Madame Bovary mehr als hundert Jahre nach ihrer gerichtlichen Exkulpierung im Mutterland unter dem Grundgesetz einstampfen und den Verleger jeder deutschen Ausgabe strafrechtlich belangen zu lassen. Das um so mehr, als sich schließlich einmal vorausgesetzt, die Grundrechte lassen sich so behandeln, wie es weite Teile der Lehre und Rechtsprechung noch immer tun — aus Art. 6 Abs. 1 GG zusätzlich besonderer Schutz für Ehe und Familie nachweisen und damit die verfassungsrechtliche Mißbilligung einer literarischen „Verherrlichung" des Gegen-Themas „ableiten" läßt. Daß Flauberts Meisterwerk unter dem Grundgesetz noch nicht eingezogen und eingestampft worden ist, darf indes weder an Flauberts Weltgeltung noch an der überragenden stilistischen und kompositorischen Qualität der Arbeit, weder an ihrem Alter noch an der praktischen Vernunft der Strafverfolgungsbehörden liegen. Es müßte daran liegen, daß Grundrechtsauffassungen und Grundrechtsbegrenzungstheorien, die diese Einstampfung zwanglos zu rechtfertigen vermögen, wenn man nur will, angesichts ihrer Gewaltsamkeit im Umfang mit dem Verfassungsgesetz nicht vertreten werden. Es genügt normativ nicht, Einschränkungen grundrechtlicher Garantien von einer Stärke, die nur durch ein Vorbehaltsgesetz zu rechtfertigen wäre, als „deklaratorisch" erzielte „immanente" Begrenzungen terminologisch zu verharmlosen, um so an den leidigen Formalien der positiv-rechtlichen Ausgestaltung der Freiheitsgarantien vorbeizukommen. Durch Leerformeln für begrenzt erklärte Grundrechte sind für tot erklärt. Wenn es das Sittengesetz sein soll, das im Sinn „der allgemeinen grundlegenden Anschauungen über die ethische Gebundenheit des einzelnen in der Gemeinschaft" alle Grundrechte zu begrenzen hat[101], dann sind die Freiheitsverbürgungen je nach der „Lage" mehr oder weniger law in the books. Wegen der Unbestimmtheit seines normativen Gehalts ist das „Sittengesetz" auch als nicht-normative Auslegungshilfe für die Begrenzung der Grundrechte wenig hilfreich. Das Denken von den Schranken des Grundrechts her nimmt sich den sachlich schwächsten Punkt einer Grundrechtsdogmatik zum Ansatzpunkt. Die größte Dichte sachlicher Kriterien ist in den Normbereichen der Grundrechte selbst gegeben. Primär von hier aus ist die inhalts- und grenzbestimmende Dogmatik der Freiheitsgarantien der Verfassung zu entwickeln.

Die Möglichkeit sachfremder, zweckfremder oder gar „hemmungsloser" Grundrechtsaktualisierung ist bei solchem Vorgehen wegen der Sachbegrenzung der Freiheitsgarantien nicht zu befürchten. Diese engt vom Geltungsgehalt der Verbürgung aus die als „frei" gewährleisteten Modalitäten auf das dem Grundrecht Sachspezifische ein. Zudem stellt

---

[101] Zu dieser Umschreibung vgl. BVerwGE 1.303.307.

Grundrechtsaktualisierung als Rechtsausübung nie von der Rechtsordnung frei. Grundrechtsausübung kann tatbestandlich alle Voraussetzungen zivil-, straf- und öffentlich-rechtlicher Vorschriften erfüllen. Seine — sachbegrenzte — Wirkung entfaltet das Grundrecht bei den sich anschließenden Fragen, ob bei dem betreffenden Typus der Normkollision, bei der (partiellen) Überschneidung der Normbereiche mit (partieller) Gegenläufigkeit der Normprogramme die Grundrechtsaktualisierung zum Anknüpfungspunkt für nachteilige Rechtsfolgen gemacht werden kann, ob die Sanktion direkt durch Eingriff in den Normbereich desselben Grundrechts oder mittelbar durch Eingriff in andere Rechtsstellungen des Grundrechtsträgers auf die Garantie zurückwirken darf und wie die Maßstäbe der Beurteilung angesichts der sachgeprägten Freiheitsgarantie über die sonst anwendbaren zivil-, straf- und öffentlich-rechtlichen Kriterien hinaus zu modifizieren sind. Die grundrechtlichen Vorbehalte wirken dabei als Legitimation für (wiederum normativ begrenzte) Rangangleichung zwischen den kollidierenden Grundrechts- und Gesetzesnormen und geben in diesem Umfang den Raum für das verhältnismäßig zuordnende Verfahren praktischer Konkordanz frei, soweit nicht Verfassung oder Vorbehaltsgesetz im Einzelfall durch Spezial- oder sonstige Vorzugsregel eine eindeutige Entscheidung getroffen haben.

### 5. *Dogmatische Differenzierungen*

Für all diese Fälle einschließlich der vielfach praktisch werdenden genaueren Unterscheidung von Kollisionen und Scheinkollisionen ist die Bereichsdogmatik des einzelnen Grundrechts, ist die dogmatische Abgrenzung von Zuständen, Organisationsformen und Verhaltensweisen grundlegend, die nicht mehr zu dem typischen oder typisch werden könnenden sachspezifisch geschützten Normbereich gehören und solchen, die dazu gehören. Diese Untersuchung hilft ferner, den „Kernbereich innerhalb des einzelnen Grundrechts“[102], also den Wesensgehalt, sowie „Zonen“ verschieden starken Schutzes innerhalb des Geltungsgehalts

---

[102] *Scheuner*, VVDStRL 22 (1965), 54 f., 55; ebd. zur dogmatischen Abgrenzung des sachspezifisch geschützten Bereichs zu den Fällen „außerhalb dieses Bereiches“ und zur Erarbeitung von Kollisionslösungen und einer begrenzten „Ranghierarchie“ unter den Grundrechten. Bei *Scheuner* wird der Akzent auf „wertende Bestimmung“ (54) gelegt, hier dagegen auf eine Wertungen möglichst zurückdrängende, sie aber weder leugnende noch ganz ausschaltende Dogmatik auf Grund der Strukturuntersuchung der (teils rechtserzeugten, teils eigengeprägten, von der Verfassung „vorgefundenen“) Normbereiche. — Vgl. auch *Rüfner* zur Differenzierung nach „Kernbereich“ und „Randbereichen“ als Zonen verschieden starken und gegenüber anderen Rechtsnormen verschieden wirksamen Schutzes innerhalb derselben Freiheitsgarantie unter Gesichtspunkten der Grundrechtskonkurrenz, Der Staat 1968, 41 ff., 60 f.

der Garantie herauszuarbeiten; genauer: verschiedene austauschbare bzw. nicht austauschbare Modalitäten der Grundrechtsausübung herauszustellen und differenzierte Fragestellungen zu entwickeln, unter denen die Frage der Drittwirkung oder das Problem, ob ein Grundrechts„eingriff“ vorliege oder nicht, detaillierter als bisher geprüft werden können. Als Beispiel für solche Differenzierung hat sich im Umkreis beider Fragenkomplexe die Aufgliederung nach: Anknüpfungspunkt — Maßstäblichkeit — Sanktion als fruchtbar herausgestellt. Die Aufgliederung in verschieden starke „Schutzzonen“ erweckt dagegen bei aller instrumentalen Brauchbarkeit „verräumlichender“ Begriffsabkürzungen und -umsetzungen den Eindruck, als sei die Geltungsmaterie eines Grundrechts normgeographisch beliebig aufteilbar. Sie ist aufteilbar, soweit das Grundgesetz das normiert. Das gilt für die Abgrenzung des Wesensgehalts wegen Art. 19 Abs. 2 GG wie auch für die Bereiche verschieden starken Schutzes, die das Bundesverfassungsgericht im Apotheken-Urteil festgehalten hat, wegen der Formulierung des Grundrechts der Berufsfreiheit. Ein ähnlicher Normaufbau ist noch bei andern Grundrechten positiviert, kann aber nicht verallgemeinert werden. Dagegen bietet die Entwicklung verschiedener differenzierender dogmatischer Gesichtspunkte der genannten Art keinen Anlaß zu Bedenken. Sie rationalisiert die Fragestellung, ohne normative Abstufungen apokryph zu unterschieben. Bei der Gruppe der nur scheinbaren Normkollisionen schließlich genügt das aus der Untersuchung des Normbereichs gewonnene Sachkriterium der Reichweite des Geltungsgehalts, ohne daß noch nach Anknüpfungsfähigkeit, Maßstäblichkeit und Sanktionierbarkeit zu fragen wäre. Der Bildhauer, der Holz für eine Plastik gestohlen hat, kollidiert in seinem Verhalten mit dem Strafrecht an einer Stelle, die nicht in den für „Kunst“ spezifischen Normbereich fällt. Der von Autor oder Regisseur geforderte Totschlag auf der Bühne ist wegen der Begrenzung des Art. 5 Abs. 3 Satz 1 durch Art. 2 Abs. 2 Satz 1 GG unzulässig.

### 6. *Scheinkollisionen*

All das läßt sich dogmatisch rationalisieren. Nicht aber kann man solche (Schein-)kollisionen dem Einzelfall überlassen, in dem sie „wertinterpretatorisch“[103] zu lösen seien. Ein Extrem der Vermischung grundrechtsindifferenter Betätigung mit Problemen der Grundrechtsbegrenzung erreicht das Reichsgericht, wenn es in einem Urteil aus dem Jahr 1927[104] die Bindung des die Kunstfreiheitsgarantie aktualisierenden Künstlers an die dem physischen Schutz der Mitmenschen dienenden

[103] So aber *Erbel*, 146, zum Verhältnis von Kunstfreiheit und Strafrecht.

[104] RG U. vom 28. 2. 1927; AZ: J 50/26 X 46/26; zitiert bei *Erbel*, 147.

Strafgesetze damit begründet, anderfalls „müßte man ... auch den Mörder nicht für strafbar erachten, der sein Opfer mit einer künstlerisch wertvollen Marmorbüste niederschlägt“. Auch in weniger eindeutigen Fällen entlastet die dogmatische Unterscheidung von Grundrechtsausübung und akzidentellen Umständen „bei Gelegenheit“ einer Grundrechtsausübung zahlreiche Rechtsfälle vor unangebrachter Vermengung mit Grundrechtsfragen. In einer Entscheidung zur sachlichen Reichweite des Grundrechts der Glaubensfreiheit[105] hat das Bundesverfassungsgericht diese dogmatische Abgrenzung mit Recht zum fallentscheidenden Faktor gemacht. Ebenso hat es sich in einem Beschluß zu Art. 4 Abs. 2 GG allein auf die Nichtzugehörigkeit des fraglichen Anknüpfungspunkts (hier für belastende Rechtsfolgen des Steuerrechts) zum Normbereich der Kultusfreiheit gestützt[106]. Wo die im Verhältnis der Spezialität, also einer eindeutigen formalen Vorzugsregelung zueinander stehenden Normprogramme der beteiligten Verfassungsvorschriften einen an sich zusammenhängenden Sachbereich zu verschiedenen Normbereichen zerschneiden, hat das Gericht zutreffend eine etwaige materiellrechtliche Problematik der Eingrenzung eines vorbehaltlos garantierten Grundrechts beiseite gelassen[107]. Zu Recht hebt es allein auf die Frage *formaler* Gleich- oder Ungleichrangigkeit ab. Ein Grundrecht von fundamentaler Bedeutung wie das der Gewissensfreiheit kann durch die Verfassung selbst begrenzt werden. Aktualisiert sich diese Begrenzungsmöglichkeit im Einzelfall durch (partielle) Kollision mit einer Verfassungsvorschrift, die — wie die Regelung der Ersatzdienstpflicht in Art. 12 Abs. 2 GG — für das Ganze der Verfassung materiell und verfassungstheoretisch durchaus nicht von gleichem Gewicht ist, so ist dennoch im Umfang der Kollision, der Überschneidung der beteiligten Vorschriften — allein dieser Sektor ist für die Rangfrage von Belang — nur nach einem etwaigen formalen Rangunterschied zu fragen, von dem allerdings unter Verfassungsnormen in solchem Zusammenhang „nicht die Rede sein kann“[108]. Andre Fälle, in denen es sich nur um Scheinkollisionen zwischen Verfassungsnormen handelt, sind dementsprechend ohne Rangdifferenzierung allein aus der Norm lösbar, die spezifisch den Fall regiert[109].Das war zum Beispiel auch dort fallentscheidend, wo störende Äußerungen bei der Arbeit in einem politischen Archiv als nicht

---

[105] BVerfGE 17.302.305. Vgl. a. BGHZ 33.145.

[106] BVerfGE 19.129.133. Die Frage dogmatischer Abgrenzung wäre auch in BVerfGE 12.1 ff. vorab zu stellen gewesen.

[107] BVerfGE 19.135.138 (Art. 4 Abs. 1 und 3, Art. 12 Abs. 2 Satz 4 GG); BVerfG JZ 1968, 521.

[108] BVerfGE 19.135.138 unter Hinweis auf BVerfGE 3.225; 231 f.; 12.45.52 f.

[109] Vgl. die Nachweise zu Fällen zweifelhafter Konkurrenzen bzw. Scheinkonkurrenzen zwischen Art. 5 Abs. 3 Satz 1 und Art. 14 GG bei *Berg*, 3; vgl. auch *Erbel*, 134 f., 165 f.; BVerwGE 2.172; OVG Münster, VerwRspr. Bd. 5, 468.

unter „Forschung" i. S. des Art. 5 Abs. 3 Satz 1 GG fallend gewertet wurden[110], wo politisches Handeln, das sich auf eine wissenschaftliche Theorie stützt, nicht mehr als zum Normbereich von Wissenschaft und damit nicht mehr unter die Garantie der Wissenschaftsfreiheit gehörig behandelt wird[111]. Es muß auch dahin verstanden werden, daß Wirtschaftsgütererwerbung am Straßenrand mittels Reklametafeln gattungstypisch nicht von der Kunstfreiheit geschützt wird und in bezug auf Art. 5 Abs. 3 Satz 1 GG keine Grundrechtsfragen aufwirft[112]. Es gilt auch für Begrenzungsversuche durch „systematische Gewährleistungsschranken"[113].

### 7. *Grundrechtskonkurrenzen*

Andrerseits wirkt der sachliche Geltungsgehalt auch in Fällen von Konkurrenzen nicht in Richtung der Grundrechtseinschränkungen, sondern in jener der grundrechtlichen Reichweite. Wird — worüber zu diskutieren wäre — das literarische Kabarett gattungstypisch zum Normbereich „Kunst" gezählt, dann ändern in solchen Darbietungen vorgetragene Stellungnahmen und Meinungsäußerungen nichts am Schutz durch Art. 5 Abs. 3 Satz 1 GG, soweit die grundsätzliche Reichweite der Garantie in Frage steht. Besser als von einer Grundrechtskonkurrenz, bei der es im Ergebnis auf das weniger einschränkbare Grundrecht ankommen soll[114], wird in solchen Fällen dogmatisch von der Spezialität des Grundrechts ausgegangen, zu dessen Normbereich die fragliche Anknüpfungshandlung gehört; das ist hier für Art. 5 Abs. 3 Satz 1 GG der Fall. Dasselbe gilt etwa für das Verhältnis von Art. 5 Abs. 3 Satz 1 GG zu Art. 12 Abs. 1 Satz 2 GG. Eine Ausstellung von Kunstwerken kann nicht unter Aspekten einer Berufsausübungsregelung verboten werden, weil und sofern sie gattungstypisch zum Schutzbereich der Kunstfreiheitsgarantie gehört. Der Bundesgerichtshof[115]

---

[110] BVerwG 18.34.38; vgl. auch *Köttgen*, GR II.311 Anm. 55.

[111] BVerfGE 5.85.146.

[112] VGH Kassel in: *Thiel*, Bd. 3.197.200 will Art. 5 Abs. 3 Satz 1 GG anwenden und durch „immanente" Beschränkung den Werbetafeln den Schutz der Garantie dann wieder nehmen. Vergleichbar BVerwGE 2.172.178 f., wo die zuvor grundsätzlich bejahte Schutzwirkung der Kunstfreiheitsgarantie unter Spezialitätsgesichtspunkten im Ergebnis wieder verneint wird. In beiden Fällen handelt es sich von Anfang an nicht um das Grundrecht des Art. 5 Abs. 3 Satz 1 GG; vgl. hierzu zutreffend *Berg*, 136 f.; s. a. ebd., 138 f.

[113] Hierzu *v. Mangoldt-Klein*, z. B. Anm. IV 1 d zu Art. 2 GG und Anm. X 6 b zu Art. 5 GG, wo gleichfalls der grundrechtliche Geltungsgehalt nicht vorab untersucht und sachlich abgegrenzt, sondern die Lösung von Grundrechtsfragen vorschnell von den Beschränkungsmöglichkeiten her gesucht wird.

[114] So *Berg*, 154 m. Nw.en.

[115] BGH NJW 1965, 983 f., 984; BGHSt 20.192.

spricht zu Recht bei der Öffentlichkeit zugänglichen Ausstellungen von Originalwerken (das Problem der Vervielfältigung stand nicht zur Debatte) von einem „dem Wesen des Kunstwerks entsprechenden ... Gebrauch". Gemeint ist das dogmatisch Richtige: Ausstellen von Gemälden im Original als gattungstypisch zum Normbereich „Kunst" gehörende und damit von Art. 5 Abs. 3 Satz 1 GG geschützte Verbreitungsform. Für die Freiheit der Glaubenswerbung und der Abwerbung von fremdem Glauben ist ihre Vermischung mit gesetzlich geregelten Ausbildungs- und Abhängigkeitsverhältnissen unter Anwendung gewisser Druckmittel im Rahmen dieser Verhältnisse eine vom Normbereich des Art. 4 Abs. 1 GG nicht mehr umfaßte Modalität der Missionierung. Sie wird infolgedessen vom Schutz der Freiheitsgarantie nicht mehr getragen[116]. Derselbe Grundgedanke gilt für die Unzulässigkeit religiöser Beeinflussung durch den nicht sorgeberechtigten geschiedenen Ehegatten insofern, als sich dieser während der Zeit des ihm gerichtlich zuerkannten Verkehrs mit dem Kind staatlich überlassener Autorität bedient[117]. Das Sachspezifische des Normbereichs wird zunächst von den typischen Ausübungsformen und Zustandsformen ausgehen können[118].

### 8. *Normbereich und Typus*

Dabei sind die „typischen Erscheinungsformen", die „Normalformen" der Grundrechtsausübung nicht so zu verstehen und zu begründen, als hätten sie dem Verfassunggeber „vorschweben" müssen[119]. Sie sind auch nicht durch Recherchen darüber zu ermitteln, was sonst dem Verfassungsgeber vorgeschwebt haben mag. Es kommt allein auf den durch rationale Interpretation herauszuarbeitenden objektiven Normgehalt an. Das verweist in erster Linie auf die strukturellen Eigentümlichkeiten und Merkmale des Normbereichs. Innerhalb dessen sind „typische" Formen der Grundrechtsausübung zunächst am leichtesten zu erkennen. Doch darf sich das „Typische" an ihnen nicht auf das Konventionelle, Übliche einengen lassen. Die Freiheitsgarantie läßt es — je nach Formulierung des Normprogramms auf verschieden weitgehende Art — den Grundrechtsberechtigten *frei*, wie sie die Garantie inhaltlich verwirklichen wollen. Mit der hier gesuchten Abgrenzung ist allerdings kein Unwert- und auch kein „Mißbrauchs"-Urteil verbunden. Es ist nur zu ermitteln, wie weit sich die Reichweite der Freiheitsverbürgung sachlich erstreckt. Für diese Prüfung leistet die Differenzierung und

---

116 BVerwG ZevKR 10 (1963/64), 207 ff., v. a. 209, 210 = BVerwGE 15.134 ff.

117 BayObLG KirchE 5.300; hierzu auch *Scheuner*, DÖV 1967, 585, 586.

118 Vgl. auch *Rüfner*, Der Staat 1968, 41 ff., 55; *Berg*, z. B. 83 f., 94; *Erbel*, 128 ff.

119 So aber *Erbel*, 128.

Aufgliederung der vom Normbereich umschlossenen Möglichkeiten nach typischen Handlungs- und Gestaltungsformen wertvolle Dienste. Gleichwohl läßt es die grundrechtliche Freiheitsgewähr nicht zu, den Umfang des Normbereichs auf das Typische allein im Sinn des Üblichen, Herkömmlichen einzuengen. Gerade auch das A-Typische, Individuelle, das Neue, das Spontane können sachspezifisch geschützt sein. Das Typische gibt wertvolle Hinweise für den Umfang des Normbereichs, aber nicht mehr als das. Entscheidend bleibt die Herausarbeitung des für den sachgeprägten Normbereich *strukturell* Notwendigen, Wesentlichen; dessen, worumwillen nach historischer Erfahrung, politischer Überzeugung und rechtlicher Einsicht das Grundrecht gewährleistet worden ist. Das strukturell „Typische" meint nicht nur die statistischen Durchschnittswerte und -gestaltungen, sondern darüber hinaus das vom Sachlichen her in Typen faßbare „Normative", das von den Lebensäußerungen des Normbereichs selbst ohne rechtliche Bewertung stabilisiert und tradiert worden ist oder das — als neue Gestaltung — von der garantierten Sache her anscheinend die Gewähr bietet, selber stabilisierend und traditionsbildend wirken zu können.

Mehr wird sich auf der Abstraktionshöhe, die von der Notwendigkeit einer ersten Grundlegung dieser Sicht der Grundrechte veranlaßt ist, zur Rolle des Typischen bei der Erfassung von Gehalt und sachlicher Begrenzung der Normbereiche zunächst nicht sagen lassen. Das auf nicht solche Art differenzierte und relativierte „Typische" allein[120] läuft Gefahr, das Grundrecht von der Faktizität her voreilig zu fixieren. Das wäre ein Rückgriff auf den Sachbereich, nicht auf den Normbereich des Grundrechts. Der Sachbereich mag in manchen Bezirken traditionell verkrustet, konventionell erstarrt sein. Der Normbereich, der in Vermittlung des Sachbereichs mit dem „Freiheit" garantierenden Normprogramm des Grundrechts zu klären ist, läßt dank der Verfassungsgarantie die Möglichkeiten des Neuen offen. Daß das Spezifische und das Herkömmliche auf der einen, das Exzentrische und das Nicht-Spezifische, also nicht mehr Geschützte auf der anderen Seite häufig ineins fallen, ist wieder eine andere Frage. Das Malen auf der Kreuzung ist für künstlerisches Schaffen strukturell nicht notwendig. Es ist insoweit nicht sachbedingt, sondern stellt nur eine Modalität bei Gelegenheit der Grundrechtsausübung dar[121]. Das Verbot, auf der Straßen-

---

[120] Wie es etwa bei *Rüfner*, ebd. (Anm. 118), 55; *Erbel*, ebd., gestreift wird.

[121] Daß der Maler sein Objekt nur zu dieser Zeit (Verkehrszeit) und nur exakt an dieser Stelle (nicht etwa an einer annehmbaren Stelle neben der Fahrbahn und so fort) malen „könne", weil ihn die künstlerische Nötigung zwanghaft auf ein solches Tun hin nötige, wird nicht leichter belegbar sein als die zur wörtlichen Auffassung der Shakespeare-Rolle des Shylock oder zum von Autor und Regisseur befohlenen „Mord auf der Szene" erörterte Voraussetzung. Der Fall kann für die Grundlinien der dogmatischen Lösung

kreuzung zu malen, verkürzt nichts grundrechtlich spezifisch Garantiertes. Damit ist die Frage des Geltungsgehalts für diesen Fall einer Scheinkollision erledigt. „Typisch“ im Sinn des Üblichen, Herkömmlichen, ist die Wahl eines derartigen Standorts für den plein-air-Maler ohnehin nicht. Auch die Freiheit der Religionsausübung, die Versammlungsfreiheit, die Redefreiheit müssen nicht um der durch sie garantierten Sache willen auf der befahrenen Straßenkreuzung aktualisiert werden. Auch für sie handelt es sich nur scheinbar um Kollisionen von Rechtsnormen mit einem Grundrecht. Um wesentlich realisiert werden zu können, um nach der Struktur dessen, worumwillen sie verbürgt sind, Wirklichkeit gewinnen zu können, sind sie auf die Modalität „auf der Straßenkreuzung“ weder beschränkt noch angewiesen. Spezifisch ist eine Ausübungsform dann, wenn ihr nicht nachweisbar der sachliche Zusammenhang mit der (zuvor dogmatisch zu entwickelnden) Struktur des grundrechtlichen Normbereichs fehlt.

### 9. *Konventionelle und strukturelle Typizität*

Dabei ist nicht nur, von Grundrecht zu Grundrecht wechselnd, die jeweilige Sachstruktur ohne vorschnelle Verallgemeinerung im Blick zu behalten, sondern auch auf die verschiedenen „Schutzzonen“, die hier besser sogenannten verschiedenen Fragestellungen „innerhalb“ des Geltungsgehalts des einzelnen Grundrechts zu achten. Ein Umzug aus Gründen politischer Demonstration kann sich seinen Weg durch die belebte Innenstadt nicht im Sinn eines subjektiv-öffentlichen Rechts auf eigenmächtige Bestimmung der Route „autonom“ wählen. Andrerseits wäre die Freiheitsgarantie schon vom Normbereich — „politische“, also: resonanz- und diskussionsbezogene und -angewiesene Meinungskundgabe — her in unzulässiger Weise unterlaufen, wenn der Demonstration durch die Behörde allein friedliche Waldgebiete, nur vom fließenden Verkehr benutzte Ausfalls- und Umgehungsstraßen oder menschenleere Vorortgebiete angewiesen würden. Der freigegebene und im Sinn eines grundrechtlichen Anspruchs auch zu fordernde Weg muß hinreichende Resonanzchancen aufweisen. Im Spielraum, der sich damit innerhalb des Normbereichs eines Rechts auf Versammlung unter freiem Himmel, auf Umzug, Demonstration und politische Meinungsäußerung auftut, wird in der Praxis immer eine Mehrzahl von gleichwertig austauschbaren Variationsmöglichkeiten gegeben sein.

Der nach dem oben genannten Beispiel in der Formulierung des Bundesgerichtshofs „dem Wesen der Kunst entsprechende Gebrauch“ des

als konstruierter Extremfall auf sich beruhen. Im übrigen sind gerade solche Fälle, wie gesagt, in der Regel unter dem Gesichtspunkt der wechselseitigen Begrenzung von (formal gleichrangigen) Verfassungsnormen lösbar. Vgl. II Anm. 31.

Grundrechts durch eine Gemäldeausstellung ist „typisch“ sowohl im Sinn des Herkömmlichen als auch im strukturellen Sinn, der für Art. 5 Abs. 3 Satz 1 GG einen Bezirk des Schaffens und daneben die Möglichkeit öffentlicher Verbreitung, einen Bezirk der Kommunikation unterscheiden läßt. Weniger im Sinn der Pauschalierung verschieden intensiv garantierter „Schutzzonen“ „innerhalb“ der Grundrechtsverbürgung als wiederum gemäß der Unterscheidung verschiedener Normaspekte kann hier — ebenso wie in der Wissenschaft — größere Austauschbarkeit bei den Kommunikationstypen als bei den Produktionstypen unterschieden werden. Wird dem Wissenschaftler vorgeschrieben, *was* er zu arbeiten habe, *wie* er methodisch vorzugehen habe und so fort, ist es mit der Freiheit der Wissenschaft zu Ende. Verbietet man ihm, seine Ergebnisse durch Thesenanschlag an öffentlichen Gebäuden oder mit öffentlich montiertem Lautsprecher zu verbreiten, ist damit eine für Art. 5 Abs. 3 Satz 1 GG „typische“ Kommunikationsform im Sinn der Herkömmlichen sicher nicht getroffen. Dasselbe gilt aber im Ergebnis auch vom „Typischen“ im darüber hinaus entwickelten Sinn. Die Möglichkeit einer Publikation in üblichen Bahnen ist von der Sache der „Wissenschaft“ her dieser individuell gewählten zumindest nicht unterlegen. Es genügt, daß gleichwertige, austauschbare und insofern zwar in ihrem Nebeneinander, nicht aber in ihrem „So-und-nicht-anders“ spezifische Möglichkeiten aus dem Normbereich offen bleiben. Ist das der Fall, dann ist — hier für den Kommunikationssektor — Spezifisches nicht eingeschränkt, solange nicht praktische Gründe des Einzelfalls belegen, daß de facto nur die verbotene Möglichkeit der Grundrechtsaktualisierung bestanden hätte. In der Regel wird sich ergeben, daß bei Freiheiten wie denen von Kunst und Wissenschaft, Forschung und Lehre, Glauben, Gewissen, Bekenntnis und Religionsausübung die „individuellen“, kreativen, überzeugungsproduktiven, den Gehalt der Grundrechtsausübung formenden Bezirke der Normbereiche einer individuellen Ausprägung im Rahmen der insoweit nur minimal fixierbaren Garantie gerade wegen der Freiheitsverbürgung der Normprogramme maximal offen stehen; daß dagegen in den Kommunikationsbezirken das „Typische“ mehr im Sinn des Üblichen in den Vordergrund tritt, ohne daß damit Neues und Spontanes ausgeschlossen wäre. Der demontierte Bauzaun ist gattungstypisch noch nicht „Kunst“ im Sinn des grundrechtlichen Anknüpfungsbegriffs. Wird er in einer Ausstellung als Werk des Dadaismus, der Pop-Art, im Sinn eines objet trouvé oder eines ready-made präsentiert, gibt er sich mit der Wirkung grundsätzlichen Grundrechtsschutzes (womit aber die auftauchenden Rechtsfragen noch nicht präjudiziert sind) gattungstypisch als objet trouvé, als ready-made, als Werk der Pop-Art und so weiter zu erkennen. Das verdeutlichende Kriterium liegt hier so gut wie ausschließlich im Gattungstyp der Darbietung, im Kommunikationstyp. Wäre auch dieser unkonventionell, müßte bei solcher Lage des Falls der Schutz der Kunstfreiheit mangels hinreichender verfassungsrechtlicher Ansatzpunkte versagt werden. Dem Künstler kann nicht vorgeschrieben werden, wie allein er sein Werk verbreiten dürfe. Aber umgekehrt hat er im Maß der Austauschbarkeit der Kommunikationsmöglichkeiten keinen Anspruch gerade auf eine bestimmte Verbreitungsart im besonderen. Ferner kann bei Häufung unüblicher Schaffens- und Verbreitungsarten die Grundrechtsgarantie verwehrt werden, weil der grundrechtliche Normbereich methodisch und dogmatisch nicht bis zur Unkenntlichkeit und juristischen Unbrauchbarkeit überbeansprucht werden kann.

Eine andre, weil dem Geflecht austauschbarer, nebeneinander gleichwertiger Möglichkeiten nicht zuzurechnende Frage ist, daß dem Künstler nicht von Staats wegen vorgeschrieben werden darf, wie er zu seinem Werk kommt; daß also etwa das Produzieren eines ready-made allein im Weg der Benennung, der Präsentation, des Postulats nicht aus dem Normbereich des Art. 5 Abs. 3 Satz 1 GG ausgeschlossen werden darf; dies ebensowenig wie das Schaffen aleatorischer oder konkreter Musik- und Sprachwerke. Diese Wahl der Kreationsart ist nicht vertretbar und gehört sogar zum „Kernbereich", zum Wesensgehalt der Freiheitsgarantie. Wiederum eine andere Frage ist, wie gesagt, die Strafbarkeit des Pop-Artist wegen Diebstahls seines objet-„trouvé". Die Modalität des Diebstahls ist nicht mehr sachspezifisch; ebensowenig wie beim Diebstahl des Holzes für eine „seriös" durch Schnitzen oder Holzbildhauern zu schaffende Plastik.

In andern Fällen schneiden die rechtserzeugten Normbereichsteile Möglichkeiten, die an sich in den Sachbereichen vorkommen, normativ ab. So braucht die Unzulässigkeit der Polygamie aus Art. 6 Abs. 1 GG trotz dessen vorbehaltloser Gewährleistung durchaus nicht mit allgemeinen ethischen Nichtstörungsschranken als materiellen Begrenzungen aller Grundrechte begründet zu werden[122]. Eine „hemmungslose und willkürliche Grundrechtsausübung" in dieser Richtung wird schon dadurch ausgeschlossen, daß Art. 6 Abs. 1 GG nach der rechtlichen Geformtheit seines Normbereichs in der Rezeption durch das Grundgesetz nur die Einrichtung der monogamen Ehe und im Sinn der subjektivrechtlichen Komponenten des Grundrechts nur das Eingehen einer solchen schützt.

---

[122] Wie das *Dürig* versucht, *Maunz-Dürig*, Rdnr. 72, 74 zu Art. 2 Abs. 1 GG. Wie hier auch *Copić*, 35. Bei Dürig ebd., Rdnr. 72, die folgend zitierte Wendung.

*Dritter Teil*

# Die Positivität der Grundrechte in der Judikatur des Bundesverfassungsgerichts

## I. Grundlinien seit der Mephisto-Entscheidung

Die „Positivität" der Grundrechte ist hier „im Sinn der Verläßlichkeit und praktischen Ergiebigkeit ihrer Normierung"[1] zum Thema gemacht. Das heißt zunächst – nochmals ausdrücklich festgehalten durch Art. 1 Abs. 3 GG –, daß sie nicht rechtspolitische Programmsätze darstellen, sondern positivierte im Sinn von: verbindliche Rechtsgarantien. Das verweist unmittelbar auf ihre Normtexte, auf rechtsstaatliche Standards der methodischen Textbehandlung und im ganzen auf die *Textstruktur* des demokratischen Rechtsstaats in der Formung durch das Grundgesetz[2]. Eine der dogmatischen Folgerungen, die das Bundesverfassungsgericht in und seit der Mephisto-Entscheidung[3] zu Recht hieraus zieht, besteht darin, angesichts der Textstrenge des Grundgesetzes auch bei der Formulierung grundrechtlicher Garantien und ihrer jeweiligen Grenzen nicht Verfassungs- bzw. Gesetzesvorbehalte der einen Gewährleistung auf andere zu übertragen.

„Positivität" heißt weiter, Grundrechte seien nicht (außer Art. 3 Abs. 1 GG) generalklauselartige Vorschriften, sondern im Gegenteil positive im Sinn von: inhaltlich klar geprägte Einzelgarantien, von der Eigenart ihrer *Normbereiche* her sogar besonders dicht gefügt und reich an Konkretisierungshilfen (Normbereichselementen). Dem entsprechend entwickelt die hier vorgeschlagene *Bereichsdogmatik* auf der Basis des Verständnisses der Rechtsnorm als sachgeprägtes Ordnungsmodell nicht nur in Text und Systematik,

---

[1] Oben, Vorwort.

[2] Zu diesem Konzept *F. Müller,* Strukturierende Rechtslehre, 435 f.; *ders.,* Juristische Methodik, 3. Aufl., 138 ff.; ders., in: Untersuchungen zur Rechtslinguistik (Hrsg.), 205 f., 214 f.

[3] BVerfGE 30, 173 ff., v. a. 191 ff. – *Positivität* in diesem Sinn des Ernstnehmens der Vertextung von Grundrechten und der Wichtigkeit aller einzelnen Textkomponenten versuchte ich 1987 mit dem Unternehmen praktisch einzulösen, nach Aufforderung einen Menschenrechtskatalog für die neue brasilianische Bundesverfassung auszuarbeiten. Dies scheiterte schließlich an politischen Hindernissen (Widerstand der Latifundieneigner, Spaltung der präsidentiellen Fraktion). – Inzwischen wurde ein Teil des Entwurfs – die Formulierung von Gruppengrundrechten – aufgegriffen von juristischen Gremien der Bevölkerungsmehrheit für die Ausarbeitung einer neuen Verfassung der Republik Südafrika; vgl. *L. C. Blaauw,* South African Public Law, 1988, 232 ff., 242 f.; *dies.,* The Constitutional Tenability of Group Rights, 1988, 395 ff.

sondern eben auch im jeweiligen Normbereich abgestützte differenzierte dogmatische Strategien. Auch hier ist es die Mephisto-Entscheidung[4], die unter dem Aspekt der Reflektiertheit richterlichen Handelns und Begründens eine entscheidende Wende der Grundrechtsjudikatur gebracht hat. Die Ausdrücklichkeit der Anlehnung an das normstrukturierende Konzept hat seitdem, so in der vierten und der fünften Rundfunkentscheidung, zugenommen.

In den beiden bisher genannten Perspektiven geht es um freiheitsrechtliche Garantien, genauer gesagt um deren staatsabwehrende Komponenten. „Positivität" der Grundrechte bezieht sich aber auch auf ihre, mit allen Konkretisierungsfaktoren im Einzelfall zu ermittelnde, praktische *Funktion.* Sie hindert ein in der Diskussion des Öffentlichen Rechts zum Teil empfohlenes Vorhaben, Grundrechte mehr oder weniger allgemein in Leistungsansprüche umzuinterpretieren. Auch hier ist die höchstrichterliche Spruchpraxis[5] dem Konzept grundrechtlicher Positivität gefolgt.

*Teil 1* dieses Buchs zeigte, durch welche Lehren und Praktiken Positivität im anspruchsvollen Sinn des grundgesetzlichen demokratischen Rechtsstaats verfehlt wird; *Teil 2*, wie dieses Konzept hier im einzelnen entfaltet sowie verfassungstheoretisch, normtheoretisch und dogmatisch begründet ist[6].

*Teil 3* dokumentiert nun seither aktuell gewordene Beispiele eines möglichen Sich-Auswirkens der Forderungen nach rationaler Konkretisierung, Normbereichsanalyse und Bereichsdogmatik in Grundrechtsfällen auf die Spruchpraxis des Bundesverfassungsgerichts seit dem Beschluß vom 24. Februar 1971 in Sachen „Mephisto". In Vorbereitung dieser Entscheidung

---

[4] BVerfGE 30, 173ff., bes. 188ff. – Die vierte Rundfunkentscheidung findet sich in BVerfGE 73, 118ff., 154; die fünfte in BVerfGE 74, 297ff., 350.

[5] Vgl. das Finanzhilfe-Urteil vom 8. 4. 1987, BVerfGE 75, 40ff. im Anschluß an *F. Müller,* Das Recht der Freien Schule nach dem Grundgesetz, und an *dens., B. Pieroth, L. Fohmann,* Leistungsrechte im Normbereich einer Freiheitsgarantie.

[6] Zur weiteren Ausarbeitung der oben entwickelten *dogmatischen* Position vgl. die Nachweise im Vorwort zur 2. Auflage, Anm.en 1 bis 4. – Zur fortentwickelten Terminologie in *methodologischer* und *rechts(norm)theoretischer* Hinsicht vgl. die Begriffserläuterungen bei *F. Müller,* Juristische Methodik, 3. Aufl. 1989, 24ff., 270ff., die den obenstehenden Text vor allem zu „Rechtsnorm", „Entscheidungsnorm", „Hermeneutik", „Geltung" und „Normativität" betreffen. Die dogmatischen Aussagen von Teil 1 und 2 der vorliegenden Schrift werden dadurch nicht verändert. –

Eine Neuformulierung ist allerdings für zwei Aussagen nötig: Oben S. 48, Zeilen 19 bis 22 besteht die „Struktur aller Rechtsauslegung und Rechtsanwendung" nach jetziger Ausdrucksweise in konkretisierender *Konstruktion* der sachgeprägten allgemeinen Rechtsnorm aus Normprogramm und Normbereich im Ausgang von Rechtsfall und Normtext und in ihrer abschließenden Individualisierung zur Entscheidungsnorm. – Und: Oben S. 63, Zeilen 17 bis 19 ist der „Schlüssel zur Rationalisierung" nach jetziger Begrifflichkeit in einer methodisch (einschließlich sozial- und sprachwissenschaftlich) reflektierten *Rechtserzeugung* aus Normprogramm und Normbereich in Bindung an Normtexte und an die Standards einer demokratisch verpflichteten rechtsstaatlichen Arbeitsweise zu suchen.

waren „Freiheit der Kunst als Problem der Grundrechtsdogmatik“ sowie Teil 1 und 2 der vorliegenden Studie geschrieben worden.

## II. Rechtsprechung zu einzelnen Garantien

### *1. Art. 1 GG*

Im Urteil des Ersten Senats zur lebenslangen Freiheitsstrafe[7] wird zunächst das Normprogramm des Art. 1 Abs. 1 S. 1 GG entwickelt. Anschließend entfaltet das Gericht anhand der vorgelegten Gutachten die Auswirkungen der lebenslangen Freiheitsstrafe auf die Persönlichkeit von Gefangenen. Diese Realdaten gehören jedenfalls zum Sachbereich des Menschenwürde-Grundrechts. Soweit diese Folgen mit der Würde des Menschen nach Art. 1 Abs. 1 GG nicht vereinbar erscheinen, bleibt es bei ihrer Qualität als Sachbereichsfaktoren. Die Normbereichselemente der Menschenwürde im lebenslangen Strafvollzug entwickelt der Senat dagegen in Gestalt von rechtserzeugten bzw. durch das Recht noch zu erzeugenden Faktoren (gesetzliche Regelungen der Voraussetzung, unter denen die Vollstreckung einer lebenslangen Freiheitsstrafe ausgesetzt werden kann)[8].

Die Folgen des Freiheitsentzugs sind anders zu qualifizieren, wenn man sie an einem anderen Normprogramm mißt; dies ist hier unterhalb des Verfassungsrechts vor allem das des § 211 Abs. 1 StGB. Sie sind mit dem Normprogramm der strafrechtlichen Vorschrift vereinbar und – je nach Lage des Falls – für deren Konkretisierung auch erheblich. Als *Normbereichs*elemente der *gesetzlichen* Vorschrift unterliegen sie der Beurteilung am Maßstab der Menschenwürde des Art. 1 Abs. 1 GG als einer Norm, die aus (rechtsstaatlichen) Gründen des positiven Rechts einen höheren Rang hat. Die gleichzeitige Bewertung der Folgen des Freiheitsentzugs als *Sachbereichs*elemente des Menschenwürde-*Grundrechts* in einem Fall wie dem vorliegenden wird davon nicht berührt.

### *2. Art. 3 GG*

Die Unterscheidung von Fakten aus dem Sach- bzw. dem Normbereich im Beschluß des Bundesverfassungsgerichts zur Staatsangehörigkeit[9] erscheint

---

[7] BVerGE 45, 187, 227ff., 229ff.

[8] Ebd., 187 (Leitsatz 3), 242ff. Die in Leitsatz 3 des Urteils eingenommene *dogmatische* Linie stimmt mit dem in „Thesen zur Grundrechtsdogmatik“ skizzierten Ansatz überein. Dabei geht es aber nicht um eine Wirkung auf die Judikatur: Der gleichnamige Aufsatz aus dem Jahr 1968 wurde erst 1977 veröffentlicht; das Urteil des Ersten Senats erging am 21. 6. 1977. – Vgl. *F. Müller,* Rechtsstaatliche Form – Demokratische Politik, 48ff., 57f. – Zu den Begriffen *„Normprogramm“, „Sachbereich“, „Normbereich“* siehe *dens.,* Juristische Methodik, z.B. 27, 47ff., 141ff.; 45ff., 171ff.; 143f., 147ff., 277ff.

schwierig. Die umfangreichen Erhebungen des Senats zur tatsächlichen Lage gemischt-nationaler Familien sind hier vom Normprogramm des Art. 3 Abs. 2 GG aus zu beurteilen. Jedenfalls zum Sachbereich gehören Daten wie die soziale, politische und unterverfassungsrechtliche Stellung der Frau, die physischen und psychischen Gleichheiten bzw. Ungleichheiten von Frau und Mann, wie die Bedeutung der Elternrolle, die rechtsvergleichend ermittelten Gemeinsamkeiten und Unterschiede der Regelungen in verschiedenen Ländern sowie nicht zuletzt der „Wandel der Stellung der Frau in Familie, Gesellschaft und Staat“[10].

Will man nun das Normprogramm des speziellen Gleichheitssatzes aus Art. 3 Abs. 2 GG so verstehen, daß Differenzierungen allein nach dem Geschlecht nur dort zulässig werden, wo sie ganz zwangsläufig sind, so gehören nur schlechthin zwingende Ungleichheiten zwischen Mann und Frau zum Normbereich des Art. 3 Abs. 2 GG. Allein der biologische Geschlechtsunterschied als solcher erscheint als normatives Realdatum, als Element des Normbereichs. Die ausgedehnten Untersuchungen des Senats zu Faktoren der gesellschaftlichen Wirklichkeit, vor allem zur Elternrolle als einem mit dem biologischen Geschlechtsunterschied nicht identischen sozialen Faktor, führen dann nur zu Sachbereichs-, nicht zu Normbereichselementen. Hält man dagegen mit der Rechtsprechung des Bundesverfassungsgerichts[11] differenzierende Regelungen schon dann für zulässig, „wenn die sich aus dem Geschlecht ergebenden biologischen und funktionalen (arbeitsteiligen) Unterschiede den zu ordnenden Lebenstatbestand so entscheidend prägen, daß gemeinsame Elemente überhaupt nicht zu erkennen sind oder zumindest vergleichbare Elemente vollkommen zurücktreten“, so hält sich die Justiz einen etwas größeren Spielraum für das Normprogramm, folglich auch für den Umfang der Normbereichselemente offen. Im vorliegenden Fall engt das Gericht den Spielraum allerdings zu Recht so weit ein, daß es zum Ergebnis einer unzulässigen Ungleichbehandlung gelangt.

### *3. Art. 5 Abs. 1 S. 2 GG - Rundfunkfreiheit*

Für einen sachlich abgegrenzten Teil des Normbereichs der Meinungsfreiheit, für die Veranstaltung von Rundfunkdarbietungen, hat das Bundesverfassungsgericht im Fernseh-Urteil vom 28. Februar 1961 aufgrund sorgfältiger struktureller Überlegungen grundlegende Richtlinien für die Rundfunkorganisation formuliert. Die Argumentation setzt bei einem Vergleich

---

[9] BVerfGE 37, 217ff., 220, 222ff., 240ff. (rechtserzeugte und nicht rechtserzeugte Realdaten).

[10] Ebd., 220.

[11] BVerfGE 3, 225, 242; 6, 389, 422f. (Homosexualität); 17, 1ff., 17ff. (Witwen- und Waisenrente); sowie das hier untersuchte Judikat E 37, 217ff., 249.

mit der Pressefreiheit an. Als Garantie der institutionellen Eigenständigkeit der Presse schließt diese eine staatliche Reglementierung oder Steuerung aus. Die Parallele zum Rundfunk wird mit dessen Stellung als unentbehrlichem Massenkommunikationsmittel begründet. Im Anschluß an diese institutionellen Gemeinsamkeiten arbeitet das Gericht die Besonderheiten heraus, welche Rundfunk und Presse voneinander unterscheiden. Dieser Argumentationsweg macht folgende implizite Voraussetzungen deutlich: Das Normprogramm des Art. 5 GG legt als Ziel die Gewährleistung der Kommunikationsfreiheit fest. Der Weg, der beschritten werden muß, um dieses Ziel zu erreichen, hängt dagegen von der spezifischen Ausprägung des in Frage stehenden Sachbereichs ab. Ein Schluß vom gleichen Ziel auf den gleichen Weg ist nicht möglich. Folglich wird die Normativität der grundrechtlichen Gewährleistung von den sachlichen Gegebenheiten mitkonstituiert, ist ohne sie gar nicht zu bestimmen.

Die vom Bundesverfassungsgericht hier durchgeführte Normbereichsanalyse knüpft zunächst am technischen Rundfunkbegriff an. Im Hinblick auf die Knappheit der Frequenzbänder für den drahtlosen Empfang und den ungewöhnlich großen finanziellen Aufwand für die Errichtung und Betreibung entsprechender Anlagen kann die Zahl der Rundfunkanstalten nicht sehr groß sein. Der von der Pressefreiheit geschützte Sozialbereich weist zwar ebenfalls hohe finanzielle Zugangsvoraussetzungen auf, ist aber doch durch eine vergleichsweise große Zahl von konkurrierenden Presseunternehmen gekennzeichnet. Die relative Vielfalt der Presse im Verhältnis zu der durch technische Bedingungen erschwerten Marktzutrittschance im Bereich des Rundfunks konturiert den für die weitere Konkretisierung des Normprogramms heranzuziehenden Sozialbereich: „Diese Sondersituation im Bereich des Rundfunkwesens fordert besondere Vorkehrungen zur Verwirklichung und Aufrechterhaltung der in Art. 5 GG gewährleisteten Freiheit des Rundfunks“[12].

Auch die für die Rundfunkfreiheit erforderlichen Sondermaßnahmen werden vom Gericht im Weg einer Normbereichsanalyse entwickelt. Ausgangspunkt ist dabei das zum damaligen Zeitpunkt die Rundfunkorganisation prägende Prinzip öffentlich-rechtlicher Anstalten. Dieses wird vom Gericht als eine mögliche Form der Gewährleistung der Freiheit des Rundfunks erst nach einer Untersuchung seiner wesentlichen Merkmale gebilligt. Fünf dieser Eigenschaften werden vom Gericht aus der tatsächlichen Ausgestaltung der öffentlich-rechtlichen Rundfunkorganisation besonders hervorgehoben: Der Veranstalter ist Person des öffentlichen Rechts; durch Gesetz geschaffen; einer beschränkten staatlichen Rechtsaufsicht unterworfen; es existieren Kollegialorgane, die eine gewisse Kontrolle ausüben und

---

12 BVerfGE 12, 205ff., 261.

gesellschaftliche Gruppen repräsentieren, und diese Gremien überwachen die gleichgewichtige Repräsentanz der gesellschaftlichen Gruppen.

In der Literatur wurde das Vorgehen des Gerichts folgendermaßen beschrieben: „Methodisch geht das Gericht hier so vor, daß es aus der tatsächlichen Regelung der Organisation ein Prinzip des öffentlich-rechtlichen Rundfunks ableitet, das durch fünf Faktoren geprägt wird. Die Richter entwerfen nicht selbst ein theoretisches Modell, sondern untersuchen die Wirklichkeit und zeigen in dieser Wirklichkeit eine Struktur auf“[13]. Wenn man weiterhin berücksichtigt, daß das Gericht vor der Untersuchung der Wirklichkeit und der Frage nach deren Struktur die Fragestellung vom Normprogramm her formuliert, wird deutlich, daß das Gericht hier der Sache nach eine Normbereichsanalyse durchführt und mit Hilfe dieses Instruments den normativen Inhalt des Art. 5 GG bestimmt[14].

Das 3. Fernseh-Urteil vom 20. Mai 1976 vertieft den Ansatz zur Normbereichsanalyse. Jetzt tritt das Zusammenspiel von technischem Rundfunkbegriff, der an der Knappheit der Sendefrequenzen ansetzt und für die Grundrechtsträgerschaft von zentraler Bedeutung ist, und kulturellem Rundfunkbegriff stärker hervor.

Das Gericht stellt fest, daß auch unabhängig von der technisch und finanziell bedingten Knappheit der Gesetzgeber für die Gewährleistung der Rundfunkfreiheit Vorsorge tragen müsse: „Auch bei einem Fortfall der bisherigen Beschränkungen könnte nicht mit hinreichender Sicherheit erwartet werden, daß das Programmangebot in seiner Gesamtheit kraft der Eigen-

---

[13] *Wieland,* Die Freiheit des Rundfunks, 22.

[14] Dazu etwa auch *L. Schneider,* Der Schutz des Wesensgehalts von Grundrechten nach Art. 19 Abs. 2 GG, 273f., der anhand einer Untersuchung zu Art. 19 Abs. 2 GG den Versuch unternimmt, den „Wesensgehalt von Grundrechten aus dem jeweils grundrechtlich geschützten Normbereich herauszuarbeiten, wobei sowohl die unterschiedlichen Strukturen menschlicher Freiheit als auch die Besonderheiten der grundrechtlichen Normprogramme zu beachten sind. Der Wesensgehalt kann für eine Reihe von Freiheitsrechten mit konzentrischem Aufbau durch Normbereichsanalyse ... bestimmt werden“. – Eine sorgfältige Durchführung einer Normbereichsanalyse im Bereich von Art. 4 GG (Gewissensfreiheit) bei *Klier,* Gewissensfreiheit und Psychologie, 26ff., 146f., 158f., 170ff., 208f. – Anders als hier verwendet *G. Hoffmann,* Berufsfreiheit als Grundrecht der Arbeit, 9, den Begriff „Normbereich“, den er definiert „als rechtliches Regelungsprogramm und zugleich als darauf bezogenen Ausschnitt gesellschaftlicher Wirklichkeit“. Ein Ineinssetzen von Normprogramm und Normbereich hält *Hoffmann,* ebd., für „sachgerechter“, da „der semantische Gehalt eines Normelementes ... ohne den faktischen Kontext der Normanwendung nicht zu ermitteln“ sei. Das mag zwar abstrakt zutreffen, doch scheint auch *Hoffmann* die Rechtsnorm als Ordnungsmodell zu begreifen, die sich aus Sprach- *und* Realdaten zusammensetzt. Dem hier vorgestellten rechts(norm)theoretischen Ansatz kommt es darauf an, Rechtserzeugung als *strukturierten* Vorgang zu beschreiben und praktisch nachvollziehbar zu gestalten. Für dieses Vorhaben, in dem der Jurist mittels Normtexten auf Normbereichselemente Bezug nimmt, haben sich die Arbeitsbegriffe „Normprogramm“, „Normbereich“ usw. und deren von der Strukturierenden Rechtslehre eingeführte Gebrauchsweise bewährt; es ist kein Grund ersichtlich, von ihnen abzuweichen.

gesetzlichkeit des Wettbewerbs den Anforderungen der Rundfunkfreiheit entsprechen werde“[15].

Hier ist es wiederum der Vergleich zu der historisch bedingten relativen Vielfalt der Presse, der die Argumentation des Gerichts anleitet. Im Rundfunk ist die Konzentration einer Kommunikationsmacht leichter möglich, damit auch leichter ein Mißbrauch dieser Macht zur Einflußnahme auf die Manipulation der öffentlichen Meinung. Deshalb fordert das Gericht vom Gesetzgeber, den Rundfunk nicht dem freien Spiel der Kräfte zu überlassen, weil er ansonsten Fehlentwicklungen nur noch sehr schwer rückgängig machen könnte. Vielmehr liegt es in der Verantwortung des Gesetzgebers, das für die Meinungsvielfalt einer Demokratie entscheidende Freiheitsrecht aktiv zu gewährleisten: „Es muß der Gefahr begegnet werden, daß auf Verbreitung angelegte Meinungen von der öffentlichen Meinungsbildung ausgeschlossen werden und Meinungsträger, die sich im Besitz von Sendefrequenzen und Finanzmitteln befinden, an der öffentlichen Meinungsbildung vorherrschend mitwirken“[16]. Auch an dieser Stelle werden also die Reichweite des Normprogramms und die Normativität der Vorschrift von einer Analyse des fraglichen gesellschaftlichen Bereichs mitbestimmt.

Das 4. Fernseh-Urteil vom 4. November 1986 bringt erstmals auch eine rechtstheoretische Reflexion des praktischen Vorgehens von seiten des Gerichts. Dabei steht wieder die Sondersituation des Rundfunks im Vordergrund, die sich allerdings seit der ersten Entscheidung von 1961 verändert hat. Die Veränderung liegt darin, daß private Unternehmer ein nicht nur vereinzeltes, sondern inzwischen typisches Bestreben äußern, als Veranstalter von Rundfunksendungen zugelassen zu werden. Diese Tatsache ist zunächst ein Element des Sachbereichs von Art. 5 Abs. 1 S. 2 GG. Die neuen Kabeltechniken haben die früher sehr enge Begrenzung des Kreises möglicher Inhaber und Ausüber faktisch gesprengt. Da in der Frage der Grundrechtsträgerschaft das Normprogramm des Art. 5 Abs. 1 S. 2 GG auf den technischen Rundfunkbegriff abstellt, gehören die Möglichkeiten der Kabeltechniken im Fernsehen nicht nur zum Sachbereich, sondern auch zum Normbereich der Rundfunkfreiheit. Das gilt für alle jeweils verfügbaren Übertragungstechniken; deren Änderung verändert den Normbereich entsprechend. Neben die Entwicklungen im technischen Sektor wie Breitbandkabel und Satellit stellt das Gericht dann noch die Einflüsse, die sich aus der Existenz des europäischen bzw. des internationalen Rundfunkmarktes ergeben. Allen diesen faktischen Entwicklungstendenzen mißt das Gericht Bedeutung für die Auslegung der Rundfunkfreiheit zu und beschreibt sein eigenes Vorgehen folgendermaßen: „Bei der Beurteilung der Anforderungen, die sich hieraus für die Rundfunkgesetzgebung der Länder

[15] BVerfGE 57, 295ff., 324.

[16] Ebd., 324f.

ergeben, dürfen die oben in Kürze dargestellten modernen Entwicklungen auf dem Gebiet des Rundfunks nicht unberücksichtigt bleiben. Diesen kommt Bedeutung für die Auslegung der verfassungsrechtlichen Garantie zu: Sie gehören, wie schon die Rechtsprechung des Bundesverfassungsgerichts zur ‚Sondersituation' des Rundfunks erkennen läßt, zu dem konkreten Lebenssachverhalt, auf den das Grundrecht bezogen ist und ohne dessen Einbeziehung eine die normierende Wirkung der Rundfunkfreiheit entfaltende Auslegung nicht möglich erscheint"[17].

Im 5. Rundfunk-Urteil schließlich wird das vom Gericht aufgenommene Konzept des Normbereichs auch auf das Problem des Normwandels angewendet. Das Rechtsproblem lag hier in der Untersagung rundfunkähnlicher Kommunikationsdienste für öffentlich-rechtliche Anstalten durch das Landesmediengesetz von Baden-Württemberg. Das Gericht führt dazu aus: „Der in Art. 5 Abs. 1 S. 2 GG verwendete Begriff ‚Rundfunk' läßt sich nicht in einer ein für allemal gültigen Definition erfassen. Inhalt und Tragweite verfassungsrechtlicher Begriffe und Bestimmungen hängen (auch) von ihrem Normbereich ab; ihre Bedeutung kann sich bei Veränderungen in diesem Bereich wandeln. Das gilt auch für den Rundfunkbegriff. Soll die Rundfunkfreiheit in einer sich wandelnden Zukunft ihre normierende Wirkung bewahren, dann kann es nicht angehen, nur an eine ältere Technik anzuknüpfen, den Schutz des Grundrechts auf diejenigen Sachverhalte zu beschränken, auf welche diese Technik bezogen ist, und auf diese Weise die Gewährleistung in Bereichen obsolet zu machen, in denen sie ihre Funktion auch angesichts der neuen technischen Möglichkeiten durchaus erfüllen könnte. Zur Gewährleistung freier individueller und öffentlicher Meinungsbildung bedarf es vielmehr der oben dargestellten Schutzwirkung des Art. 5 Abs. 1 S. 2 GG auch bei den ‚rundfunkähnlichen Kommunikationsdiensten'"[18]. Die hier vom Gericht aufgenommene dynamische Strukturtheorie des Rechts vermag das vorliegende Problem des Normwandels mit deren Instrumenten zu bewältigen. Die theoretische Unterscheidung von Normprogramm, Normbereich und Sachbereich erlaubt es, den Vorgang aufzuschlüsseln, der das Gericht mit der Möglichkeit eines Normwandels konfrontiert. Es ist nicht so, daß beim Wandel einer Rechtsnorm aufgrund einer Änderung im Normbereich deren Normprogramm vom Richter durch neue Bedeutungsfestsetzungen geändert würde[19]. Vielmehr erscheint der Vorgang wie folgt aufgebaut[20]: Im Sachbereich einer Rechtsnorm ändert sich eine

---

[17] BVerfGE 73, 118ff., 154. Vgl., zur Nutzung des Konzepts der Normbereichsanalyse für die Rundfunkfreiheit, aus der Literatur: *Rossen,* Freie Meinungsbildung durch den Rundfunk, insbesondere 21f. und durchgehend.

[18] BVerfGE 74, 297ff., 350f.

[19] Diese doppelte Fehlinterpretation des strukturierenden Ansatzes findet sich bei *N. Müller,* Die Rechtsprechung des Bundesgerichtshofs zum Grundsatz der verfassungskonformen Auslegung, 60.

wesentliche Tatsache. Der Richter (oder eine andere konkretisierende Instanz) erkennt dies und entwickelt im übrigen wie immer durch sprachliche Auslegung das Normprogramm. Dann prüft er mit dessen Hilfe, ob das geänderte Faktum nur ein Element des Sachbereichs oder auch ein solches des Normbereichs ist. Nur im zweiten Fall folgt die weitere Untersuchung, ob die Änderung mit dem Normprogramm, im Grenzfall eines methodologischen Konflikts mit den einschlägigen Normtexten (grammatische und systematische Auslegung) noch vereinbar ist. Erweist sich der tatsächliche Wandel als ein solcher im Normbereich und als mit Normprogramm bzw. Normtexten vereinbar, so bildet der Jurist die Rechts- und anschließend die Entscheidungsnorm unter Einschluß des geänderten Normbereichs.

Für die Rundfunkfreiheit des Art. 5 Abs. 1 S. 2 GG wurden Normbereichsuntersuchungen neben den bisher genannten Feldern vor allem im Überschneidungsgebiet von Verfassungs- und Strafprozeßrecht durchgeführt. Dabei sind besonders die Kompetenzregeln des Grundgesetzes an der Grenze zwischen den Zuständigkeitsmaterien „Rundfunk" als einer unbenannten Landeskompetenz und „gerichtliches Verfahren" als einer ausdrücklichen Bundeskompetenz problematisch. Die nähere Analyse rechtserzeugter und nicht rechtserzeugter Normbereichsdaten[21] führte, ohne Verfahren wie Güter- oder Wertabwägung, mit Hilfe struktureller Gesichtspunkte in Verbindung mit gleichrangigen Normen wie dem Übermaßverbot zu einem gegenüber dem früheren Rechtszustand einerseits erweiterten, andererseits dogmatisch besser einleuchtenden Ergebnis. So zeigte sich für das Redaktionsgeheimnis, daß es nur so weit reicht, wie dies durch seine Funktion geboten ist, die Presse- und Rundfunkfreiheit als Bedingung freier Kommunikation im demokratischen Rechtsstaat zu ermöglichen und abzusichern. Erfüllt z.B. das Erlangen einer Information einen Straftatbestand, dann geht es um die Unterscheidung, ob dieser daran anknüpft, *daß* die Information erlangt wird oder nur daran, *wie* sie zustandekommt. Ist das Einholen der Information selbst verboten, so wird das Redaktionsgeheimnis geschützt; stehen nur bestimmte Verhaltensweisen ‚bei Gelegenheit' der Informationserlangung unter Strafe, dann wird es durch die Rundfunk- oder Pressefreiheit nicht abgeschirmt. Diese Strukturierung rechtfertigt sich daraus, daß es zum Ziel der „umfassenden Information der Bürger"[22] und zur „Aufgabe eines Verbindungs- und Kontrollorgans zwischen dem Volk und seinen gewählten Vertretern"[23] auch gehört, Mißstände aufzudek-

---

[20] Vgl. dazu *F. Müller,* Strukturierende Rechtslehre, 117ff., 131ff., 363ff., 369ff., 420.

[21] Bei *F. Müller/Pieroth/Rottmann,* Strafverfolgung und Rundfunkfreiheit, v.a. 32ff., 37ff., 43ff., 46ff., 50ff., 57ff. – Das „Gesetz über das Zeugnisverweigerungsrecht der Mitarbeiter von Presse und Rundfunk" stammt vom 25. 7. 1975 (BGBl. I 1975, 1973).

[22] Vgl. BVerfGE 27, 71ff., 81.

ken, und daß diese Aufgabe ohne das Redaktionsgeheimnis nicht erfüllt werden kann. Formal ergibt sich die Differenzierung wie folgt: Das Redaktionsgeheimnis setzt ein Interesse des Informanten an der Geheimhaltung voraus. Dieses besteht vor allem dann, wenn er sonst strafrechtlich verfolgt würde. Aus dem Einbeziehen des Redaktionsgeheimnisses in die grundrechtliche Gewährleistung des Art. 5 Abs. 1 S. 2 GG folgt daher, daß die Tatsache der Begehung einer Straftat allein nicht ausreicht, ein Zeugnisverweigerungsrecht auszuschließen. Die weiter erforderlichen Strukturierungen lassen sich dann mit dem durch Normbereichsanalyse erarbeiteten Kriterium praktikabel durchführen.

Ein zwar nicht inhaltlich, wohl aber strukturell vergleichbares Problem zur Rundfunkfreiheit betrifft die *politischen* Freiheitsrechte von Rundfunkmitarbeitern. Im komplexen Geflecht von Verfassungsrecht, Arbeitsrecht, Satzungsrecht der Funkhäuser und der Rundfunkgesetze der Länder hat sich auch hier die rationalisierende Wirkung von Normbereichsargumenten geltend gemacht[24]. Normbereichsdaten der *Meinungsfreiheit* von Rundfunkmitarbeitern wie etwa das Unterscheiden dienstlicher und außerdienstlicher Tätigkeit, das sachliche Zusammengehören von Meinungsäußerung und Nachrichtenauswahl, die Funktion des Rundfunks beim Bilden der öffentlichen Meinung, der Zusammenhang freier Information mit dem Bilden, Äußern und Verbreiten von Meinungen der Adressaten, wie strukturelle Unterschiede zwischen Meinungsfreiheit und Wissenschaftsfreiheit oder wie der Schutz auch von Tatsachenmitteilungen durch Art. 5 Abs. 1 S. 1 GG und andere, sowie die Untersuchung des Normbereichs der *Rundfunkfreiheit* (z.B. Oligopolstellung des öffentlich-rechtlichen Rundfunks, Anforderungen an das Gesamtprogramm, Funktion des Rundfunks, grundgesetzliches Verbot struktureller Nachrichtendefizite, Pflicht zur Objektivität, Programmverantwortung des Intendanten, Zusammenhang von Betriebsorganisation und Kommunikationsaufgabe, Unterscheidung von reduktiver und additiver Objektivität usw.) führen zu einer klaren dogmatischen Lösung des typischen Falles, in dem ein Rundfunkmitarbeiter außerhalb des Dienstes politisch tätig ist. Sie erlauben ferner die rationale Strukturierung derjenigen Falltypen, in denen dienstliche und außerdienstliche Tätigkeiten auf vielfältige Art vermischt werden[25]. Wie immer, so sind auch hier die dogmatischen Ergebnisse als solche nicht unbestreitbar. Das Entscheidende liegt darin, daß sie ohne irrationale Argumente auskommen und dank ihrer

---

[23] So BVerfGE 20, 162ff., 174; zum im Text skizzierten dogmatischen Ergebnis, das inhaltlich das Gesetz über das Zeugnisverweigerungsrecht der Mitarbeiter von Presse und Rundfunk von 1975 mitgeprägt hat: *F. Müller/Pieroth/Rottmann,* ebd., 73ff.

[24] Vgl. *F. Müller/Pieroth,* Politische Freiheitsrechte der Rundfunkmitarbeiter, z.B. 22ff., 26 (zum Normbereich der Meinungsfreiheit); 38ff., 41ff., 44ff. (zum Normbereich der Rundfunkfreiheit); zur Bedeutung der Normbereichselemente für die dogmatischen Ergebnisse ebd., 84ff., 87ff.

[25] Vgl. dazu ebd., 84ff., 87ff.

empirisch gestützten Ausarbeitung besser nachprüfbar und debattierbar sind als global begründete Auffassungen, die im wesentlichen vom Durchsetzungswillen einer bestimmten rechtspolitischen Position leben und einander daher nur entsprechend massiv entgegengesetzt werden können.

### *4. Art. 5 Abs. 3 GG*

Im Fall der Kunstfreiheit macht das Bundesverfassungsgericht im Mephisto-Beschluß[26] die methodisch und dogmatisch präzisierte Sachhaltigkeit eines grundrechtlichen *Normbereichs* zur Basis einer *rationalen Bereichsdogmatik*, damit einer differenzierten Konkretisierbarkeit der Garantie. Der Senat anerkennt die Vorbehaltlosigkeit der Gewährleistung dieses Grundrechts und erteilt allen Versuchen einer Schrankenübertragung eine Absage[27]. Weder sei Art. 5 Abs. 2 GG als Schranke des Art. 5 Abs. 3 GG anzusehen, noch könne man aus dem Zusammenhang eines Werks der erzählenden Kunst einzelne Teile lösen und diese als Meinungsäußerungen im Sinn von Art. 5 Abs. 1 GG bezeichnen. Vielmehr sei Art. 5 Abs. 3 GG lex specialis zu dessen Abs. 1. Weiter lehnt das Gericht wegen der Subsidiarität von Art. 2 Abs. 1 GG die Übertragung von dessen Schrankentrias auf Art. 5 Abs. 3 GG ab[28].

Auf dem Weg einer die Normbereichsanalyse einschließenden Konkretisierung werden vom Gericht die Struktur künstlerischer Tätigkeit als eines schöpferischen Gestaltungsprozesses aus innerer und äußerer Erfahrung über das Mittel anschaulicher Formensprache, die Untrennbarkeit unbewußter und bewußter Bestandteile dieses Gesamtvorgangs, das Zusammenwirken intuitiver, kreativer und kritischer Fähigkeiten, die Unterscheidbarkeit von Werkbereich und Wirkbereich, die Rolle von Künstler, Kunstobjekt und vermittelnden Instanzen, die Unterscheidung künstlerischer Gattungs-

---

[26] BVerfGE 30, 173ff.

[27] Ebd., 191ff. – Darstellung und Kritik dieser Versuche bei *F. Müller,* Freiheit der Kunst als Problem der Grundrechtsdogmatik, 14ff. im Anschluß an: Die Positivität der Grundrechte, 11ff.

[28] Das Gericht folgt grundsätzlich der in: Die Positivität der Grundrechte, sowie in: Freiheit der Kunst als Problem der Grundrechtsdogmatik, entwickelten Auffassung, es sei unzulässig, vorbehaltlos gewährte Grundrechte durch eine allgemeine „Schrankenübertragung" einzugrenzen. – Vgl. hierzu jetzt z.B. *Zöbeley,* Zur Garantie der Kunstfreiheit in der gerichtlichen Praxis, NJW 1985, 254ff., 257, der verdeutlicht, daß „zahlreiche Probleme, die früher im Rahmen der Definition von Kunst oder bei der Schrankenbestimmung mühsam erörtert wurden", sich als „Scheinprobleme entlarven" lassen, wenn man dem bereichsdogmatischen Konzept der Strukturierenden Rechtslehre folge. – S. ferner den Versuch, eine Bereichsdogmatik zu Art. 5 Abs. 3 S. 1 GG (Kunstfreiheit) zu entwerfen, bei *Höfling,* Offene Grundrechtsinterpretation, 127ff., mit kontroverser Diskussion; ebd., 92ff. zu verschiedenen Norm(bereichs)typen. – Im Dienst einer sorgfältigen bereichsdogmatischen Argumentation zu den Streitfragen zwischen Strafrecht und Kunstfreiheit folgt dem Konzept der Normbereichsanalyse: *Erhardt,* 82ff., 86ff., 103ff. und durchgehend.

typen und noch andere *Realdaten* herausgearbeitet und als (mit diesem Begriff nicht bezeichnete)[29] Elemente des Normbereichs von Art. 5 Abs. 3 S. 1 GG in den Entscheidungsvorgang eingeführt. Das Anknüpfen an die aus der Weimarer Zeit überlieferte Formel von der Eigengesetzlichkeit der Kunst ist allerdings nicht weiter in Richtung auf die Figur der nicht-rechtserzeugten Normbereichsfaktoren präzisiert; auch fällt das Gericht nach dem Entwickeln einiger wichtiger Rechtsnormen zum Allgemeinen Teil der Grundrechtsdogmatik sodann für den vorliegenden Fall wieder in eine deutlich weniger rationelle Abwägung sogenannter Werte, hier einerseits der Kunstfreiheit, andererseits der Menschenwürde, zurück[30].

Die im Mephisto-Beschluß vom Bundesverfassungsgericht erstmals übernommene bereichsdogmatische Konkretisierung der Kunstfreiheitsgarantie hat sich mittlerweile rechtspraktisch bewährt. Gelegentlich wird dem Konzept der strukturierenden Dogmatik aber vorgehalten, es sei zu „statisch“, zementiere das Bestehende und fasse die Garantie des Art. 5 Abs. 3 S. 1 GG geschichtlich und sozial zu wenig „dynamisch“. Es wird argumentiert, um seiner sozialen und historischen Bezüge willen müsse grundsätzlich jeder Normbereich als Prozeß aufgefaßt werden, folglich auch jener der Kunstfreiheit als relativ selbständig sich fortentwickelnder prozeduraler Produktions- und Rezeptionszusammenhang. Die „Kunstinstitution“ habe, anstelle von Werkgattung und Gattungstypik, Ausgangspunkt der strukturierenden Bereichsdogmatik von Art. 5 Abs. 3 S. 1 GG zu werden. Jedenfalls beim Happening und bei anderen Formen der Aktionskunst dürfe nicht die Werkgattung entscheidend sein, sondern die institutionelle Bezogenheit auf den Kunstbetrieb. Demgegenüber könne das Gattungstypische nur das Konventionelle erfassen[31].

Soweit diese Kritik überhaupt rechtsdogmatisch argumentiert, beruht sie auf einigen Mißverständnissen. Das Schaffen von Kunst *als Vorgang* ist im *Werkbereich*, ihre Stellung und Ausstrahlung in Kommunikations*vorgängen* sind im Rahmen des *Wirkbereichs* erfaßt und als frei garantiert. Beides gehört zum Normbereich des Grundrechts; wie statisch oder wie dynamisch ein Werk sich im Einzelfall herstellt und darstellt, gehört zur Freiheit und liegt an der Sache selbst, nicht an einem vorgefaßt statischen oder doktrinär

---

[29] Dagegen sind „Werkbereich“ und „Wirkbereich“, ohne Nachweis, als technische Termini übernommen; dazu etwa *Stein,* Staatsrecht, seit 2. Aufl. 1971, 199; 8. Aufl. 1982, 196ff.; *Lerche,* AfP 1973, 499; *Mallmann,* JZ 1974, 37f.; *Häberle,* Rechtstheorie 7 (1976), 92.

[30] Ebd., 193ff.

[31] So *J. Hoffmann,* Die Kunstfreiheitsgarantie des Grundgesetzes, 230ff., 243, 248. Auf S. 254 muß der Autor einräumen, daß sein Ansatz (anders als der stukturierende) Fälle übrig läßt, in denen ein künstlerischer Versuch Repressionen schutzlos ausgeliefert ist. – Vgl. auch *dens.,* Kunstfreiheit und Sacheigentum, NJW 1985, 237ff., 241f., wonach Kunst „als Kommunikationsprozeß“ zu definieren wäre, der bereichsdogmatisch „durch formale Indizien wie Werkgattungen“ nur bedingt zu strukturieren sei.

dynamischen, auf Dynamik geradezu verpflichtenden Begriff. Erscheinungen wie Happening oder andere Formen der Aktionskunst sind schon lange gattungstypisch, werden daher vom Normbereich der Kunstfreiheitsgarantie ohne Zweifel erfaßt. Die Werkgattung meint nicht das Konventionelle, sondern das empirisch Strukturelle. *Daß* eine neuartige künstlerische Gattung sich *empirisch* erst einmal selbst konturieren und zur Kenntnis bringen muß, kann ihr keine rechtliche Garantie oder dogmatische Konzeption abnehmen. Ist sie dagegen individuell hervorgebracht und als Gattungstypus sozial eingeführt, so gehört sie schon zum Normbereich des Art. 5 Abs. 3 S. 1 GG. Begriffe wie „konventionell“ oder „fortschrittlich“, wie „statisch“ oder „dynamisch“ bleiben rhetorisch an der Oberfläche, erfassen nicht die für eine Bereichsdogmatik des positiven Grundrechts entscheidenden Strukturmerkmale. Jeder Angriff auf die (vom Grundgesetz respektierte) Autonomie der Kunst, auf ihre Selbstgesetzlichkeit, schiebt an die Stelle des abfällig so genannten ‚Diktats des schaffenden Künstlers‘ das zweifelhaftere des bloß noch räsonierenden Kunstrichters, mag dieser auch unter dem Banner historischen Fortschritts auftreten. Es ist widersinnig, um der grundrechtlich eingeräumten Freiheit der Kunst willen diese global als etwas im gesellschaftlichen Prozeß Aufgehendes gegen das tatsächliche schöpferische Handeln der einzelnen Künstler ausspielen zu wollen. In der Konfrontation mit solcher Kritik erweisen sich die aus der Sache entwickelten Vorschläge der strukturierenden Bereichsdogmatik als eben dieser Sache angemessener, deren Freiheit die Verfassung verbürgt[32].

Der normstrukturierende Ansatz einer grundrechtlichen Bereichsdogmatik wird im Beschluß zum Hessischen Universitätsgesetz auf die *Wissenschaftsfreiheit* des Art. 5 Abs. 3 S. 1 GG ausgedehnt[33]. Hier finden sich Faktoren des Sachbereichs, die sich am Maßstab des Normprogramms als Normbereichselemente erweisen und die vom Senat auch so behandelt werden, in Anknüpfung an eine analoge Formel von „wissenschaftlicher Eigengesetzlichkeit“ eingeführt (typische Handlungsweisen beim Auffinden, Deuten und Weitergeben wissenschaftlicher Erkenntnisse). Wissenschaftliche Arbeit wird als ernsthafter planmäßiger Versuch zum Ermitteln der

---

[32] Von daher ist auch die Auffassung *L. Schneiders,* Der Schutz des Wesensgehalts von Grundrechten, 141 ff., unzutreffend, wonach Grundrechte wie Art. 5 Abs. 1 GG zum einen keinen gegenständlich konkretisierbaren Lebensbereich aufwiesen und andererseits das Normprogramm stets dahin tendiere, nur bestimmte, inhaltlich oder sachlich zutreffende Grundrechtsausübungen unter Schutz zu stellen. – Das bereichsdogmatische Konzept führt – wie mehrfach dargelegt – unter Einschluß der vom Normprogramm angepeilten Normbereichsdaten nicht zu einer definitorischen Einengung der Freiheitsgarantie, sondern zu ihrer umfassenden, ideologische Einschränkungen vermeidenden Verbürgung; dazu schon: Freiheit der Kunst als Problem der Grundrechtsdogmatik, 35 ff., 92 ff. – Weitere Auseinandersetzung mit unnötigen Mißverständnissen des Normstrukturkonzepts in Grundrechtsfällen bei *F. Müller,* Strukturierende Rechtslehre, 385 ff.

[33] BVerfGE 47, 327 ff.

Wahrheit gefaßt. Das Vorhandensein verschiedener Wissenschaftstheorien, die Unabgeschlossenheit wissenschaftlicher Bemühungen, die Schlüsselfunktion von Wissenschaft für individuelle Selbstverwirklichung wie für den gesellschaftlichen Prozeß, die Verwissenschaftlichung vieler Lebensbereiche und die dadurch steigende Bedeutung der Funktion der Wissenschaft für die Ausbildung von Menschen treten im Ergebnis als Normbereichsfaktoren auf. Der Senat behandelt Wissenschafts- und Kunstfreiheit insoweit gleich, als ihre Normprogramme vergleichbar, und insoweit ungleich, als ihre empirischen Realdaten verschieden sind.

In der Folgezeit ist das Gericht in Nuancen von der Position des Mephisto-Beschlusses abgewichen, beziehungsweise über diese hinausgelangt. Schon in dieser ersten Leitentscheidung zur Kunstfreiheit war es nicht den Weg über einen abstrakten „Wertbegriff" gegangen, dem dann die im Einzelfall fraglichen Gegenstände im Hinblick auf ihre „Kunst"qualität zu subsumieren seien, sondern hat komplexer argumentiert.

Der Senat geht in diesem Beschluß noch von einer Definierbarkeit des Kunstbegriffs aus: „Das Wesentliche der künstlerischen Betätigung ist die freie schöpferische Gestaltung, in der Eindrücke, Erfahrungen, Erlebnisse des Künstlers durch das Medium einer bestimmten Formensprache zu unmittelbarer Anschauung gebracht werden"[34]. Die Verfehltheit inhaltlicher Definitionen von Kunst im Verfassungsrecht hat das Gericht aber dann später in seinem Beschluß zum sogenannten Anachronistischen Zug unterstrichen[35]. In Anknüpfung an „Mephisto" beginnt es zunächst damit, der Lebensbereich „Kunst" sei „durch die vom Wesen der Kunst geprägten, ihr allein eigenen Strukturmerkmale zu bestimmen". Wie weit danach die Kunstfreiheitsgarantie der Verfassung reiche und was sie im einzelnen bedeute, lasse sich aber „nicht durch einen für alle Äußerungsformen künstlerischer Betätigung und für alle Kunstgattungen gleichermaßen gültigen allgemeinen Begriff umschreiben"[36]. „Die Unmöglichkeit, Kunst generell zu definieren", entbinde aber „nicht von der verfassungsrechtlichen Pflicht, die Freiheit des Lebensbereiches Kunst zu schützen, also bei der konkreten Rechtsanwendung zu entscheiden, ob die ‚Voraussetzungen des Art. 5 Abs. 3 S. 1 GG vorliegen'"[37].

Damit muß sich nun, veranlaßt durch die besondere Gestaltung des Falles, auch das Bundesverfassungsgericht mit dem Dilemma auseinandersetzen, die *Eigen*gesetzlichkeit der Kunst durch das Grundrecht der Kunstfreiheit sichern, Art. 5 Abs. 3 also praktisch anwenden und daher abgrenzen zu müssen. Zu seiner Entscheidung angesichts eines nicht-konventionellen Werks

---

[34] BVerfGE 30, 173ff., 188f.

[35] BVerfGE 67, 213ff.

[36] Ebd., 224.

[37] Ebd., 225.

kommt der Senat, indem er nebeneinander drei Kunstbegriffe (einen materialen, einen formalen und einen „offenen") verwendet, mit denen er die eingeführten Realdaten implizit als Elemente des Normbereichs von Art. 5 Abs. 3 S. 1 GG herausarbeitet. Deren inhaltliche Umschreibung folgt wiederum dem Mephisto-Beschluß. Mit der Aussage einer Unmöglichkeit, Kunst generell inhaltlich zu definieren, geht das Gericht hier aber, erstmals reflektiert, nicht länger von einem idealistischen Begriff aus. Im übrigen stellt es in der vor dem Mephisto-Beschluß sehr streitigen Frage[38] nochmals klar, daß die Kunstfreiheit weder durch die „Schrankentrias" des Art. 2 Abs. 1 2. Halbsatz GG noch durch die Vorbehalte des Art. 5 Abs. 2 GG, sondern nur durch die Verfassung selbst begrenzt werden darf[39].

Beim Verfahren, mit dem diese Grenze gewonnen werden soll, geht das Bundesverfassungsgericht dann unausdrücklich von dem weniger rationalen Grundsatz der praktischen Konkordanz aus: Es genüge im gerichtlichen Verfahren nicht, ohne Rücksicht auf die Kunstfreiheit eine Beeinträchtigung des Persönlichkeitsrechts (Beleidigung) festzustellen. Vielmehr sei zu ermitteln, „ob diese Beeinträchtigung derart schwerwiegend ist, daß die Freiheit der Kunst zurückzutreten hat; eine geringfügige Beeinträchtigung oder die bloße Möglichkeit einer schwerwiegenden Beeinträchtigung reichen hierzu angesichts der hohen Bedeutung der Kunstfreiheit nicht aus"[40]. Zur Klärung der Frage, ob die vom Fachgericht zugrundegelegte Auffassung vom Tatbestandsbereich des § 185 StGB mit dem Grundrecht aus Art. 5 Abs. 3 S. 1 GG vereinbar sei, überprüft der Senat die *Maßstäbe*, an denen das Amtsgericht den „Anachronistischen Zug" gemessen hat[41], und kommt zum Ergebnis der Verfassungswidrigkeit der angefochtenen Entscheidung, da im dortigen Verfahren die methodischen und dogmatischen Maßstäbe (Gesamtbetrachtung, mehrere Interpretationsmöglichkeiten) übergangen wurden. Damit hat das Gericht für die Lösung der Grundrechtskollision keine pauschale Abwägung anhand eines Wertsystems vorgenommen[42], sondern die Grenze wesentlich konkreter durch Sachargumente aus dem Fall gefunden.

Im „Karikaturbeschluß" von 1987[43] äußert sich das Bundesverfassungsgericht zur Frage der Beleidigung durch Darstellung eines Menschen als kopu-

---

[38] Zum Steitstand vor der Mephisto-Entscheidung: Freiheit der Kunst als Problem der Grundrechtsdogmatik, 14ff.

[39] Ebd., 228.

[40] BVerfGE 67, 228.

[41] Ebd., 228ff.; vgl. zum Aspekt der Maßstäblichkeit: *F. Müller,* Strafrecht, Jugendschutz und Freiheit der Kunst, 86ff.

[42] So noch im Mephisto-Beschluß, E 30, 173ff., 193: „Vielmehr ist ein im Rahmen der Kunstfreiheitsgarantie zu berücksichtigender Konflikt nach Maßgabe der grundgesetzlichen Wertordnung und unter Berücksichtigung der Einheit dieses grundlegenden Wertsystems durch Verfassungsauslegung zu lösen".

[43] BVerfGE 75, 369ff. – Zu dieser Entscheidung jetzt auch *Erhardt,* 119ff., 211ff.; grundsätzlich zum Verhältnis von Satire, Kunstfreiheit und Strafrecht ebd., 114ff., 152ff. und durchgehend.

lierendes Schwein. Es wiederholt seine Aussage zur „Unmöglichkeit, Kunst generell zu definieren" und verdeutlicht gleichzeitig seine Position: „Kunst" ist ein Tatbestandsmerkmal des Art. 5 Abs. 3 S. 1 GG, muß also dogmatisch bestimmbar sein. „Erlaubt und notwendig" sei „allerdings nur die Unterscheidung zwischen Kunst und Nichtkunst; eine Niveaukontrolle, also eine Differenzierung zwischen ‚höherer' und ‚niederer', ‚guter' und ‚schlechter' (und deshalb nicht oder weniger schutzwürdigen) Kunst liefe demgegenüber auf eine verfassungsrechtlich unstatthafte Inhaltskontrolle hinaus"[44]. Demgegenüber fehlt ein tragfähiger Grund für das Vorgehen des Senats, bei der Interpretation der Karikaturen „Aussagekern" und „Einkleidung" getrennt mit Blick darauf zu überprüfen, „ob sie eine Kundgabe der Mißachtung gegenüber der karikierten Person enthalten". Angeblich müsse „beachtet werden, daß die Maßstäbe für die Beurteilung der Einkleidung anders und im Regelfall weniger streng als für die Bewertung des Aussagekerns ..."[45]. Die vom Bundesverfassungsgericht in ständiger Praxis beschworenen „werkgerechten Maßstäbe" erfordern aber eine einheitliche Bewertung von Form und Inhalt, die nicht nach unterschiedlichen Maßstäben beurteilt werden können[46]. Die Kollision zwischen dem allgemeinen Persönlichkeitsrecht und der Kunstfreiheit wird hier sodann durch abstrakte „Abwägung" gelöst, welche – wie sich der Senat vorsichtshalber gleich selbst bescheinigt – „im vorliegenden Fall zwangsläufig zu dem von ihm (sc. dem Gericht) gefundenen Ergebnis führen"[47] mußte. Das Gericht sucht dabei nicht nach abwägbaren Einzelgesichtspunkten. Es geht ganz allgemein davon aus, daß unsere Rechtsordnung die Würde des Menschen als „obersten Wert" anerkennt und daß das allgemeine Persönlichkeitsrecht (Art. 2 Abs. 2 iVm Art. 1 Abs. 1 GG) auf dem Weg über das Menschenwürdeprinzip den Kern menschlicher Ehre schütze, so daß hier eine Rechtfertigung durch die Kunstfreiheit nicht möglich sei[48]. Der Begründungstext geht damit wieder auf eine deutlich weniger differenzierte Abwägung blockhafter „Werte", hier einerseits der Kunstfreiheit, andererseits der Menschenwürde, zurück.

In dem Beschluß zum sogenannten „Herrnburger Bericht"[49] hat sich das Bundesverfassungsgericht erstmals zu der Frage geäußert, ob auch die Wer-

---

[44] Ebd., 377. – Das ist die Position von: Freiheit der Kunst als Problem der Grundrechtsdogmatik, z.B. 31ff., 83ff. – Zur Verfehltheit inhaltlicher Definitionen von „Kunst" im Verfassungsrecht siehe ebd., 35ff.

[45] Ebd., 378.

[46] Vgl. *Pieroth/Schlink,* Grundrechte, Rn. 701, m. Nw. – So auch schon: Freiheit der Kunst als Problem der Grundrechtsdogmatik, z.B. 68ff., 70ff.

[47] Ebd., 379.

[48] Ebd., 369, 380: „Bei Eingriffen in diesen durch Art. 1 Abs. 1 GG geschützten Kern menschlicher Ehre liegt immer eine schwerwiegende Beeinträchtigung des Persönlichkeitsrechts vor, die nach der Rechtsprechung des Bundesverfassungsgerichts [BVerfGE 67, 213, 228] durch die Freiheit künstlerischer Betätigung nicht mehr gedeckt ist".

[49] BVerfGE 77, 240ff., ebenfalls von 1987.

bung für ein Kunstwerk unter den Schutz der Freiheitsgarantie des Art. 5 Abs. 3 S. 1 GG fällt.

Zur Beantwortung zieht das Gericht Faktoren des Sachbereichs heran, die sich am Maßstab des Normprogramms als Normbereichselemente erweisen; sie werden in Anknüpfung an die Unterscheidung von Werk- und Wirkbereich eingeführt. Der Wirkbereich wird als der Sektor gefaßt, „in dem der Öffentlichkeit Zugang zu dem Kunstwerk verschafft wird, also seine Darbietung und Verbreitung. Zu diesem Wirkbereich zählen auch die Medien, die durch Vervielfältigung, Verbreitung und Veröffentlichung eine unentbehrliche Mittlerfunktion zwischen Künstler und Publikum ausüben"[50]. Kunst sei öffentlichkeitsbezogen, auf öffentliche Wahrnehmung angewiesen. Werbung bilde ein Kommunikationsmittel, das daher ebenfalls zum Wirkbereich künstlerischen Schaffens gehöre.

Das Gericht zieht hier der Sache nach aus Elementen des Normbereichs dogmatische Schlüsse. Zum ersten Mal differenziert es bei der Beurteilung von Eingriffen danach, ob eine Anknüpfung an den Werk- oder an den Wirkbereich erfolgt. Es lehnt zutreffend eine Stufentheorie für die Einschränkbarkeit von der Art ab, „daß für den Werkbereich ausschließlich die verfassungsrechtlich geschützten Rechtsgüter als Schranken heranzuziehen sind, für den Wirkbereich dagegen die allgemeine Rechtsordnung maßgeblich ist ...". Der Prüfungsmaßstab solle in jedem Fall derselbe bleiben, ob die Handlung nun in den Werk- oder in den Wirkbereich fällt[51]. Daraus folge aber nicht, daß alle Handlungen, die Art. 5 Abs. 3 Satz 1 GG abdeckt, desselben Schutzes bedürfen. Sie könnten durchaus unterschiedliche „Außenwirkungen" haben; deshalb seien staatliche Eingriffe um so weniger zuzulassen, je näher die umstrittene Handlung dem Kern der Kunstfreiheit zuzuordnen ist und je mehr sie sich im Bereich des Schaffens abspielt. Daraus ergebe „sich jedoch nur eine tatsächliche Vermutung dafür, daß die Kunstfreiheit im Werkbereich eher Vorrang genießt als im Wirkbereich"[52].

Diese Differenzierung berührt sich mit der Auffassung, derzufolge eine Sanktion grundsätzlich an Verbreitungstatbestände im Wirkbereich anknüpfen kann, da der Wirkbereich über eine größere Flexibilität der Aktions- und Organisationsformen verfügt und unbedingt nur gewährleistet, die Möglichkeit gattungstypischer Veröffentlichung überhaupt offen zu halten. Der Künstler hat aber im Maß der faktischen Austauschbarkeit

---

[50] Ebd., 251; das im Text Folgende: ebd., 254.

[51] Ebd., 255.; vgl. in diesem Sinn schon: Freiheit der Kunst als Problem der Grundrechtsdogmatik, 103: „Der Wirkbereich ist dem Werkbereich gegenüber nicht verfassungsrechtlich minderen Ranges. Er wird vom Normprogramm nicht weniger geschützt als dieser. Aber die Normierung ‚ist frei' (im Sinn von: soll frei sein) besagt für die verschieden strukturierten Hauptaspekte des grundrechtlichen Normbereichs nicht dasselbe".

[52] Ebd., 254.

*gleichwertiger* Kommunikationsweisen keinen grundrechtlichen Anspruch auf eine besondere einzelne Verbreitungsart, die mit der Rechtsordnung kollidiert[53]. In Abwandlung dieser Position geht das Bundesverfassungsgericht aber erst auf der Stufe des Abwägens kollidierender durch die Verfassung geschützter Rechtsgüter auf eine differenzierte Gewichtung von Werk- und Wirkbereich ein und kommt nicht schon bei der Bestimmung des Normbereichs zu einer unterschiedlichen Bewertung der Anknüpfungsmöglichkeiten.

### *5. Art. 6 GG*

Methodisch zu unbestimmt, sachlich sehr sorgfältig zieht das Bundesverfassungsgericht Realdaten aus den Sachbereichen des elterlichen Erziehungsrechts (Art. 6 Abs. 2 S. 1 GG) und des staatlichen Bildungs- und Erziehungsauftrags (Art. 7 Abs. 1 GG) im Sexualkunde-Beschluß heran[54], so die Unterscheidung einer Wissen vermittelnden Sexualwissenschaft und einer Werte vermittelnden Sexualerziehung, die Rolle der Eltern in der Sexualerziehung der Kinder, deren Abhängigkeit von Lebensweise und Auffassung der Eltern, die Rolle der Religion als eines sozialen Faktors für die Sexualmoral, die vielfältigen gesellschaftlichen Bezüge des Sexualverhaltens sowie faktische Unterschiede schulischer Sexualerziehung zu der durch die Eltern. Da und soweit diese Faktoren mit den Normprogrammen der Art. 7 Abs. 1 und 6 Abs. 2 S. 1 GG vereinbar und ferner für die Entscheidung des vorliegenden Falles erheblich sind, bilden sie nicht nur Sachbereichs-, sondern Normbereichselemente. Der Senat setzt sie dafür ein, den dogmatischen Gehalt des elterlichen Erziehungsrechts wie des staatlichen Bildungs- und Erziehungsauftrags sowie das Verhältnis beider zueinander zu präzisieren.

### *6. Art. 7 Abs. 4 GG – Grundrechte als Leistungsrechte*

Die Frage nach der Möglichkeit einer leistungsrechtlichen Interpretation von Grundrechten, die traditionell „in erster Linie“ als „Abwehrrechte des Bürgers gegen den Staat“ und damit als Schutzwälle verstanden werden, welche „die Freiheitssphäre des einzelnen vor Eingriffen der öffentlichen Gewalt“ sichern sollen[55], wurde in jüngerer Zeit erneut im sogenannten Finanzhilfe-Urteil des Bundesverfassungsgerichts vom 8. April 1987[56] akut.

---

[53] *F. Müller,* Strafrecht, Jugendschutz und Freiheit der Kunst, 84ff. – Vgl. ferner: Freiheit der Kunst als Problem der Grundrechtsdogmatik, z.B. 122f., 123ff., 130ff., 132ff.

[54] BVerfGE 47, 46ff., 66ff., 70ff.

[55] In diesem Sinn bereits das Lüth-Urteil, BVerfGE 7, 198ff., 204.

Das Bundesverfassungsgericht mußte sich dort zum ersten Mal mit der Frage beschäftigen, ob und wenn ja, in welchem Umfang die Länder verpflichtet sind, private Ersatzschulen im Rahmen von Art. 7 Abs. 4 GG finanziell zu unterstützen. Entscheidend war demnach, inwiefern das in Art. 7 Abs. 4 GG verkörperte Freiheitsrecht einer leistungsrechtlichen Interpretation zugänglich ist.

Soweit sich das Bundesverfassungsgericht in seiner früheren Rechtsprechung mit vergleichbaren leistungsrechtlichen Problemen beschäftigt hatte, neigte es meist dazu, die auftauchenden Sach- und Rechtsfragen vor allem mit Hilfe von die Dogmatik überlagernden allgemeinen grundrechtstheoretischen Denkfiguren zu entscheiden. Zu erinnern ist dabei an das Numerus-clausus-Urteil, in dem sich das Gericht einer leistungsrechtlichen Umdeutung der Grundrechte global zuwandte. Dort heißt es: „Je stärker der moderne Staat sich der sozialen Sicherung und kulturellen Förderung der Bürger zuwendet, desto mehr tritt im Verhältnis zwischen Bürger und Staat neben das ursprüngliche Postulat grundrechtlicher Freiheitssicherung vor dem Staat die komplementäre Forderung nach grundrechtlicher Verbürgung der Teilhabe an staatliche Leistungen (...). Würde sich die verfassungsrechtliche Betrachtung von Anfang an auf die Teilnahme am Vorhandenen verengen, ginge sie (...) am Kern der Schwierigkeiten vorbei (...)“[57].

Auch im Hochschul-Urteil[58] spricht das Bundesverfassungsgericht von generellen Wertentscheidungen, welche „die Geltungskraft des Freiheitsrechts in Richtung auf Teilhabeberechtigungen“ verstärken sollen[59]. Im Finanzhilfe-Urteil verzichtete der Erste Senat jedoch auf eine durchaus denkbare Anknüpfung an diese ältere, den leistungsrechtlichen Gehalt von Grundrechten in *allgemeiner* Form hervorhebende Rechtsprechung. Während das Gericht früher noch den zumeist normtextunabhängigen Versuchen der Diskussion für eine leistungs- bzw. teilhaberechtliche Umdeutung der Grundrechte Aufmerksamkeit schenkte und sie mehr oder weniger in seine Entscheidungsbegründungen einbezog, bleiben solche Überlegungen

---

56 BVerfGE 75, 40ff.; veröffentlicht auch in EuGRZ 1987, 242ff.; DVBl. 1987, 621ff.; NJW 1987, 2359ff.; DÖV 1987, 592ff.

57 BVerfGE 33, 303ff., 330ff. – Gleichwohl läßt der Senat dort das Problem eines objektiven sozialstaatlichen Verfassungsauftrags zur Bereitstellung ausreichender Ausbildungskapazitäten bzw. die Frage, „ob sich aus diesem Verfassungsauftrag (...) ein einklagbarer Individualanspruch des Staatsbürgers (...) herleiten (läßt)“, offen. Weiter stellt das Gericht die von ihm postulierte teilhaberechtliche Qualität der Grundrechte „unter de(n) Vorbehalt des Möglichen im Sinne dessen, was der einzelne vernünftigerweise von der Gesellschaft beanspruchen kann“; ebd., 333.

58 BVerfGE 35, 79ff., 114f.

59 Später ging das Gericht in der Mitbestimmungs-Entscheidung gegenüber einer teilhaberechtlichen Auslegung der Grundrechte in gewisser Weise wieder auf Distanz, um deren primäre abwehrrechtliche Funktion hervorzuheben (BVerfGE 50, 290, 337). Das richtete sich auch gegen Versuche, eine umfassende leistungsrechtliche Theorie der Grundrechte zu postulieren.

für das Finanzhilfe-Judikat bedeutungslos. Stattdessen argumentiert das Gericht streng methodenrational, indem es pauschale, normtextgelöste grundrechtstheoretische Erwägungen zugunsten einer normtextbezogenen bereichsdogmatischen Interpretation von Art. 7 Abs. 4 GG hintanstellt. Entscheidend sind somit zunächst die grammatische und grammatisch-systematische Auslegung des in Art. 7 Abs. 4 S. 1 einerseits und in S. 3 und 4 andererseits positivierten Freiheitsrechts und seiner Genehmigungsvoraussetzungen. Soweit sich das Judikat überhaupt auf allgemeine leistungsrechtliche Vorschläge – z.B. einer institutionellen Gewährleistung der Grundrechte in Verbindung mit dem Sozialstaatsgrundsatz – einläßt, geschieht das nicht im Zusammenhang mit Ausführungen, die auf eine, abstrakte Gültigkeit postulierende, Umdeutung der Grundrechte abzielen. Es handelt sich dabei vielmehr um Gesichtspunkte, die für die grammatische und grammatisch-systematische Auslegung des Art. 7 Abs. 4 GG eine schwächere, das Ergebnis nur stützende, bestätigende Rolle spielen[60]. Die sowohl auf Grundrechtstheorie als auch auf globale rechtspolitische Argumente verzichtende Position des Bundesverfassungsgerichts ist sehr bemerkenswert. In ihr darf wohl eine nicht zu unterschätzende, über die bereichsdogmatische Bedeutung des Finanzhilfe-Urteils hinausweisende Umkehr für die Art und Weise gesehen werden, wie das Gericht leistungsrechtliche Probleme im Normbereich einer Freiheitsgarantie künftig behandeln könnte. Anstelle allgemeiner grundrechtstheoretischer Aussagen bildet jetzt eine bereichsdogmatisch spezifische Analyse der Privatschulfreiheit und der konkreten Ausübungsmöglichkeiten dieses Freiheitsrechts den Ausgangspunkt, von dem her die Frage nach dem leistungsrechtlichen Gehalt von Art. 7 Abs. 4 GG beantwortet wird. Dieses an der positiven Regelung ansetzende Konkretisierungsverfahren gewinnt nicht zuletzt dadurch an methodischer Rationalität, daß es das Verhältnis zwischen geltendem Verfassungsrecht und nicht verbindlicher Grundrechtstheorie wieder zurechtrückt. Wegen der positiv-rechtlichen Abstützung durch Normtexte hat eine grundrechtliche Bereichsdogmatik strikte Priorität gegenüber der Grundrechtstheorie, der es überlassen bleibt, grundrechtsdogmatisch (noch) nicht entscheidbare Konstellationen zu bearbeiten bzw. zusätzlich zur (auch) bereichsdogmatischen Konkretisierung ihre spezifischen Gesichtspunkte einzubringen (theoretische Konkretisierungselemente). So gesehen, litt die frühere Leistungsrechte-Diskussion daran, „daß die im Grundgesetz vorhandenen (positiven) Normprogramme nicht in dem Umfang argumentativ verarbeitet werden, in welchem dies möglich und auch geboten ist“[61].

Das Finanzhilfe-Urteil leistet einen wertvollen Beitrag zur Korrektur dieses Befundes. Im praktischen Ergebnis anerkennt das Gericht dabei die

---

[60] Vgl. BVerfGE 75, 40ff., 62, 65f.

[61] *F. Müller/Pieroth/Fohmann*, Leistungsrechte im Normbereich einer Freiheitsgarantie, 122.

Verpflichtung der Länder, das private Ersatzschulwesen in seinem Bestand zu schützen und neben dem öffentlichen Schulwesen zu fördern[62]. Die vom Senat entwickelten bereichsdogmatischen Aussagen lassen sich im einzelnen wie folgt zusammenfassen: Aus der Interpretation von Art. 7 Abs. 4 GG sind drei inhaltliche Komponenten abzuleiten. Diese Vorschrift gewährt zum einen die Gründungsfreiheit, andererseits die institutionelle Garantie der Privatschule und legt schließlich den „für die Schulgesetzgebung ausschließlich zuständigen Ländern darüber hinaus die Pflicht auf, das private Ersatzschulwesen neben dem öffentlichen Schulwesen zu fördern und in seinem Bestand zu schützen"[63]. Eine derartige – in der Diktion des Gerichts – „sozialstaatliche Einstandspflicht" folgt aus der besonderen normativen und faktischen Lage des Privatschulwesens, wobei die Verfassung in Art. 7 Abs. 4 S. 3 – 4 GG selbst die Bedingungen normiert, die ein Privatschulträger erfüllen muß, um von dem Freiheitsrecht überhaupt Gebrauch machen zu können[64]. Aufgrund einer Realanalyse des Zustandes des Privatschulwesens kommt das Gericht zu der Aussage, „private Schulträger (seien) bei dem bestehenden hohen Kostenniveau heute nicht mehr in der Lage, aus eigener Kraft sämtliche in Art. 7 Abs. 4 S. 3 – 4 GG angeführten Genehmigungsvoraussetzungen gleichzeitig und auf Dauer zu erfüllen"[65]. Die Möglichkeit, sich durch auch nur annähernd kostendeckende Schulgelder selbst zu finanzieren, sei den Privatschulen schon deshalb verwehrt, weil Art. 7 Abs. 4 S. 3 GG eine dadurch möglicherweise eintretende Sonderung der Schüler nach den Besitzverhältnissen der Eltern ausschließt[66]. Zudem müsse der Staat den schulischen Pluralismus auch gegen sich selbst und nicht zuletzt in der Weise garantieren, daß er „auf eigenen Akten beruhende Beeinträchtigungen dieses Pluralismus durch staatliche Förderung in ihrer Wirkung neutralisiert"[67]. Diese Kompensationspflicht entsteht für das Gericht gerade dann, wenn – wie es tatsächlich zu beobachten sei – die staatlichen Kultus- und Schulverwaltungen „etwa durch die Hebung des Standards schulischer Einrichtungen oder durch die stetige Verbesserung

---

[62] Da die strittigen Regelungen des Privatschulgesetzes der Freien und Hansestadt Hamburg diesem Verfassungsgebot nicht gerecht würden, erklärt es sie mit Art. 7 Abs. 4 GG bzw. – im vorliegenden Fall zusätzlich relevant – Art. 3 Abs. 1 GG für unvereinbar. – Die hier gegebene Zusammenfassung folgt wesentlich den differenzierten Ausführungen bei *Jeand'Heur,* Methodische Analyse, freiheitsrechtliche und leistungsrechtliche Konsequenzen des Finanzhilfe-Urteils, in: *F. Müller* (Hrsg.), Zukunftsperspektiven der Freien Schule, 67 ff.

[63] BVerfGE, ebd., 62.

[64] Ebd., 63 ff.

[65] Ebd., 63. – Neben dem in Art. 7 Abs. 4 S. 3 enthaltenen Gebot, nicht hinter dem Bildungsstandard bzw. der Ausbildungsqualität der öffentlichen Schulen zurückzustehen, erwähnt der Senat vor allem die in S. 4 formulierte Pflicht der Ersatzschulen, die wirtschaftliche und rechtliche Stellung der in ihnen tätigen Lehrkräfte zu sichern, als einen der Faktoren, die zu einer Kostenexplosion im Privatschulwesen geführt haben (vgl. BVerfGE, ebd., 65).

[66] Ebd., 63.

[67] Ebd., 66.

der Lehrerbesoldung" die privaten Ersatzschulen gemäß Art. 7 Abs. 4 S. 3 – 4 GG einem immer kostenintensiveren Anpassungsdruck unterwerfen. Sollen daher „solche Maßnahmen nicht indirekt zu einer durch Art. 7 Abs. 4 GG verbotenen Benachteiligung der Ersatzschulen führen, so muß der Staat sicherstellen, daß die Verwirklichung seiner bildungs- und sozialpolitischen Ziele nicht auf Kosten der Lebensfähigkeit des privaten Ersatzschulwesens geht"[68].

Der Sache nach behandelt das Bundesverfassungsgericht Art. 7 Abs. 4 S. 1 GG damit als einen Fall der *Interventionsgarantie*. Im Gegensatz zur reinen Rechtsgarantie einerseits, die zwar abstrakt die Existenz, nicht aber den konkreten Bestand eines Rechtsinstituts sichert, sowie der totalen Ausübbarkeitsgarantie andererseits, die auf eine volle, weitgehend voraussetzungslose Grundrechtsverwirklichung zielt, sind die Eintrittsbedingungen der Interventionsgarantie vielschichtiger. Bei ihr handelt es sich darum, für den Notfall, in dem die Realisierung eines Grundrechts nicht mehr gewährleistet ist, eine Garantenstellung des Staates anzunehmen. Dabei ist vorausgesetzt, daß im Normbereich des fraglichen Grundrechts der Garantiefall (sog. Interventionsfall) tatsächlich eingetreten ist und noch fortbesteht. Ob ein Interventionsfall vorliegt, ist durch *Normbereichsanalyse* zu ermitteln. Die Rechtsfolge, die der Interventionsfall nach sich zieht, geht dahin, eine objektive Rechtspflicht zum Schutz des Garantiegegenstands bis zur Beendigung des Interventionsfalls auszulösen. Dabei ist der Staat nur zu solchen Schutzmaßnahmen verpflichtet, die ihm erstens möglich, die zweitens zum Schutz des Garantiegegenstands geeignet und die schließlich drittens hierfür auch notwendig sind[69].

---

[68] Ebd., 66 mit Verweis auf *F. Müller/Pieroth/Fohmann*, ebd. (Anm. 61), 143. – Gemäß Leitsatz 2 der Entscheidung wird eine staatliche Handlungspflicht zur Erteilung von Finanzhilfe jedoch erst dann ausgelöst, wenn das Ersatzschulwesen „in seinem Bestand bedroht ist". Der Senat erläutert dies dahin, ein Eingreifen des Staates beruhe zwar im wesentlichen auf der Unmöglichkeit der Selbstfinanzierung privater Ersatzschulen. Dennoch stelle deren Bedürftigkeit die „unabdingbare Voraussetzung einer Förderungspflicht" dar. Gleichzeitig sei aber „die generelle Hilfsbedürftigkeit privater Ersatzschulen (...) heute ein empirisch gesicherter Befund" (BVerfGE, ebd., 67). Das Gericht gelangt zu dieser Auffassung u. a. unter Berücksichtigung von Zahlenmaterial, das – Standards der Sozialwissenschaften genügend – erhoben und ausgewertet wurde. – Zum Einbezug der Sozialwissenschaften bei der juristischen Entscheidungstätigkeit s. etwa: *Grimm*, Grundrechte und soziale Wirklichkeit, in: *Hassemer/Hoffmann-Riem/Limbach* (Hrsg.), Grundrechte und soziale Wirklichkeit, 39ff., 51; dortauch, 48, zur rechtsstaatlich gebotenen Rollenverteilung: „Der Jurist kann zwar keine sinnvolle Grundrechtsdogmatik ohne den Sozialwissenschaftler betreiben, aber er wird durch den Sozialwissenschaftler nicht ersetzbar". Zu den einzelnen Modalitäten bei der Vergabe von staatlichen Subventionen: *Jeand'Heur*, Methodische Analyse, freiheitsrechtliche und leistungsrechtliche Konsequenzen des Finanzhilfe-Urteils, 67ff.

[69] Für das Finanzhilfe-Urteil: *Jeand'Heur*, ebd. (Anm. 62), 103ff. – Grundsätzlich zum Begriff der Interventionsgarantie: *F. Müller/Pieroth/Fohmann*, ebd. (Anm. 61), 126ff.

Ohne Diskussion bleibt in der Begründung des Urteils die Frage, ob bzw. wie aus einer objektiven Rechtspflicht (staatliche Garantenpflicht) eine subjektive Berechtigung auf Finanzhilfe zu konstruieren ist. Im öffentlichen Recht muß einer objektiv-öffentlichen Pflicht des Staates nicht zwangsläufig ein subjektiv-öffentlicher Anspruch des pflichtbegünstigten Bürgers entsprechen. In der Tat handelt es sich bei der durch Art. 7 Abs. 4 S. 1 GG gegebenen objektiv-rechtlichen Garantenpflicht, subjektiv-rechtlich gewendet, um ein dem Ersatzschulträger zustehendes Subventionsrecht, dem gleichwohl kein Anspruchscharakter im vollen subjektiv-rechtlichen, d.h. einklagbaren Sinn zukommt. Prozeßrechtlich stellt die Verfassungsbeschwerde gemäß Art. 93 Abs. 1 Nr. 4 a GG die einzige Möglichkeit dar, mit der ein solches Begehren auf Feststellung verfolgt werden kann. Die Verfassungsbeschwerde ist nach § 95 Abs. 1 S. 1 BVerfGG ein auf feststellende Entscheidungen ausgerichteter Rechtsbehelf, wogegen titulierbare Leistungsansprüche mit ihr nicht durchgesetzt werden können. Durch Erheben einer Verfassungsbeschwerde kann somit die objektive Förderpflicht zu einem subjektiv-öffentlichen Subventionsrecht (ohne den Charakter eines Leistungsanspruchs) subjektiviert werden (Feststellungssubjektivierung).

Im Ergebnis kann ein privater Ersatzschulträger bei Vorliegen des Interventionsfalls, den das Gericht jeweils im Weg einer Normbereichsanalyse ermitteln muß, aus Art. 7 Abs. 4 S. 1 GG iVm Art. 93 Abs. 1 Nr. 4 a GG Verfassungsbeschwerde mit dem Ziel erheben, das Bundesverfassungsgericht möge feststellen, daß der Staat in Erfüllung seiner objektiv-rechtlichen Subventionspflicht in ausreichendem Maß Finanzleistungen zu erbringen habe, da andernfalls das durch Art. 7 Abs. 4 S. 1 GG normierte Freiheitsrecht verletzt wäre[70].

Rechtsmethodisch entwickelt das Gericht die Finanzierungspflicht des Staates aus der Gegenüberstellung der in Art. 7 Abs. 4 GG enthaltenen Normtextvorgabe, aus der es Gewährleistung und besondere rechtliche Ausgestaltung des Privatschulwesens herleitet, mit den tatsächlichen Möglichkeiten der Ausübung dieses Grundrechts. Dabei zeigt ein Vergleich mit der Finanzausstattung der öffentlichen Realschulen und Gymnasien, daß der Landesgesetzgeber finanzielle Leistungen gewähren muß, „soll Art. 7 Abs. 4 S. 1 GG nicht zu einem wertlosen Individualgrundrecht auf Gründung existenzunfähiger Ersatzschulen und zu einer nutzlosen institutionellen Garantie verkümmern (...)“[71].

Somit werden vor allem Realdaten entscheidungserheblich, die das Gericht mittels einer Normbereichsanalyse gewinnt. Die Konkretisierung

---

[70] Vgl. zum Begriff der Feststellungssubjektivierung: *F. Müller/Pieroth/Fohmann*, ebd. (Anm. 61), 167ff.

[71] BVerfGE 75, 44ff., 65.

von Art. 7 Abs. 4 GG konnte hier überhaupt nur unter Verarbeitung dieser Wirklichkeitselemente erfolgen. Das Freiheitsrecht wird, wie der Senat zu Recht ausführt, nur bei Erfüllung der in S. 3 – 4 genannten Genehmigungsvoraussetzungen gewährt. Diese verweisen aber auf tatsächliche Kriterien, die eine Privatschule im Vergleich mit öffentlichen Schulen beachten muß. Ob Freie Schulen mit ihren Einrichtungen, Lehrzielen, usw. nicht hinter den staatlichen Schulen zurückstehen, kann das Gericht nur durch Untersuchung der tatsächlichen Verhältnisse überprüfen, in denen sich das Privatschulwesen heute befindet. Der Senat behandelt folgerichtig den Normbereich, auf den das Normprogramm des Art. 7 Abs. 4 GG „abzielt", als Sachbestandteil der Vorschrift selbst. Rechtsnormtheoretisch bewertet, verläßt er damit einmal mehr die rechtspositivistische Gleichsetzung des Normtextes mit der Norm, indem er die von ihm aus Art. 7 Abs. 4 GG zu erzeugende Rechtsnorm als sachgeprägtes Ordnungsmodell erarbeitet; als verbindlichen Ausspruch im Rahmen der organisierten Rechtsgemeinschaft, den der Rechtssatz (Normtext) sprachlich vorbereitet, in dem das Ordnende und das zu Ordnende zusammengehören und einander in der Praxis der Rechtsverwirklichung notwendig ergänzen und abstützen[72].

Nicht zuletzt anhand der Finanzhilfe-Entscheidung läßt sich anschaulich nachweisen, daß dem Juristen nicht eine fertige Rechtsnorm, eine lex ante casum zur Verfügung steht, aus der es sich sodann subsumieren ließe. Als Eingangsdaten des Konkretisierungsvorgangs waren dem Bundesverfassungsgericht nur Normtexte, vor allem der des Art. 7 Abs. 4 GG, sowie die Realdaten des Sachverhaltsbereichs „Privatschulwesen" vorgegeben. Zunächst mußte das Gericht aus der Interpretation aller Sprachdaten das Normprogramm, aus der Verarbeitung der normativ relevanten Realdaten den Normbereich entwickeln, um schließlich durch Zusammenfügen von Normprogramm und Normbereich die Rechtsnorm und dann aus dieser die Entscheidungsnorm zu erzeugen. Die Rechtsnorm ist sprachlich in den dem Judikat vorangestellten Leitsätzen formuliert, die ihrerseits im Rahmen der Standards einer verfassungsrechtlich rückgebundenen juristischen Argumentationskultur dem fraglichen Normtext – hier Art. 7 Abs. 4 GG – müssen zugerechnet werden können. Die in den Leitsätzen des Finanzhilfe-

---

72 *F. Müller,* Juristische Methodik, z.B. 148. – Zum Stellenwert von Wirklichkeitselementen bei der Normkonkretisierung im Anschluß an dieses Konzept auch *Grimm,* Grundrechte und soziale Wirklichkeit, in: *Hassemer/Hoffmann-Riem/Limbach* (Hrsg.), Grundrechte und soziale Wirklichkeit, 39ff., 43f.: „Rechtsnormen erschöpfen sich weder in ihrem Text noch in dem darin ausgedrückten Befehl. Die Norm (richtiger: der Normtext; s. zu dieser terminologischen wie sachlichen Unterscheidung sogleich im Text; F.M.) wird vielmehr stets im Blick auf einen bestimmten Zustand der sozialen Wirklichkeit formuliert, den sie befestigen oder verändern soll (...). Der Wirklichkeitsausschnitt, auf den die Norm sich bezieht, (bleibt) dieser nicht äußerlich, sondern konstituiert ihren Sinn mit. Der Sinn kann daher nicht unter Absehung von der Wirklichkeit, die geregelt werden soll, ermittelt werden. Er ist wie der Normtext und das Normziel Normbestandteil".

Urteils ausgesprochene Schutzpflicht des Staates für private Ersatzschulen und die daraus folgenden Subventionierungspflichten können Art. 7 Abs. 4 GG nur insoweit zugerechnet werden, als bei der Erarbeitung von Normprogramm und Normbereich das Gericht die aus der Normstruktur abzuleitende Rangfolge der Konkretisierungselemente[73] beachtet und im Konfliktfall dem jeweils normtextnäheren Argument den Vorrang eingeräumt hat. Auf diesen Gesichtspunkt war bei der vorliegenden Entscheidung besonders zu achten, da sowohl die historische als auch die genetische Auslegung von Art. 7 Abs. 4 GG unstreitig einen Subventionsanspruch, „dessen Aufnahme in die Verfassung ausdrücklich abgelehnt worden war“[74], verneinte.

Der Senat hatte das Normprogramm von Art. 7 Abs. 4 GG durch grammatische und grammatisch-systematische Konkretisierung dieser Vorschrift dahingehend entwickelt, der Staat sei verpflichtet, die von ihm verursachte Beeinträchtigung des Freiheitsrechts durch Finanzhilfe auszugleichen. Das Gericht hätte hier näher nach dem Stellenwert des historisch-genetischen Aspekts fragen müssen. Es hätte sich dabei vor dem Problem befunden, eine Konfliktslage zwischen zwei Konkretisierungselementen im engeren Sinn (dem historischen und dem genetischen Aspekt) und weiteren Argumenten dieses Typs (dem grammatischen sowie dem grammatisch-systematischen Aspekt) und zusätzlich den Normbereichselementen auflösen zu müssen.

In einer Konfliktslage zwischen Konkretisierungselementen im engeren Sinn liegt das Schwergewicht bei denjenigen, die unmittelbar den Normtext bearbeiten, also hier bei den grammatischen und grammatisch-systematischen Gesichtspunkten. Zurücktreten müssen die historisch-genetischen Aspekte, da diese als Interpretationsgrundlage nicht den Normtext selbst auswerten, sondern Nicht-Normtexte (z. B. nicht mehr geltende Wortlaute, Parlamentsdebatten, u. ä.). Der Vorrang der den Normtext direkt interpretierenden Gesichtspunkte folgt aus rechtsstaatlichen Geboten: aus der Bindung an Gesetz und Recht, der Rigidität des Verfassungsrechts im Sinn seiner Normtext-Klarheit, ferner aus den Vorschriften der Normklarheit und Tatbestandsbestimmtheit, Methodenklarheit, Rechtssicherheit und aus der verfassungsrechtlichen Funktionenabgrenzung.

Da hier die grammatischen und grammatisch-systematischen Faktoren im Verbund mit den *Normbereichselementen* deutlich auf eine aus der Kompensationspflicht des Staates folgende finanzielle Unterstützung durch den Staat wiesen, mußte das Bundesverfassungsgericht seine genetisch-historischen Überlegungen hintanstellen und zugunsten der Förderung privater Ersatzschulen entscheiden, um so die Möglichkeit der Rechtsausübung überhaupt erst real zu sichern. Das gilt auch deshalb, weil der Wortlaut von

---

[73] S. dazu *F. Müller,* Juristische Methodik, 248 ff. – Vorausgesetzt ist dabei, daß im zu entscheidenden Fall ein *methodologischer Konflikt* auftritt; a. a. O., 251 ff.

[74] BVerfGE 75, 44 ff., 61.

Art. 7 Abs. 4 S. 1 GG in seiner negativen Grenzfunktion nicht gegen eine leistungsrechtliche Deutung des Freiheitsrechts spricht. In Art. 7 Abs. 4 S. 1 GG heißt es eben nicht beispielsweise, das Recht zur Errichtung von privaten Ersatzschulen werde „geduldet" oder das Betreiben „zugelassen"; sondern: „gewährleistet". Das ist eine Formulierung, deren Interpretationsspielraum die vom Bundesverfassungsgericht erarbeitete Rechtsnorm ohne Zweifel nicht überschreitet.

Zusammenfassend läßt sich sagen, daß das Bundesverfassungsgericht im Finanzhilfe-Urteil nicht nur eine Vielzahl *bereichsdogmatischer Ergebnisse* zu Art. 7 Abs. 4 GG entwickelt hat. Es bedient sich auch eines beispielhaft rationalen Verfahrens der *Konkretisierung* von Grundrechten. Das Gericht verzichtet auf eine metarechtliche Theorie der Grundrechte, vor allem auch auf jeden Versuch einer *allgemeinen* Umdeutung von Abwehrrechten in Leistungsansprüche. Stattdessen untersucht es – auf dem Weg über *Normprogramm* und *Normbereich* des Art. 7 Abs. 4 GG – die spezifische Ausgestaltung der Privatschulfreiheit im Grundgesetz und deren wirkliche Ausübungsmöglichkeiten. Das Ergebnis, die Bejahung einer mit Art. 7 Abs. 4 S. 1 GG zu begründenden Garantienorm, wird nicht grundrechtstheoretisch deduziert oder (rechts-)politisch postuliert, sondern methodisch erarbeitet.

Die *Ergebnisse* des Finanzhilfe-Urteils können, gerade weil in Gestalt einer bereichsdogmatischen Anstrengung erzielt, nicht unbesehen auf andere Grundrechte übertragen werden. Möglich und sinnvoll ist es jedoch, die vom Bundesverfassungsgericht hier praktizierte *Bearbeitungsweise* leistungsrechtlicher Problemfälle weiterzuführen: Ausgehend vom Entwurf des Normprogramms der den Fall regierenden Grundrechtsvorschrift ist demnach zuerst sorgfältig zu untersuchen, ob aus dieser überhaupt eine Garantienorm begründbar ist oder ob sie sich auf abwehrrechtliche Funktionen beschränkt. Danach ist, im bejahenden Fall, der Typus der Garantienorm zu bestimmen. Sollte es sich um eine Interventionsgarantie handeln, bleibt durch Normbereichsanalyse festzustellen, ob der Interventionsfall vorliegt. Bei dessen Bejahung sind dann Art und Umfang der daraus folgenden staatlichen Rechts- bzw. Garantenpflicht zu erörtern. Schließlich muß die Frage einer möglichen Subjektivierbarkeit (kann der Grundrechtsträger die aus der Rechtspflicht möglicherweise ableitbaren Ansprüche einklagen?) beantwortet werden.

### *7. Art. 8 GG*

Das Bundesverfassungsgericht stellt in seinem sog. Brokdorf-Urteil[75] erstmals ausführliche Normbereichserwägungen zu Art. 8 GG an. So werden für Spontandemonstrationen, die sich aus aktuellem Anlaß augenblick-

[75] BVerfGE 69, 315 ff.

lich bilden, bestimmte versammlungsrechtliche Vorschriften als nicht anwendbar erachtet[76]. Weiterhin erörtert das Gericht das relativ neue Phänomen der Großdemonstrationen. Es bezieht sich hier auf konkrete Beispiele (Gorleben-Treck 1979, Bonner Friedensdemonstration 1981, süddeutsche Menschenkette 1983) und stellt fest, daß sich solche Veranstaltungen hinsichtlich Trägerschaft, Vorbereitung und Durchführung erheblich von herkömmlichen Demonstrationen unterscheiden (u. a. Fehlen eines gesamtverantwortlichen Anmelders, Tätigwerden von Einzelgruppen und Initiativen ohne bestimmten organisatorischen Zusammenhalt aus einheitlichem Anlaß)[77]. Das Gericht stützt sich hierbei maßgeblich auf die Erfahrungsberichte der zuständigen Landesinnenminister und die sog. „Stuttgarter Gespräche", an denen Polizei, Umweltschutzverbände und Repräsentanten gesellschaftlicher Kräfte teilgenommen haben[78]. Den staatlichen Behörden wird es zur Pflicht gemacht, nicht hinter „bewährten Erfahrungen" zurückzubleiben, die hinsichtlich der friedlichen Durchführung von Großdemonstrationen gesammelt werden konnten[79]. Beispielhaft nennt das Gericht die Klarstellung der Rechtslage, das Vermeiden von Provokationen und Aggressionsreizen, die Isolierung von Gewalttätern, besonnene Zurückhaltung der Staatsmacht, Vermeidung übermäßiger Reaktionen sowie rechtzeitige Kontaktaufnahme, die auf vertrauensvolle Kooperation gerichtet ist[80].

### *8. Art. 9 GG*

Kontrollierbare Tatbestandselemente lassen sich auch aus dem Normbereich der Koalitionsrechte des Art. 9 Abs. 3 GG gewinnen. Dieser Ausschnitt aus der allgemeinen Vereinigungsfreiheit ist bereits rechtsgeschichtlich genauer umschrieben. So hat das Bundesverfassungsgericht[81] schon früher die für die Zuerkennung der Tarifautonomie an eine nicht kampffähige Organisation entscheidenden Sachgesichtspunkte aus den geschichtlich gewachsenen, aus den normierten wie den faktischen Momenten des Normbereichs der grundrechtlichen Koalitionsfreiheit zu ermitteln gesucht. Während die Einzelheiten dieser Normbereichsanalyse zum Teil fragwürdigen Charakters sind, verliert das Gericht auf der anderen Seite zu Recht den Ausgangspunkt des Normprogramms von Art. 9 Abs. 3 GG nicht aus dem Auge: solche Verbände als Koalitionen zu erfassen, die ihrer Struktur nach imstande sind, „im Verein mit dem sozialen Gegenspieler das Arbeitsleben zu ordnen und zu befrieden"[82].

---

[76] Ebd., 350.
[77] Ebd., 357ff.
[78] Ebd., 319, 355.
[79] Ebd., 316, 354.
[80] Ebd., 355.
[81] BVerfGE 18, 18ff., 25ff., 30ff.; s. auch BVerfGE 4, 96ff., 106f.

Ganz im Vordergrund steht die strukturierte Faktizität eines Teils des Normbereichs von Art. 9 Abs. 3 GG in dem Beschluß, der die Tariffähigkeit der Innungen und Innungsverbände für mit dem Grundgesetz vereinbar erklärt[83]. Das Gericht widerlegt die Ansicht, die Tariffähigkeit der Innungen sei mit der Koalitionsfreiheit unvereinbar, sogar durch unmittelbaren Rückgriff auf „die frühere und die jetzige gesellschaftliche Wirklichkeit"[84]. Historische und aktuelle, rechtserzeugte und tatsächliche Daten des Normbereichs von Art. 9 Abs. 3 GG dienen dem Gericht auch in jenem Beschluß als entscheidende normative Kriterien, der einen Kernbereich der Koalitionsbetätigung im Personalvertretungswesen herausarbeitet und gewerkschaftliche Werbung vor Personalratswahlen innerhalb bestimmter Grenzen auch in der Dienststelle und während der Dienstzeit verfassungsrechtlich geschützt sein läßt.[85].

### *9. Art. 12 GG*

Aufschlußreich für die Verbindung strukturierender Methodik mit den vom Fall aufgeworfenen dogmatischen Fragen sind solche Judikate, in denen beide Seiten nicht genügend zur Deckung kommen. So behandelt das Bundesverfassungsgericht im Facharzt-Beschluß[86] Sachbereichs- und Normbereichsdaten auch dogmatisch ohne Unterschied. Wegen des Normprogramms von Art. 12 Abs. 1 S. 1 GG sind hier solche Realdaten als Elemente des Normbereichs zu fassen, die für den Rechtsbegriff „Beruf" als einer auf Dauer angelegten, nicht sozial schädlichen und der Schaffung und Erhaltung der Lebensgrundlage dienenden Beschäftigung erheblich sind. Daß die Tätigkeit des Facharztes auf Dauer ergriffen zu werden pflegt und daß es zwischen fachärztlicher und allgemeinärztlicher Tätigkeit nur eine geringe Fluktuation gibt, gehört in diesem Fall zum Normbereich des Grundrechts. Dasselbe gilt in bezug auf das Schaffen und Erhalten der Lebensgrundlage durch die berufliche Praxis, für den typischen Patientenkreis des Facharztes und die mit seiner Tätigkeit verbundene wirtschaftliche Chance und Lage. Wegen dieser mit-normativen Fakten erscheint das Facharztwesen nicht als rechtlich unselbständige Variante innerhalb eines einheitlichen Berufsbildes „ärztliche Tätigkeiten", sondern als eigenständiger Anknüpfungspunkt für die grundrechtliche Garantie. Daß nun das Bundesverfassungsgericht solche Untersuchungen vor dem Hintergrund der

---

[82] BVerfGE 18, 18 ff., 27.

[83] BVerfGE 20, 312 ff., 318 f., 322.

[84] Ebd., 319.

[85] BVerfGE 19, 303 ff., 314 ff., 318 ff., 320 f. – Ansätze zur Normbereichsuntersuchung auch in BVerfGE 28, 295 ff. (Inhalt der Koalitionsfreiheit), z. B. 304 ff.; vgl. zur Frage, ob das gewerkschaftliche Zutrittsrecht zu kirchlichen Einrichtungen mit Normprogramm und Normbereich von Art. 9 Abs. 3 GG vereinbar ist, BVerfGE 57, 220 ff., 245 ff.

[86] BVerfGE 33, 125 ff., 161 ff.

Frage durchführt, ob der Parlamentsvorbehalt für statusbildende Normen gilt oder nicht, leuchtet dogmatisch nicht ein. Zunächst[87] hatte es der Senat zu Recht dahingestellt sein lassen, ob der Facharzt-Beruf im Berufsfeld „Arzt" rechtlich selbständig zu behandeln sei. Gleichwohl werden danach ausführlichere Untersuchungen zu den genannten Realdaten (des Sachbereichs wie des Normbereichs) angestellt. Stattdessen wäre im Hinblick auf den Parlamentsvorbehalt dogmatisch zu fragen gewesen, ob die Entscheidung über statusbildende Normen im Sinn des Rechtsstaats- und Demokratiegrundsatzes eine „wesentliche" Festlegung bedeutet oder nicht.

Tatsachen aus dem Umkreis der Berufsfreiheit verarbeitet das Bundesverfassungsgericht auch im Beschluß zum Zweiten Bildungsweg[88], und zwar zum einen den engen Zusammenhang zwischen Berufsausbildung, Berufswahl und Ausübung des Berufs, zum andern – insoweit vom Fall her angezeigt – die Relation zwischen allgemeinbildender Schulung in einer Einrichtung des Zweiten Bildungswegs und der anschließenden (weiteren) Berufstätigkeit. Soweit der Senat hier Elemente des Normbereichs von Daten des Sachbereichs abhebt, geschieht es nur für einen Gesamt-Normbereich des Art. 12 Abs. 1 GG, ohne die Grundrechte der Berufsfreiheit und der freien Wahl der Ausbildungsstätte abzuschichten. Bei den engen Verbindungen zwischen den Realdaten der Grundrechte des Art. 12 Abs. 1 GG leuchtet das von der Normtheorie her ein, von der Methodik aus ist es noch vertretbar. Dagegen erscheint es wegen der Erstreckung des Einschränkungsvorbehalts aus Art. 12 Abs. 1 S. 2 GG dogmatisch zweifelhaft, ob die Frage hätte offenbleiben dürfen; und im Ausmaß dieses Zweifels wäre dann auch methodisch und normtheoretisch eine stärkere Differenzierung nach den Normprogrammen der beteiligten Grundrechte und entsprechend nach ihren Normbereichen nötig gewesen.

Darüber hinaus wurden andere Teile des Normbereichs der Berufsfreiheit unter verfassungsrechtlichen Aspekten strukturell aufgeschlüsselt, wie z.B. die verkehrspolitischen, steuerpolitischen, sozialpolitischen und ausgedehnten statistischen Erwägungen zum Tätigkeitsbild und zur tatsächlichen Entwicklung des Werkfernverkehrs[89], Überlegungen zur volkswirtschaftlichen Aufgabe, zu standesorganisatorischen Gegebenheiten und zu typischen tatsächlichen Gefahrenquellen auf dem Gebiet des Wareneinzelhandels[90].

---

87 Ebd., 161.

88 BVerfGE 41, 251 ff., 260 ff.

89 BVerfGE 16, 147 ff., 164 f., 165 ff., 170, 172 ff.

90 BVerfGE 19, 330 ff., 338 ff.: Sachkundenachweis für die Aufnahme des Einzelhandels mit Waren aller Art mit Art. 12 Abs. 1 GG unvereinbar. – Vgl. auch aus der Rechtsprechung des Bundesverwaltungsgerichts die eingehende Analyse eines Normbereichsteils von Art. 12 Abs. 1 GG in BVerfGE 8, 14, 16 ff.

### *10. Art. 14 GG*

In der „Naßauskiesung"-Entscheidung vertritt das Bundesverfassungsgericht die Auffassung, „der Begriff des von der Verfassung gewährleisteten Eigentums muß aus der Verfassung selbst gewonnen werden"[91]. Obwohl Art. 14 Abs. 1 GG somit einen im wesentlichen rechtserzeugten Normbereich aufweisen soll[92], kann das Gericht bei der Konkretisierung der Inhaltsbestimmung des Eigentums im Rahmen von Art. 14 Abs. 1 S. 2 bzw. Abs. 2 GG gerade nicht auf die Untersuchung der normativ relevanten Realdaten verzichten. Erst im Weg einer recht ausführlichen Normbereichsanalyse[93] gelingt es dem Senat, den Eigentumsbegriff zu entwickeln und ihn für die Fallösung handhabbar zu machen.

Das Gericht untersucht den Normbereich von Art. 14 Abs. 1 GG im Mitbestimmungsurteil von 1979[94] von dem Ansatz her, dessen Normprogramm schütze auch gesellschaftsrechtlich vermittelte Beteiligungsrechte[95]. Dazu gehört die aus gesellschaftsrechtlichen Figuren (Gesellschaftsformen, Mehrheitsprinzip) folgende Tatsache, daß die eigentumsrechtlichen Befugnisse der Anteilsinhaber sehr verschieden sein können; oder die Tatsache, daß sich die erweiterte Montan-Mitbestimmung auf den Kapitalmarkt, die Dividendenpolitik der Unternehmen oder den Grundsatz der Rentabilität nicht ausgewirkt hatte. Dieses empirische Ergebnis setzt der Senat als Grundlage einer Prognose darüber ein, welche Auswirkungen das Mitbestimmungsgesetz von 1976 außerhalb der Montan-Industrie auf die vermögensrechtliche Stellung der Anteilseigner haben werde. Schließlich wird der unterschiedliche soziale Stellenwert der Sachgrundlage des Anteilseigentums herausgearbeitet. Der Normbereich des Anteilseigentums nach Art. 14 Abs. 1 GG setzt sich somit aus rechtsunabhängigen, aus rechtlich geprägten und aus ganz rechtserzeugten Elementen zusammen.

Dasselbe gilt für den in der Entscheidung entwickelten Normbereich der Vereinigungsfreiheit nach Art. 9 Abs. 1 GG bezüglich solcher Unternehmen, die mitbestimmt werden. Das Gericht analysiert die soziale Funktion von Kapitalgesellschaften, der Mitgliedschaft in ihnen und demgegenüber die soziale Funktion sonstiger Vereinigungen, ferner das wechselnde Verhältnis zwischen Fremdbestimmung und Selbstbestimmung in verschiedenen gesellschaftsrechtlichen Formen[96].

---

91 BVerfGE 58, 300ff., 335.

92 So auch *Höfling,* Offene Grundrechtsinterpretation, 98.

93 Vgl. BVerfGE 58, 300ff., 338ff.

94 BVerfGE 50, 290ff., 336ff., 354ff.

95 Ebd., 342f., 347f., 438f.

96 Speziell dazu ebd., 357ff. – Im einzelnen vertritt der Senat (implizit) den allgemeinen Ansatz der strukturierenden Grundrechtsdogmatik, ebd., 337; er faßt allerdings den Normbereich von Grundrechten sprachlich vage als „Schutzbereich" bzw.

Das Bundesverfassungsgericht übernimmt bei seinen allgemeineren Ausführungen über die Funktion von Grundrechten[97] auch die These, die objektive Funktion der Grundrechte dürfe nicht gegen die subjektive ausgespielt werden[98]. In diesem Sinn verwendet das Gericht als Maßstäbe der verfassungsrechtlichen Prüfung des Mitbestimmungsgesetzes vor allem diejenigen Einzelgrundrechte, die von ihrem Normprogramm bzw. Normbereich her für die Einführung der erweiterten Mitbestimmung regelungsrelevant sind. Dagegen sollen solche Topoi, die auf eine objektive Funktion der Grundrechte ohne direkten Normtextbezug abheben, wie z.B. der Gedanke eines „institutionellen Zusammenhangs der Wirtschaftsverfassung" oder eines „Schutz- und Ordnungszusammenhangs der Grundrechte", unberücksichtigt bleiben, da dies „im Grundgesetz keine Stütze (findet)"[99].

Entscheidungserheblich ist demnach die bereichsdogmatische Konkretisierung der Einzelgrundrechte, da nur so verhindert werden kann, daß die je bereichsspezifische Freiheitsgarantie objektiven Prinzipien untergeordnet wird[100].

### *11. Art. 38 i.V.m. Art. 48 GG*

Der Spielraum für das Einordnen von Realdaten in den Sachbereich bzw. in den Normbereich wird auch im Diäten-Urteil des Bundesverfassungsgerichts[101] deutlich, hier noch betont durch die Differenz zwischen Mehrheitsentscheid und Sondervotum. Der Senat stellt umfangreiche und bemerkenswert genaue Untersuchungen zum Status des Abgeordneten und zu dessen Änderungen an, vor allem mit Blick auf die Maßstäbe für eine angemessene Entschädigung. Diese Realdaten werden mit den zuvor ermittelten Normprogrammen von Art. 38 Abs. 1 S. 2 und besonders von Art. 48 Abs. 3 S. 1 GG vermittelt und der Sache nach als Normbereichselemente verwertet, d.h. den erarbeiteten Rechts- und Entscheidungsnormen mit zugrunde

„Schutzgut", ebd., 336ff., 354f., 355f. (zu Art. 9 Abs. 1 GG). Das Gericht untersucht den Normbereich des Anteilseigentums (Art. 14 Abs. 1 S. 1 GG) und das Ausmaß seiner zulässigen Sozialbindung (Art. 14 Abs. 1 S. 2 GG) mit rechtserzeugten und nicht rechtserzeugten Elementen, ebd., z.B. 342ff., 347ff., den Normbereich des Art. 9 Abs. 1 GG in Richtung der Funktionsfähigkeit von Kapitalgesellschaften ebenfalls mit faktischen bzw. rechtlich erzeugten Elementen, ebd., 257ff.

97 BVerfGE 50, 290ff., 336f.

98 *F. Müller,* Die Positivität der Grundrechte, 1. Aufl. 1969, 44 u.ö. (s.a. oben).

99 BVerfGE 50, 290ff., 336.

100 Ebd., 337: „Die Funktion der Grundrechte als objektiver Prinzipien besteht in der prinzipiellen Verstärkung ihrer Geltungskraft, hat jedoch ihre Wurzel in dieser primären Bedeutung (sc. der bereichsspezifischen Freiheitsgarantien). Sie läßt sich deshalb nicht von dem eigentlichen Kern lösen und zu einem Gefüge objektiver Normen verselbständigen, in dem der ursprüngliche und bleibende Sinn der Grundrechte zurücktritt".

101 BVerfGE 40, 296ff., vor allem 310ff.; das Sondervotum ebd., 330ff., 334ff.

gelegt[102]. Dagegen sollen nach dem Sondervotum einige Elemente der neueren Entwicklung im Status des Abgeordneten mit dem Normprogramm des Art. 38 Abs. 1 S. 1 GG nicht vereinbar sein; so vor allem die Tendenz, die durch Art. 48 Abs. 3 GG geforderte Entschädigung als Entgelt oder Gehalt für Dienste, als eine Art Besoldung aufzufassen, weil die Übernahme und Ausübung von Mandaten als „eine Art Sonderlaufbahn des öffentlichen Dienstes“[103], d.h. bürokratisiert gesehen wird. Diese in der Bundesrepublik Deutschland tatsächlich nachweisbaren Entwicklungen sind nach Auffassung des dissentierenden Richters aufgrund seiner abweichenden Interpretation des Normprogramms also nur Elemente des Sachbereichs, nicht aber des Normbereichs der hier zu konkretisierenden Verfassungsartikel.

---

102 Ebd., 315ff.
103 Ebd., 335.

## Verzeichnis der nachgewiesenen Literatur


*Arndt,* Adolf: Das Werbefernsehen als Kompetenzfrage, JZ 1965, 337.

— Anm. zum Beschluß des BVerfG v. 4. 10. 1965 (= BVerfGE 19.135), NJW 1965, 2195.

— Die Kunst im Recht, in: Umwelt und Recht, NJW 1966, 26.

— Zur Güterabwägung bei Grundrechten (Art. 5 GG), NJW 1966, 871.

— Anm. zum Beschluß des BVerfG v. 5. 3. 1968, – 1 BvR 579/67 – (NJW 1968, 979), NJW 1968, 979.

*Bachof,* Otto: Die Rechtsprechung des Bundesverwaltungsgerichts, JZ 1957, 337.

— Verfassungsrecht, Verwaltungsrecht, Verfahrensrecht in der Rechtsprechung des Bundesverwaltungsgerichts, 2. Aufl. 1964.

— Reflexwirkungen und subjektive Rechte im öffentlichen Recht. Gedächtnisschrift für W. Jellinek 1955, 287.

*Bauer,* Fritz: Anm. zum Urteil des Bundesgerichtshofs 5 StR 620/64 vom 23. 3. 1965 (BGHSt 20, 192), JZ 1965, 491.

*Berg,* Wilfried: Konkurrenzen schrankendivergenter Freiheitsrechte im Grundrechtsabschnitt des Grundgesetzes, 1968.

*Bettermann,* K. A.: Die allgemeinen Gesetze als Schranken der Pressefreiheit, JZ 1964, 601.

*Beyer,* Wilhelm R.: Anm. zum Urteil des Bundesgerichtshofs vom 1. 2. 1954, NJW 1954, 713.

*Blaauw,* Loammi C.: The Constitutional Tenability of Group Rights, 1988.

— Groepsregbeskerming in die KwaZulu-Natal Indaba se grondwetlike voorstelle, South African Public Law 1988, 232 ff.

*Böckenförde,* Ernst-Wolfgang, *Greiffenhagen,* Gottfried: Der Stellvertreter-Fall, JuS 1966, 359.

*Copić,* Hans: Grundgesetz und politisches Strafrecht neuer Art, 1967.

*Dünnwald,* Rolf: Kunst und Unzüchtigkeit. Zum Film „Das Schweigen", JR 1965, 46.

— Kunstfreiheit und Strafgesetz. Bemerkungen zum Beschluß des OLG Düsseldorf vom 25. 3. 1965, GA 1967, 33.

*Dürig,* Günter: Art. 2 des Grundgesetzes und die Generalermächtigung zu allgemeinpolizeilichen Maßnahmen, AöR 79 (1953/54), 57.

— Nochmals zur Problematik von Art. 2 Abs. 1 GG, NJW 1954, 1394.

— Anm. zum Urteil des Bundesverfassungsgerichts vom 16. 1. 1957, JZ 1957, 169.

*Ehmke,* Horst: Grenzen der Verfassungsänderung, 1953.

*Ehrlich,* Eugen: Grundlegung der Soziologie des Rechts, 1913, Neudruck 1929.

*Erhardt,* Elmar: Kunstfreiheit und Strafrecht. Zur Problematik satirischer Ehrverletzungen, 1989.

*Evers,* Hans-Ulrich: Anm. zum Beschluß des Bundesverfassungsgerichts 2 BvR 354/66 u.a. vom 7. 3. 1968, JZ 1968, 525.

*Feuchte,* Paul, *Dallinger,* Peter: Christliche Schule im neutralen Staat. Die Formen der Volksschule im Licht des Verhältnisses von Staat und Kirche, DÖV 1967, 361.

*Forsthoff,* Ernst: Zur Problematik der Verfassungsauslegung, 1961.

*Gallwas,* Hans-Ulrich: Der Mißbrauch von Grundrechten, 1967.

*von Gerber,* C.F.: Über öffentliche Rechte, 1852.

*Giese,* Friedrich, *Schunck,* Egon: Grundgesetz für die Bundesrepublik Deutschland v. 23. Mai 1949, Kommentar, 7. Aufl. 1965.

*Grimm,* Dieter: Grundrechte und soziale Wirklichkeit – zum Problem eines interdisziplinären Grundrechtsverständnisses, in: Grundrechte und soziale Wirklichkeit, W. Hassemer, W. Hoffmann-Riem, J. Limbach (Hrsg.), 1982, 39.

*Häberle,* Peter: Die Wesensgehaltgarantie des Art. 19 Abs. 2 Grundgesetz, 3. Aufl. 1983 – Oben im Text zitiert nach der 1. Aufl. 1962.

— Verfassungstheorie zwischen Dialektik und kritischem Rationalismus, Rechtstheorie 7 (1976), 77.

*Häntzschel,* Kurt: Das Recht der freien Meinungsäußerung, HdbDStR Bd. II (1932), 651.

*Heinemann,* Gustav W.: Anm. zum Beschluß des BVerfG v. 20. 12. 1960 (= BVerfGE 12.45), NJW 1961, 355.

*Hesse,* Konrad: Grundzüge des Verfassungsrechts der Bundesrepublik Deutschland, 16. Aufl. 1988. – Oben im Text zitiert nach der 2. Aufl. 1968.

*Hippel,* Eike von: Grenzen und Wesensgehalt der Grundrechte, 1965.

*Höfling,* Wolfram: Offene Grundrechtsinterpretation, 1987.

*Hoffmann,* Gerd: Berufsfreiheit als Grundrecht der Arbeit, 1981.

*Hoffmann,* Josef: Die Kunstfreiheitsgarantie des Grundgesetzes, 1981.

— Kunstfreiheit und Sacheigentum. Bemerkungen zum „Sprayer"-Beschluß des BVerfG, NJW 1985, 237.

*Huber,* Ernst Rudolf: Der Streit um das Wirtschaftsverfassungsrecht, DÖV 1956, 97, 135, 172, 200.

*Huber,* Hans: Die verfassungsrechtliche Bedeutung der Vertragsfreiheit, 1966.

*Jäckel,* Hartmut: Grundrechtsgeltung und Grundrechtssicherung, 1967.

*Jeand'Heur,* Bernd: Methodische Analyse, freiheitsrechtliche und leitstungsrechtliche Konsequenzen des Finanzhilfe-Urteils, in: Zukunftsperspektiven der Freien Schule, F. Müller (Hrsg.), 1988, 67.

*Kaufmann,* Erich: Diskussionsbeitrag in: VVDStRL 4 (1928), 77.

*Klier,* Gerhard: Gewissensfreiheit und Psychologie. Der Beitrag der Psychologie zur Normbereichsanalyse des Grundrechts der Gewissensfreiheit, 1978.

*Knies,* Wolfgang: Schranken der Kunstfreiheit als verfassungsrechtliches Problem, 1967.

*Köttgen,* Arnold: Die Freiheit der Wissenschaft und die Selbstverwaltung der Universität, in: Die Grundrechte, Neumann-Nipperdey-Scheuner (Hrsg.), Bd. II, 1954, 291.

*Krüger,* Herbert: Grundgesetz und Kartellgesetzgebung, 1950.

— Mißbrauch und Verwirkung von Grundrechten, DVBl. 1953, 97

— Der Wesensgehalt der Grundrechte im Sinne des Art. 19 Abs. 2 GG, DÖV 1955, 597.

— Neues zur Freiheit der Persönlichkeitsentfaltung und deren Schranken, NJW 1955, 201.

— Verfassungsänderung und Verfassungsauslegung, DÖV 1961, 721.

— Allgemeine Staatslehre, 2. Aufl. 1966.

*Leisner,* Walter: Grundrechte und Privatrecht, 1960.

— Von der Verfassungsmäßigkeit der Gesetze zur Gesetzmäßigkeit der Verfassung, 1964.

*Leiss,* Ludwig: Die Bedeutung künstlerischer Gestaltung für die Strafwürdigkeit einer Handlung, NJW 1962, 2323.

*Leonardy,* Helmut: Kunstfreiheit und Jugendschutz, NJW 1967, 714.

*Lerche,* Peter: Grundrechtsbegrenzungen „durch Gesetz" im Wandel des Verfassungsbildes, DVBl. 1958, 524.

— Übermaß und Verfassungsrecht, 1961.

— Stil, Methode, Ansicht. Polemische Bemerkungen zum Methodenproblem, DVBl. 1961, 690.

— Werbung und Verfassung, 1967.

— Schranken der Kunstfreiheit, AfP 1973, 496.

*Mallmann,* Walter: Schranken der Kunstfreiheit, JZ 1974, 37.

*Mangoldt,* Hermann v., *Klein,* Friedrich: Das Bonner Grundgesetz, Bd. I, 2. Aufl. 1957.

*Maunz,* Theodor: Anm. zum Urteil des BVerwG vom 21. 12. 1954, BayVBl. 1955, 215.

— *Dürig,* Günter: Grundgesetz, Kommentar, 1959ff.

— *Zippelius,* Reinhold: Deutsches Staatsrecht, 27. Aufl. 1988. – Oben im Text zitiert nach der 16. Aufl. 1968.

*Müller,* Friedrich: Normstruktur und Normativität, 1966.

— Normbereiche von Einzelgrundrechten in der Rechtsprechung des Bundesverfassungsgerichts, 1968.

— Freiheit der Kunst als Problem der Grundrechtsdogmatik, 1969.

— *Pieroth,* Bodo, *Rottmann,* Frank: Strafverfolgung und Rundfunkfreiheit, 1973.

— *Pieroth,* Bodo: Religionsunterricht als ordentliches Lehrfach, 1974.

— *Pieroth,* Bodo, Politische Freiheitsrechte der Rundfunkmitarbeiter, 1976.

— Juristische Methodik und Politisches System, 1976.

— Rechtsstaatliche Form – Demokratische Politik, 1977.

— Strafrecht, Jugendschutz und Freiheit der Kunst, in: *ders.*: Rechtsstaatliche Form – Demokratische Politik, 1977, 75.

— Das Recht der Freien Schule nach dem Grundgesetz, 2. Aufl. 1982.

— *Pieroth,* Bodo, *Fohmann,* Lothar: Leistungsrechte im Normbereich einer Freiheitsgarantie, 1982.

— Strukturierende Rechtslehre, 1984.

— Zukunftsperspektiven der Freien Schule (Hrsg.), 1988.

— Juristische Methodik, 3. Aufl. 1989.

— Untersuchungen zur Rechtslinguistik (Hrsg.), 1989.

*Müller,* Gebhard: Das Bundesverfassungsgericht der Bundesrepublik Deutschland, Journal der Internationalen Juristenkommission 1965, 237.

*Müller,* Jörg Paul: Die Grundrechte der Verfassung und der Persönlichkeitsschutz des Privatrechts, Bern 1964.

*Müller,* Niklaus: Die Rechtsprechung des Bundesgerichtshofs zum Grundsatz der verfassungskonformen Auslegung, 1980.

*Nipperdey,* Hans Carl, *Wiese,* Günther: Freie Entfaltung der Persönlichkeit, in: Die Grundrechte, K. A. Bettermann, H. C. Nipperdey (Hrsg.), IV/2 1962, 741.

— Soziale Marktwirtschaft und Grundgesetz, 3. Aufl. 1965.

*Ott,* Sieghart: Die strafrechtliche Beurteilung von Werken der Kunst, NJW 1963, 617.

*Pestalozza,* Graf v., Christian: Kritische Bemerkungen zu Methoden und Prinzipien der Grundrechtsauslegung in der Bundesrepublik Deutschland, Der Staat 2 (1963), 425.

*Pieroth,* Bodo, *Schlink,* Bernhard: Grundrechte – Staatsrecht II, 4. Aufl. 1988.

*Ridder,* Helmut: Meinungsfreiheit, in: Neumann-Nipperdey-Scheuner, Die Grundrechte, Bd. II (1954), 243.

— *Stein,* Ekkehard: Die Freiheit der Wissenschaft und der Schutz von Staatsgeheimnissen, DÖV 1962, 361.

*Ropertz,* Hans-Rolf: Die Freiheit der Kunst nach dem Grundgesetz, 1966.

*Rossen,* Helge: Freie Meinungsbildung durch den Rundfunk, 1988.

*Rüfner,* Wolfgang: Überschneidungen und gegenseitige Ergänzungen der Grundrechte, Der Staat 7 (1968), 41.

*Rupp,* Hans-Heinrich: Das Urteil des Bundesverfassungsgerichts zum Sammlungsgesetz – eine Wende in der Gundrechtsinterpretation des Art. 2 Abs. 1 GG? NJW 1966. 2037.

*Schäuble,* Frieder: Rechtsprobleme der staatlichen Kunstförderung – unter Ausschluß bundesstaatlicher Probleme, Diss. iur. Freiburg i. Br., 1965.

*Scheuner,* Ulrich: Grundrechtsinterpretation und Wirtschaftsordnung, DÖV 1956, 65.

— Pressefreiheit, VVDStRL 22 (1965), 1.

— Die Religionsfreiheit im Grundgesetz, DÖV 1967, 585.

*Schilling,* Robert: Literarischer Jugendschutz, 1959.

*Schmidt,* Walter: Die Freiheit vor dem Gesetz. Zur Auslegung des Art. 2 Abs. 1 GG, AöR 91 (1966), 42.

*Schmitt,* Carl: Freiheitsrechte und institutionelle Garantien, in: Verfassungsrechtliche Aufsätze aus den Jahren 1924 – 1954 (1958), 140.

*Schneider,* Ludwig: Der Schutz des Wesensgehalts von Grundrechten nach Art. 19 Abs. 2 GG, 1983.

*Schneider,* Peter: Pressefreiheit und Staatssicherheit, 1968.

*Schnur,* Roman: Pressefreiheit, VVDStRL 22 (1965), 101.

*Scholler,* H.: Die Freiheit des Gewissens, 1958.

*Schüle,* Adolf: Zivilrechtlicher Persönlichkeitsschutz und Grundgesetz, in: Schüle, A., Huber, H., Persönlichkeitsschutz und Pressefreiheit, 1960, 47.

*Siebert,* Wolfgang: Verwirkung und Unzulässigkeit der Rechtsausübung, 1934.

*Smend,* Rudolf: Das Recht der freien Meinungsäußerung VVDStRL 4 (1928), 4; auch in: Staatsrechtliche Abhandlungen und andere Aufsätze, 2. Aufl. 1968, 89.

*Stammler,* Rudolf: Die Lehre von dem richtigen Rechte, 1926.

*Stein,* Ekkehard: Weltanschauung und Religion im Schulunterricht, Recht der Jugend 1967, 29.

— Staatsrecht, 11. Aufl. 1988. – Oben zitiert nach der 2. Aufl. 1971 und 8. Aufl. 1982.

*Stein,* Erwin: Anm. zum Bescheid des OVG Münster vom 18. 11. 1958, JZ 1959, 720.

*Thoma,* Richard: Grundrechte und Polizeigewalt, in: Festgabe zur Feier des fünfzigjährigen Bestehens des Preußischen OVG, 1925, 183.

— Die juristische Bedeutung der grundrechtlichen Sätze der deutschen Reichsverfassung im allgemeinen, in: Die Grundrechte und Grundpflichten der Reichsverfassung, Nipperdey, Hans Carl (Hrsg.), 1929, 1.

*Wehrhahn,* Herbert: Systematische Vorfragen einer Auslegung des Art. 2 Abs. 1 GG, AöR 82 (1957), 250.

*Wieacker,* Franz: Zum heutigen Stand der Naturrechtsdiskussion, 1965.

*Wieland,* Joachim: Die Freiheit des Rundfunks, 1984.

*Wintrich,* Josef M.: Zur Problematik der Grundrechte, 1957.

*Zeidler,* Karl: Zur Problematik von Art. 2 Abs. 1 GG, NJW 1954, 1068.

*Zezschwitz,* Friedrich von: Staatliche Neutralitätspflicht und Schulgebet, JZ 1966, 337.

*Zöbeley,* Günter: Zur Garantie der Kunstfreiheit in der gerichtlichen Praxis, NJW 1985, 254.

## Sachregister

# FRIEDRICH MÜLLER

**Korporation und Assoziation.** Eine Problemgeschichte der Vereinigungsfreiheit im deutschen Vormärz. 370 S. 1965. Schriften zum Öffentlichen Recht, Band 21 (vergriffen)

**Normstruktur und Normativität.** Zum Verhältnis von Recht und Wirklichkeit in der juristischen Hermeneutik, entwickelt an Fragen der Verfassungsinterpretation. 232 S. 1966. Schriften zur Rechtstheorie, Heft 8 (vergriffen)

**Schulgesetzgebung und Reichskonkordat.** 150 S. Freiburg-Basel-Wien 1966 (vergriffen)

**Normbereiche von Einzelgrundrechten in der Rechtsprechung des Bundesverfassungsgerichts.** 34 S. 1968. Schriften zum Öffentlichen Recht, Band 82 (vergriffen)

**Die Positivität der Grundrechte.** Fragen einer praktischen Grundrechtsdogmatik. 106 S. 1969. Schriften zum Öffentlichen Recht, Band 100 (vergriffen)

**Freiheit der Kunst als Problem der Grundrechtsdogmatik.** 161 S. 1969. Schriften zum Öffentlichen Recht, Band 102 (vergriffen)

**Entfremdung.** Zur anthropologischen Begründung der Staatstheorie bei Rousseau, Hegel, Marx. 91 S. 1970. Schriften zur Rechtstheorie, Heft 22 (vergriffen)

**Japanische Ausgabe** (Sogai to kokka), übersetzt von Masanori Shimizu und Michio Yamamoto, Fukumura Shuppansha, Tokyo 1974

**Juristische Methodik.** 202 S. 1971 (vergriffen)

**Strafverfolgung und Rundfunkfreiheit.** Eine Fallstudie zum strafprozessualen Zeugnisverweigerungsrecht der Rundfunkangehörigen. Mit B. Pieroth und F. Rottmann. 86 S. 1973. DM 19,60. Schriften zum Öffentlichen Recht, Band 222

**Religionsunterricht als ordentliches Lehrfach.** Eine Fallstudie zu den Verfassungsfragen seiner Versetzungserheblichkeit. Mit B. Pieroth. 132 S. 1974. DM 29,60. Staatskirchenrechtliche Abhandlungen, Band 4

**Fallanalysen zur juristischen Methodik.** 87 S. 1974. (vergriffen)

**Recht — Sprache — Gewalt.** Elemente einer Verfassungstheorie I. 43 S. 1975. DM 12,60. Schriften zur Rechtstheorie, Heft 39

**Chinesische Ausgabe,** übersetzt von Sen-rong Lin, Taipei 1986

**Juristische Methodik und Politisches System.** Elemente einer Verfassungstheorie II. 127 S. 1976. DM 36,–. Schriften zur Rechtstheorie, Heft 51

**Politische Freiheitsrechte der Rundfunkmitarbeiter.** Mit B. Pieroth. 93 S. 1976. DM 26,60. Schriften zum Öffentlichen Recht, Band 292

**Juristische Methodik.** 2., neu bearbeitete und stark erweiterte Auflage. 327 S. 1976 (vergriffen)

**Rechtsstaatliche Form — Demokratische Politik.** Beiträge zu Öffentlichem Recht, Methodik, Rechts- und Staatstheorie. 300 S. 1977. DM 78,–

**Die Einheit der Verfassung.** Elemente einer Verfassungstheorie III. 268 S. 1979. DM 68,–. Schriften zur Rechtstheorie, Heft 76

**Das Recht der Freien Schule nach dem Grundgesetz** als Maßstab für Gesetzgebung und Exekutivpraxis der Länder. 378 S. 1. Auflage. 1980. Staatskirchenrechtliche Abhandlungen, Band 12 (vergriffen)

**Leistungsrechte im Normbereich einer Freiheitsgarantie.** Untersucht an der staatlichen Förderung Freier Schulen. Mit B. Pieroth und L. H. Fohmann. 329 S. 1982. DM 96,–. Schriften zum Öffentlichen Recht, Band 406

**Das Recht der Freien Schule nach dem Grundgesetz.** 2., bearbeitete und stark erweiterte Auflage. IV, 537 S. 1982. DM 98,–. Staatskirchenrechtliche Abhandlungen, Band 12